RÉFÉRENDUM,
26 OCTOBRE 1992

RÉFÉRENDUM,
26 OCTOBRE 1992

LES OBJECTIONS
DE 20 SPÉCIALISTES
AUX OFFRES FÉDÉRALES

 EDITIONS
SAINT-MARTIN

Données de catalogage avant publication (Canada)

Vedette principale au titre :

Référendum, 26 octobre 1992 : les objections de 20 spécialistes aux offres fédérales

ISBN 2-89035-093-2

1. Rapport du consensus sur la Constitution (1992). 2. Relations fédérales-provinciales (Canada) – Québec (Province). 3. Québec (Province) – Politique et gouvernement – 1985-   . 4. Canada – Droit constitutionnel – Amendements. 5. Pouvoirs législatifs exclusifs et concurrents – Québec (Province). 6. Fédéralisme – Canada. I. Gagnon, Alain-G. (Alain-Gustave), 1954-   . II. Turp, Daniel. III. Titre : Référendum, vingt-six octobre mille neuf cent quatre-vingt-douze. IV. Référendum, vingt-six octobre mille neuf cent quatre-vingt-douze.

FC2925.2.R43 1992   320.471'049   C92-097137-7
F1053.9.R43 1992

Les Editions Saint-Martin bénéficient de l'aide
du Conseil des Arts du Canada pour l'ensemble de son programme d'édition

---

Éditeur : Richard Vézina
Éditeur délégué : François Lambert
Infographie : Les Ateliers C.M. inc.
Graphisme de la page couverture : François Joly
Correction : Catherine Brabant

Dépôt légal : Bibliothèque nationale du Québec, 4ᵉ trimestre 1992.
Imprimé au Canada.

Notre catalogue vous sera expédié sur demande :
Les Éditions Saint-Martin
4316, boul. Saint-Laurent, bureau 300
Montréal (Québec) H2W 1Z3
(514) 845-1695

Introduction

Les Québécois sont, pour la deuxième fois en 12 ans, invités à se prononcer sur leur avenir politique et constitutionnel par voie de référendum. On se souvient que le 20 mai 1980 les Québécois avaient décidé de donner une dernière chance au fédéralisme en se prononçant à trois contre deux en faveur du renouvellement de la Constitution. En raison de cette défaite, le gouvernement de René Lévesque n'avait d'autre choix que de prendre le «beau risque» du fédéralisme. Les changements proposés devaient se faire dans le sens d'une plus grande autonomie politique pour le Québec, autonomie recherchée par tous les premiers ministres du Québec à une exception près, celle d'Adélard Godbout.

En contrepartie, au lendemain de l'échec référendaire, le gouvernement de Pierre Elliott Trudeau mettait de l'avant une offensive centralisatrice sans précédent depuis la Deuxième Guerre mondiale. Le rapatriement unilatéral de la Constitution, le 17 avril 1982, et l'enchâssement de la *Charte canadienne des droits et libertés* sans le consentement du Québec constituaient une atteinte à la vision du pays défendue, à tour de rôle, par André Laurendeau, Daniel Johnson et René Lévesque. Même Claude Ryan, avant son entrée en politique active, avait mis son poids derrière le projet de réconciliation pan-canadienne dont la pierre angulaire était la dualité culturelle et linguistique du Canada.

Le projet d'entente constitutionnelle du 28 août 1992 envoie le signal du désir du Canada d'en finir avec la dualité canadienne et de lui substituer plusieurs éléments qui, pêle-mêle, forment la Disposition Canada. Il est déplorable que nos dirigeants politiques n'aient pas attendu que les textes juridiques du projet d'entente soient disponibles en français et en anglais avant d'entamer la campagne référendaire. Peut-être ne le seront-ils pas encore au moment du vote ce qui soulève des questions sur la légitimité de toute la démarche ?

Pourquoi nos élites politiques ont-elles décidé d'agir avec une célérité inhabituelle alors que Robert Bourassa venait à peine de se joindre aux provinces anglophones, aux communautés autochtones et au gouvernement fédéral à la table constitutionnelle ? Plutôt que de se laisser arrêter par l'absence de textes définitifs, les signataires de cet ouvrage ont entrepris un examen serré des documents existants qui constituent «la base» du projet d'entente sur lequel la population aura à se prononcer.

Dans le but d'éclairer les citoyens sur les offres fédérales, et afin qu'ils exercent leurs droits démocratiques en toute connaissance de cause, les spécialistes qui ont participé à cette réflexion n'ont ménagé aucun effort. Anthropologues, constitutionnalistes, économistes, juristes, philosophes, politicologues et sociologues ont décortiqué les grands axes du projet d'entente et l'ont comparé aux principaux documents qui ont incarné les positions constitutionnelles du Québec au cours des 25 dernières années, notamment le document Gérin-Lajoie, le Livre bleu du Parti québécois (le « beau risque ») et l'Accord du lac Meech. Ils ont constaté de nombreux reculs par rapport aux demandes traditionnelles du Québec, par exemple, dans les domaines de la culture, de la langue et du partage des pouvoirs et de la place du Québec dans les institutions fédérales.

Les questions de la société distincte et du partage des pouvoirs ont fait l'objet d'une attention particulière étant donné la place centrale qu'elles ont occupée à chacune des négociations constitutionnelles entre le Québec et ses partenaires canadiens. Mais le droit de veto du Québec, la langue, l'union économique, la Cour suprême et la réforme du Sénat n'ont pas été négligés non plus en raison des conséquences que ces aspects comportent pour le Québec. Des analyses sur la recevabilité des offres fédérales et sur les dangers qu'elles font courir aux aspirations nationales du Québec complètent l'ouvrage.

Plusieurs documents de réflexion sont reproduits dans ce livre. Tout d'abord, la prise de position de Jean Allaire, «Le droit de savoir», faite à la veille du Congrès libéral extraordinaire tenu à Québec, le 29 août dernier, alors que Me Allaire s'insurgeait contre l'absence de débat démocratique à l'intérieur du parti sur le projet d'entente. Ensuite, un document d'analyse préparé par des membres dissidents et plusieurs membres de la Commission jeunesse du Parti libéral du Québec qui disent non à l'entente du 28 août 1992.

Nous reproduisons la version française du projet d'entente de Charlottetown qui, il faut le souligner, comporte des différences significatives avec la version anglaise. Nous reproduisons également deux avis juridiques sur le sens des mots «lier formellement» qui ont été déposés par le Parti québécois à la Commission parlementaire chargée d'étudier les offres fédérales en vertu de la Loi 150.

Somme toute, ce livre cherche à combattre l'obscurantisme et à alimenter le débat démocratique sur les vrais enjeux du référendum de ce 26 octobre.

Les demandes traditionnelles du Québec

Les revendications traditionnelles du Québec

André Bernard

ANDRÉ BERNARD est professeur titulaire au Département de science politique de l'Université du Québec à Montréal. Il a publié plusieurs livres sur la politique canadienne et québécoise, dont *Politique et gestion des finances publiques : Québec et Canada* (1992).

La résolution adoptée par le congrès extraordinaire du Parti libéral du Québec tenu le samedi 29 août 1992, affirme que « le projet d'entente constitutionnelle provisoire négocié entre le Premier Ministre du Québec et ses partenaires canadiens, bien qu'en deçà du programme du Parti, représente un progrès réel, progrès qui va dans le sens des revendications traditionnelles du Québec...».

Ces revendications traditionnelles du Québec ont été résumées, il y a quelques années, dans un document officiel publié par le gouvernement du Québec et intitulé *Les positions traditionnelles du Québec sur le partage des pouvoirs (1900-1976)*. Ce document, mis à jour en 1991 (titre un peu différent, période allant de 1936 à 1990), s'appuie surtout sur les déclarations des premiers ministres du Québec à l'occasion des conférences fédérales-provinciales. Il montre que ces porte-parole du gouvernement du Québec ont réclamé, sans relâche, l'abandon, par les autorités fédérales, des politiques et programmes qui pouvaient être assumés légalement par les provinces en vertu des articles 92, 93, 94, 95 et 109 de l'*Acte de l'Amérique du Nord britannique* de 1867 (appelé, depuis 1982, *Loi constitutionnelle de 1867*).

Puisque les premiers ministres du Québec ont systématiquement réclamé le «retrait» du gouvernement fédéral des domaines relevant de l'autorité des provinces, on ne peut pas dire que le projet d'entente constitutionnelle du 28 août 1992 va vraiment dans le sens des revendications traditionnelles du Québec. C'est, du moins, ce que laisse comprendre la comparaison entre cette entente et le texte des revendications les plus anciennes (antérieures à 1976), compilées dans le document intitulé *Les positions traditionnelles du Québec sur le partage des pouvoirs*.

Positions traditionnelles quant au partage des pouvoirs

Après avoir cité le premier ministre Louis-Alexandre Taschereau qui soulignait, à la Conférence fédérale-provinciale de 1927, que «les provinces ont continuellement à combattre pour sauvegarder les droits qui leur appartiennent», ce document (version de 1976) rappelle la position du premier ministre Maurice Duplessis lors de la Conférence constitutionnelle fédérale-provinciale de septembre 1950. À cette occasion, le chef du gouvernement du Québec avait réclamé que soient précisés les pouvoirs des autorités provinciales de manière à mettre un terme aux interprétations concurrentes des articles de la Constitution consacrés au partage des compétences législatives. Il avait en outre demandé l'exclusivité législative des provinces dans quelques domaines sur lesquels la Constitution accordait au parlement fédéral une compétence «prépondérante» (cas de l'agriculture) ou une compétence «parallèle» (pêcheries et mariage, par exemple).

Cette prise de position du premier ministre Maurice Duplessis a été réitérée par la suite et elle a été suivie, après 1960, des revendications similaires du premier ministre Jean Lesage, puis, après 1966, de celles du premier ministre Daniel Johnson.

Ce dernier, lors de la conférence sur la «Confédération de demain», tenue à Toronto en novembre 1967, a affirmé ceci (ainsi que le rapporte le document déjà cité, qui s'appuie sur le compte rendu de la conférence) :

> Plus précisément, que veut le Québec? Comme point d'appui d'une nation, il veut être maître de ses décisions en ce qui a trait à la croissance humaine de ses citoyens (c'est-à-dire à l'éducation, à la sécurité sociale et à la santé sous toutes leurs formes), à leur affirmation économique (c'est-à-dire au pouvoir de mettre sur pied les instruments économiques et financiers qu'ils croient nécessaires), à leur épanouissement culturel (c'est-à-dire non seulement aux arts et aux lettres, mais aussi à la langue française) et au rayonnement de la communauté québécoise (c'est-à-dire aux relations avec certains pays et organismes internationaux).

Les revendications, formulées par le premier ministre Daniel Johnson, furent précisées à l'occasion de la Conférence fédérale-provinciale de février 1968, notamment dans un document intitulé *Le Gouvernement du Québec et la Constitution* (texte abondamment cité dans *Les positions traditionnelles du Québec en matière constitutionnelle, 1936-1990*). Elles furent également reprises, dans l'ensemble, par le premier ministre

Jean-Jacques Bertrand, à l'occasion des conférences constitutionnelles de novembre 1968, de février 1969 et de février 1970.

Entre 1970 et 1976, enfin, le premier ministre Robert Bourassa a dû formuler à nouveau les exigences de ses prédécesseurs. Ainsi, simple exemple, lors de la Conférence des premiers ministres de novembre 1971, rappelant le paragraphe 8 de l'article 92 de la *Loi constitutionnelle de 1867* qui attribue aux provinces la compétence exclusive sur les institutions municipales, il a déclaré ceci :

> Qu'il s'agisse d'habitation, de loisirs, d'équipement, de services publics locaux, d'urbanisme ou d'aménagement du territoire, c'est à nous [les autorités provinciales] qu'incombe la responsabilité constitutionnelle d'intervenir. Le rôle du gouvernement fédéral doit être limité à des activités de financement. Il nous appartient dès lors d'assurer la coordination nécessaire de l'activité des organismes publics ayant une juridiction sur le territoire (déclaration citée dans le document *Les positions traditionnelles du Québec sur le partage des pouvoirs*).

Peu auparavant, en mai 1971, le gouvernement du premier ministre Robert Bourassa avait adopté un document intitulé *Pour une politique québécoise des communications* dans lequel était déclaré que c'est au Québec «qu'il incombe en premier lieu d'élaborer une politique globale des communications indissociable du développement de son système d'éducation, de sa culture et de tout ce qui est propre au Québec» (texte cité dans *Les positions traditionnelles du Québec sur le partage des pouvoirs*). Cette réclamation du Québec n'a pas été abandonnée par la suite.

Il en va de même de la revendication d'exclusivité législative en matière de culture. Déjà connue bien avant, cette revendication a, en particulier, pris une importance considérable au cours du deuxième mandat du premier ministre Robert Bourassa, notamment au cours des négociations constitutionnelles interprovinciales de 1975-1976 (le document québécois proposait l'exclusivité législative provinciale sur les arts, les lettres et le patrimoine culturel, ainsi que le rapportent le document *Les positions traditionnelles du Québec sur le partage des pouvoirs* et le document *Les positions traditionnelles du Québec en matière constitutionnelle*).

Entre 1970 et 1976, des membres du gouvernement du premier ministre Robert Bourassa, lors des conférences fédérales-provinciales, ont réclamé également d'autres compétences exclusives : une compétence exclusive en matière de politique sociale, comprenant la formation professionnelle, la sécurité du revenu, la main-d'œuvre, les centres de main-d'œuvre, les services sociaux y compris ceux qui sont reliés à l'administration de la justice, les services de santé, y compris les mesures de financement telles l'assurance-hospitalisation et l'assurance-maladie, l'habitation et les loisirs (exigences de Claude Castonguay, ministre des Affaires sociales, par exemple, lors de la Conférence fédérale-provinciale des ministres du Bien-être social, en janvier 1971) et une compétence du même ordre dans le domaine des politiques destinées à protéger l'environnement (exigence formulée, par exemple, lors de la Conférence constitutionnelle de février 1971).

Par ailleurs, les autorités provinciales du Québec, depuis plus de 50 ans, ont réclamé sans cesse que le gouvernement fédéral renonce à son pouvoir de dépenser dans les domaines relevant de la compétence législative provinciale.

Elles ont en outre cherché à endiguer l'extension des interventions de la Cour suprême du Canada, rappelant, à juste titre, que le paragraphe 14 de l'article 92 de la *Loi constitutionnelle de 1867* attribue à chaque province une compétence exclusive sur «l'administration de la justice dans la province, y compris la création, le maintien et l'organisation de tribunaux provinciaux, de juridiction tant civile que criminelle, y compris la procédure en matière civile dans ces tribunaux».

En définitive, bien avant 1976 (année de la victoire électorale du Parti québécois), les porte-parole du Québec, y compris Robert Bourassa et ses ministres, avaient réclamé, pour le Québec ou pour l'ensemble des provinces, des compétences exclusives dans une quantité de domaines, domaines qui, en vertu d'une lecture rapide de la *Loi constitutionnelle de 1867*, n'auraient pas dû être «envahis» par le gouvernement fédéral ou qui, en vertu de la logique, auraient dû relever en exclusivité des provinces (exemple : mariage, divorce, pêcheries intérieures, etc.).

L'entente du 28 août 1992 quant au partage des pouvoirs

De ces nombreux domaines, l'entente n'en mentionne que quelques-uns. Cette entente du 28 août 1992 traite du partage des pouvoirs dans les domaines suivants : immigration, assurance-chômage, soutien du revenu, programmes de création d'emplois, formation et perfectionnement de la main-d'œuvre, culture, forêts, mines, tourisme, logement, loisirs, affaires municipales et urbaines, développement régional, télécommunications.

Sauf les télécommunications (en vertu d'arrêts des tribunaux) et l'assurance-chômage (en vertu de la modification constitutionnelle de 1940), tous ces domaines pourraient être considérés de compétence provinciale exclusive, si les articles de la *Loi constitutionnelle de 1867* étaient interprétés de façon favorable, ou du moins (cas de l'immigration) de compétence «partagée». Ainsi, le paragraphe 8 de l'article 92 proclame la compétence exclusive des provinces sur «les institutions municipales dans la province»; le paragraphe 7 dicte que les provinces ont une compétence exclusive sur «l'établissement, l'entretien et l'administration des hôpitaux, asiles, institutions et hospices de charité...» et le paragraphe 16 étend cette compétence à «toutes les matières d'une nature purement locale ou privée dans la province» (ce qui couvre des quantités de questions, notamment les questions culturelles et les loisirs, si l'on en juge selon l'interprétation québécoise traditionnelle). De même, l'article 93 précise : «Dans chaque province et pour chaque province, la législature (de la province) pourra, en exclusivité, légiférer sur l'éducation...» L'article 95 dit ceci : «La législature de chaque province pourra faire des lois relatives à l'agriculture et à l'immigration dans cette province... (mais) une loi de la législature d'une province sur l'agriculture ou l'immigration n'y aura d'effet qu'aussi longtemps qu'elle ne sera pas incompatible avec l'une quelconque des lois du Parlement du Canada». L'article 109 accorde aux provinces la compétence sur les terres et les mines, alors que le paragraphe 5 de l'article 92 leur accorde la compétence exclusive sur «l'administration et la vente des terres publiques appartenant à la province, et des bois et forêts qui s'y trouvent».

Il n'y a pas dévolution de pouvoirs législatifs aux provinces dans l'entente du 28 août 1992 : il y a, au contraire, consécration des «empiétements» effectués par les autorités fédérales.

Parmi les domaines touchés par l'entente du 28 août 1992, il en est d'ailleurs quelques-uns sur lesquels la compétence fédérale *exclusive* est affirmée : assurance-chômage, soutien du revenu, programmes de création d'emplois, télécommunications (dans ce dernier cas, des ententes «pourraient» être envisagées). Ce n'est pas du tout ce que les autorités québécoises ont réclamé à maintes reprises.

Dans d'autres domaines, l'entente laisse espérer un retrait partiel du gouvernement fédéral : formation et perfectionnement de la main-d'œuvre, développement régional. Mais, dans la mesure où l'entente ne laisse qu'un espoir de retrait, les exigences traditionnelles du Québec ne sont pas satisfaites.

Quelques domaines (qui sont déjà de compétence provinciale exclusive, selon l'interprétation courante) seraient déclarés de compétence provinciale exclusive, mais le gouvernement fédéral conserverait le pouvoir de faire des «dépenses» ou de définir des «objectifs nationaux» dans ces domaines : culture, forêts, mines, tourisme, logement, loisirs, affaires municipales et urbaines. Ce n'est pas là ce que les autorités québécoises ont exigé depuis des décennies.

Quant à l'immigration, elle ferait l'objet d'ententes négociées. Ce n'est pas là ce que les porte-parole du Québec ont réclamé sans relâche depuis plus de 20 ans.

Certes, le pouvoir fédéral de dépenser dans tous les domaines, y compris les domaines de compétence provinciale exclusive, pourrait peut-être paraître un peu plus circonscrit que jadis, si l'entente était suivie d'effet. Mais la disposition constitutionnelle qui a été envisagée ne concerne que les *nouveaux* programmes cofinancés et elle ne prévoit de compensation en cas de non-participation d'une province que si cette province «met en œuvre un programme ou une initiative compatible avec les objectifs nationaux». Cette façon de concevoir l'avenir ne répond assurément pas aux demandes «traditionnelles» du Québec en la matière, bien qu'elle soit analogue à la formule acceptée par les autorités québécoises en 1987 dans l'Accord du lac Meech.

L'entente, par ailleurs, touche d'autres questions que le partage des pouvoirs. Ces autres questions ne sont pas résolues à l'avantage du Québec. Comment penser que les dispositions relatives à la Chambre des communes avantagent vraiment le Québec ? Comment penser que le Québec sera mieux servi par une députation proportionnellement inférieure à celle qu'il avait jadis, en 1867 par exemple ? Comment penser que le Sénat, tel qu'envisagé dans l'entente, puisse servir le Québec mieux que le Sénat du passé, le Québec n'y étant représenté que par 6 sénateurs sur 62 alors qu'en 1867, il l'était par 24 sénateurs sur 72 ? Où trouve-t-on, dans la section relative à la Cour suprême, une indication que le rôle de ce tribunal sera réduit et étroitement encadré, comme l'ont réclamé tant de fois les porte-parole du Québec ? Qu'en est-il, en outre, de la signification à donner aux autres clauses de l'entente ?

L'entente, enfin, ne traite nullement de certains domaines que les porte-parole du Québec, dans le passé, ont voulu voir reconnus dans la liste des domaines de compétence exclusive du Québec (par exemple, l'environnement, la santé).

En somme, l'entente du 28 août 1992 ne peut guère paraître comme un progrès allant dans le sens des revendications traditionnelles du Québec.

On peut s'étonner, en conséquence, de l'affirmation faite à ce propos dans la résolution adoptée le 29 août 1992 par le Parti libéral du Québec.

Mais, à la décharge des congressistes, le texte de l'entente n'avait guère circulé !

Par ailleurs, il faut bien le reconnaître, une certaine proportion de l'électorat du Parti libéral du Québec est recrutée dans des catégories de personnes qui préfèrent confier leurs destinées aux autorités fédérales du Canada, qui leur paraissent davantage représentatives du «pays» auquel elles s'identifient. Puisque le Québec vit en démocratie, ces personnes ont parfaitement le droit de défendre leurs opinions et leurs intérêts : elles l'avaient fait sans succès au congrès libéral de 1991 ; elles ont eu le dernier mot au congrès du 29 août 1992.

Ces personnes, parmi lesquelles figurent les plus riches, constituent une force importante. Et, comme l'a dit Robert Bourassa lors de l'une de ses allocutions du 29 août 1992, les «rapports de forces» s'imposent en politique.

Le rapport de forces qui s'est imposé en août 1992 présage-t-il du sort réservé aux personnes qui, au Québec, aimeraient que les autorités québécoises obtiennent quelques-uns des pouvoirs exercés au Québec par les autorités fédérales du Canada ?

À cent lieues et à l'encontre du rapport Gérin-Lajoie

Gérard Boismenu

GÉRARD BOISMENU est professeur titulaire au Département de science politique de l'Université de Montréal. Il a plusieurs ouvrages à son crédit dans les domaines de la régulation et des politiques économiques au Canada et au Québec. Parmi ses travaux, on note *Politique et régulation : modèle de développement et trajectoire canadienne* (1990).

Faisant le dur apprentissage du rôle d'opposition parlementaire depuis sa défaite électorale de juin 1966, le Parti libéral du Québec doit se définir une position constitutionnelle. On se souvient qu'au cours de sa dernière année à la tête du gouvernement, Jean Lesage en était venu à plaider pour la thèse du statut particulier, malgré que son contenu en soit encore imprécis, et avait finalement refusé de faire entériner la formule Fulton-Favreau par l'Assemblée législative du Québec. À cette occasion, il posait comme principe que l'on devait s'entendre sur un nouveau partage des compétences avant de souscrire à la formule d'amendement de la Constitution. Face à un gouvernement unioniste, dont le chef Daniel Johnson s'était auréolé de la formule « Égalité ou Indépendance », il fallait donner le change en apportant de la substance à ce legs. D'autant qu'au sein des troupes libérales, allégées des responsabilités gouvernementales, on assistait à une cacophonie constitutionnelle allant du fédéralisme inconditionnel jusqu'à la tentation souverainiste.

Paul Gérin-Lajoie est mandaté, à titre de président du Comité des affaires constitutionnelles de la Commission politique de la Fédération libérale du Québec, pour élaborer un rapport sur la question. Ce rapport est devenu pour l'occasion l'antidote du Parti libéral pour conjurer la menace que pouvait représenter la thèse souverainiste que René Lévesque en était venu à défendre. Le congrès d'octobre 1967 représente à la fois le moment où la thèse de René Lévesque est rejetée (ainsi que la date de son départ pour fonder le Mouvement souveraineté-association) des rangs libéraux et le moment où la thèse du statut particulier est entérinée et étoffée. Ni fédéraliste inconditionnelle, ni souverainiste, cette position se voulait la jonction des tendances diverses au sein des libéraux et la mise en place d'une pensée constitutionnelle qui tirait, sur la base de l'affirmation du Québec comme société distincte, des conséquences concernant le partage des compétences.

Souveraineté législative et statut particulier

Dans le rapport Gérin-Lajoie[1], on constate que le fédéralisme canadien pose une «multitude d'entraves à l'action législative du Québec dans les domaines qui sont pourtant fondamentaux pour assurer la permanence et le développement de la personnalité du Québec». Ces entraves sont, de premier abord, le fait que le gouvernement fédéral intervient impunément dans les champs de compétence provinciale ; là-dessus on renoue avec la prise de position dominante qui a marqué le gouvernement libéral au cours de la Révolution tranquille. Il faut garder en mémoire que le gouvernement Lesage avait, en fin de mandat, obtenu et usé d'un droit de retrait pour une série de programmes à frais partagés mis de l'avant par Ottawa, contre une compensation financière accordée en points d'impôt. Cependant, enchaîne le rapport, le simple respect des compétences traditionnelles des provinces ne saurait suffire «à la marche efficace de l'État moderne nécessaire aux Québécois» : on doit procéder à une transformation de cette situation, transformation qui passe nécessairement par un «nouveau partage des pouvoirs».

Qu'on en juge par le tableau qui est esquissé : responsabilité primordiale du Québec pour la langue et la culture, comprise tant par ses formes d'acquisition par l'enseignement et les arts que par ses modes de transmission et de communication de masses ; larges compétences dans la politique d'immigration ; responsabilité exclusive du Québec dans les domaines de la santé ainsi que de l'assistance et la sécurité sociales ; autorité du Québec dans le secteur de la main-d'œuvre, de l'éducation des adultes et de la formation professionnelle ; élargissement des pouvoirs du Québec en matière d'orientation du développement économique et participation directe à l'élaboration de la politique monétaire et tarifaire ; compétence exclusive en matière de mariage et de divorce, ainsi que dans les domaines des assurances, des sociétés commerciales et financières ; et, comme expression de sa souveraineté dans les champs

---

1. *Rapport du Comité des affaires constitutionnelles de la Commission politique de la Fédération libérale du Québec.* Congrès annuel de la Fédération libérale du Québec, octobre 1967, 26 p.

qui lui sont reconnus, reconnaissance de la personnalité internationale du Québec lui permettant de négocier des ententes et de participer aux organismes internationaux ; finalement, augmentation considérable des ressources financières de l'État du Québec.

On conclut en soulignant que « la souveraineté du Québec dans cet éventail de domaines fondamentaux constitue la mesure d'autodétermination qui paraît désormais nécessaire pour assurer le développement de la personnalité collective du Québec ». Ce faisant, il est douteux que toutes les provinces partagent les mêmes aspirations ; pour cette raison, on propose un statut particulier par lequel on attribue au Québec « les pleins pouvoirs législatifs et administratifs dans un grand nombre de domaines que les autres provinces... pourraient laisser à la compétence de l'autorité fédérale ».

Pour ce qui est des institutions fédérales, le propos reste vague. Le Sénat devrait être réformé pour ce qui est de sa composition, de sa fonction et du mode de nomination. La Cour suprême devrait être une institution fédérale-provinciale. La monarchie constitutionnelle devrait céder le pas à la république fédérale canadienne.

Sens et rôle du rapport dans la dynamique interne du parti

Ce document occupe une place importante pour le Parti libéral. D'un côté, il permet de rendre compte et d'organiser, tout en la précisant, la position constitutionnelle mise de l'avant par le gouvernement libéral lors de la Révolution tranquille. Faisant bon ménage avec la thèse de l'autonomie provinciale dans ses sphères de compétence, il s'occupe de définir une place prépondérante au gouvernement du Québec – comme seule institution politique qui se définit en rapport à une communauté nationale distincte – dans plusieurs nouveaux domaines d'intervention de l'État moderne. Pour ce faire, le statut particulier est la voie retenue. D'un autre côté, en répondant aux vœux de la tendance nationaliste au sein du Parti libéral qui veut concilier les intérêts politiques québécois et le fédéralisme canadien, le Parti poursuit plusieurs objectifs : tenter de neutraliser l'attraction de la thèse souverainiste qui fait son apparition en proposant une solution de rechange, se donner une image politique nationaliste auprès de la population et faire cohabiter ses diverses tendances internes le temps que la tourmente passe.

En ce sens, bien que le contexte politique soit différent, le rapport de Paul Gérin-Lajoie, aussi bien par son contenu que par son utilité au sein de la dynamique partisane, n'est pas sans parenté avec le rapport Allaire.

La désignation des champs de compétence peut différer ; elle est certainement plus extensive dans le deuxième rapport. Il reste que la préoccupation première est d'établir la souveraineté législative du gouvernement du Québec dans les secteurs stratégiques de l'intervention publique. Vision décentralisatrice qui aurait pris forme dans une asymétrie constitutionnelle (statut particulier) avec la «position Gérin-Lajoie», vision décentralisatrice que l'on voudrait étendre à l'ensemble des gouvernements provinciaux au Canada avec la «position Allaire».

Sur le plan interne, le Parti libéral a préparé et fait adopter le rapport Allaire afin de canaliser la grande frustration qui est née de la saga de l'Accord du lac Meech et de donner une expression à une volonté de plus en plus répandue d'affirmation nationale. En donnant pour un temps droit de cité aux velléités souverainistes au sein du Parti libéral, on pouvait éviter l'hémorragie. Malgré les outrances du rapport Allaire, il s'agissait, pour l'aile fédéraliste bon teint, d'un mal nécessaire qu'il fallait prendre en patience afin de traverser la tourmente avec le moins de pertes partisanes possible.

Que sont ces propositions devenues ?

Comme c'est le cas pour le rapport Allaire, on peut dire que l'entente de Charlottetown procède d'une logique étrangère à celle du rapport Gérin-Lajoie. La notion de société distincte que l'on retrouve dans ce dernier rapport n'a pas pour objet de formuler une clause d'interprétation aux vertus illusoires. C'était la pierre d'assise pour l'accroissement des pouvoirs du gouvernement du Québec et pour la défense de la thèse du statut particulier.

Dans l'entente de Charlottetown, la notion de société distincte est réduite à une valeur symbolique. Déjà, dans l'Accord du lac Meech, la règle d'interprétation de la société distincte ne pouvait qu'avoir des retombées hautement incertaines. Mais, depuis, on s'est évertué à en neutraliser tout effet virtuel. L'un des mécanismes de neutralisation de cette règle – l'engagement du gouvernement du Québec pour «l'épanouissement» et le «développement» de la communauté anglophone au Québec comprise dans la clause Canada – constitue un véritable cheval de Troie pour la politique linguistique et culturelle québécoise[2] et rend déraisonnable

---

2. Henri Brun *et al.* «La 'société distincte' ne veut plus rien dire», *Le Devoir*, 4 septembre 1992, p. 13; reproduit aux pages 53 à 56 du présent ouvrage.

toute attente significative concernant le rôle du Québec dans la promotion de la société distincte.

Pour ce qui est du partage des compétences, aucune conséquence n'est tirée de la notion de société distincte. Foin de statut particulier ! aurait dit Pierre Elliott Trudeau. Je n'en pense pas moins, semble répondre Robert Bourassa. Si la notion et le sens se sont volatilisés avec Robert Bourassa, l'entente de Charlottetown classe l'idée même du statut particulier dans les hérésies : la confirmation du «principe de l'égalité des provinces» dans la clause Canada, le Sénat égal, l'égalité juridique des provinces dans les formules d'amendement (qui est maintenue), une différenciation de l'action fédérale dans les domaines provinciaux qui ne saurait être qu'administrative ; tous ces éléments bannissent quelque référence actuelle ou future à un statut particulier.

Dans le rapport Allaire on avait déjà fait son deuil de la notion, en proposant de généraliser à l'ensemble de la fédération canadienne la décentralisation des pouvoirs demandée par Québec et pour le Québec. Or, dans l'entente de Charlottetown, a-t-on obtenu pour l'ensemble des provinces ce qui était proposé d'une manière moins ambitieuse dans le rapport Gérin-Lajoie ?

Ce qui frappe c'est que ce dernier rapport centrait son attention sur des compétences non prévues dans la division des pouvoirs en 1867 ou ayant pris une dimension nouvelle dans l'État moderne. C'est ainsi que l'on insistait, en exigeant l'exclusivité législative, sur le domaine de l'assurance et l'assistance sociales, sur le secteur de la santé, sur la codification des relations civiles non seulement en termes de mariage mais aussi de relations commerciales et financières et, en y demandant un pouvoir prépondérant, sur les secteurs de la langue, de la culture, des communications, de la main-d'œuvre, de l'éducation des adultes et de la formation professionnelle et du développement économique régional. La souveraineté législative québécoise ainsi reconnue devait se prolonger sur la scène internationale. Or, nous sommes à cent lieues et dans une démarche nettement différente de celle de l'entente de Charlottetown. Deux dimensions s'imposent à prime abord.

Premièrement, une bonne part des matières qui font l'objet d'une reconnaissance de compétence provinciale dite exclusive (nous reviendrons sur le caractère trompeur de cette qualification) sont déjà reconnues telles dans la Constitution de 1867. On pense aux forêts, aux mines, au tourisme, au logement, aux loisirs et aux affaires municipales. En réalité, ces dernières ainsi que les autres matières faisant l'objet de l'entente sont reconnues comme compétences partagées, que ce soit de manière formelle – immigration, développement régional, télécommunications – ou de fait – culture et formation de la main-d'œuvre. Que sont devenues les demandes de compétence exclusive ou prépondérante concernant l'assurance et l'assistance sociales, la santé, les relations maritales, commerciales et financières, ainsi que l'extension de ces compétences sur la scène internationale ?

Dans un deuxième temps, force est de constater que nous sommes en présence d'une langue de bois sur le plan constitutionnel. Dans la pratique des choses, exclusif signifie partagé. La notion d'exclusivité provinciale rattachée à certaines matières permettrait à un gouvernement provincial de négocier des modalités de coordination, d'application ou d'agencement de l'action fédérale dans ces mêmes matières. Nous sommes dans l'univers changeant et éphémère des ententes administratives et non dans celui de la souveraineté législative ou même de la prépondérance législative d'un ordre de gouvernement. Si bien que, par un détournement de sens, chaque fois que l'on définit une compétence exclusive aux provinces, on reconnaît en même temps la compétence fédérale soit pour établir des « objectifs nationaux » et/ou pour négocier sa présence dans ce même domaine.

Toutes les compétences provinciales exclusives conduisent à des modalités d'établissement d'ententes administratives bilatérales valables pour une période d'au plus cinq ans. À ce terme, Ottawa est en situation de renégocier sa présence dans le champ exclusif des provinces. Il en va de même pour ce qui est des limites au pouvoir fédéral de dépenser. Une province peut se retirer d'un programme à frais partagés mis de l'avant par le gouvernement fédéral dans un champ de compétence provinciale ; elle n'obtiendra une juste compensation financière que dans la mesure où elle met elle-même sur pied un programme «compatible avec les objectifs nationaux» définis par Ottawa. Il est donc très clair que le gouvernement fédéral est une instance de tutelle dans toutes les matières car c'est lui qui fixe les « objectifs nationaux », voire les normes.

Nous sommes très loin de la conception de la souveraineté législative et du partage des compétences prônée par le rapport Gérin-Lajoie qui avait pour exemple le droit de retrait avec compensation financière que le gouvernement Lesage avait réussi à obtenir pour plusieurs programmes en 1965. Par la suite, la mesure de compatibilité entre les programmes québécois et canadien que l'on avait imaginée pour une période transitoire a été, sous l'offensive d'Ottawa, posée comme mécanisme permanent, rendant largement symbolique la victoire politique de Lesage. Avec la présente entente, le gouvernement Bourassa ratifie, en la généralisant, la neutralisation de la marge d'autonomie que le Québec avait pu, pour un temps, se gagner.

Tout en étant plus modeste que le rapport Allaire, des pans majeurs de compétences législatives exigés par le rapport Gérin-Lajoie ne sont même plus l'objet de discussion. Et, en s'y associant, le gouvernement du Québec accorde une légitimité politique et juridique à la tutelle fédérale dans tous les domaines. Ce qui constitue une négation des revendications traditionnelles du Québec.

Robert Bourassa, le grand liquidateur

Comment se surprendre de cet écart dans la conception des intérêts du Québec dans le dossier constitutionnel. Robert Bourassa s'est, dans sa vision des choses, toujours dissocié de la tendance nationaliste au sein du Parti libéral, pour ce qui est de la question constitutionnelle tout au moins. Cela ne veut pas dire cependant que cette tendance ne lui est pas utile pour mener sa politique. Ce qui est clair, c'est que dès son adoption, Robert Bourassa a veillé à faire biffer la thèse du statut particulier. L'année suivant l'adoption du rapport Gérin-Lajoie, Robert Bourassa, à titre de président de la Commission politique de la Fédération libérale du Québec, a proposé une résolution se prononçant «d'une façon nette et sans équivoque pour le maintien du fédéralisme au Canada», remettant en cause la notion de statut particulier et favorisant une nouvelle division des pouvoirs applicables uniformément.

Se faisant le fossoyeur du rapport Gérin-Lajoie, Robert Bourassa n'a pas pour autant une vision constitutionnelle très nette. Candidat à la direction du Parti libéral pour succéder à Jean Lesage, puis nouveau chef de la formation politique, il n'arrive pas à formuler une position claire des objectifs, des griefs et des réformes constitutionnels qui guideront sa politique[3]. Renouvelant son engagement fédéraliste, il mentionne que le Parti libéral du Québec a des objectifs «qui peuvent différer de ceux du Canada» et qu'il cherche prioritairement «un partage nouveau, *plus précis et plus juste* des ressources fiscales et des pouvoirs». Nous ne savons rien du sens qu'aurait ce nouveau partage. Le motif de cette priorité ne semble pas découler cependant de la reconnaissance d'une communauté nationale québécoise devant se doter d'institutions publiques rendant compte de cette réalité et apte à participer à son développement comme

---

3. Robert Bourassa. *Bourassa Québec !* Montréal, Éditions de l'Homme, 1970, 126 p.

communauté nationale. Ce qui ferait problème c'est essentiellement le fonctionnement des institutions. Un nouveau partage des compétences s'imposerait du fait de «l'émiettement de la puissance publique» et «du gaspillage de ressources». Nous ne sommes pas loin du fédéralisme fonctionnel qui connaît de beaux jours à Ottawa.

C'est aussi les belles heures du fédéralisme rentable. Les griefs contre le fédéralisme se résument au manque de présence québécoise à Ottawa et de compétence à Québec («Or, il se trouve aujourd'hui [nous sommes en octobre 1969] à Ottawa des hommes, des hommes du Québec, décidés à reconstruire le Canada. Imaginons tout le profit que les Québécois pourraient tirer de cette reconstruction s'ils avaient à Québec une équipe d'hommes compétents, décidés à exploiter au maximum cette situation des plus favorables.»)

Fort de cette vision mercantile du fédéralisme, Robert Bourassa, jeune chef de gouvernement, doit, au lendemain de la Crise d'octobre, reprendre les négociations constitutionnelles qu'avaient mises en route ses prédécesseurs. Plutôt que de puiser dans les propositions et l'économie générales du rapport Gérin-Lajoie, il accepte de travailler sur une proposition globale venant du gouvernement fédéral, proposition portant sur une charte des droits et sur des institutions fédérales qui était aux antipodes des demandes antérieures du Québec qui réclamaient la souveraineté législative dans les compétences provinciales et des compétences majeures dans les nouvelles sphères d'intervention de l'État moderne. Ce n'est qu'*in extremis* que les demandes du Québec sur la sécurité du revenu ont été traitées parmi les questions constitutionnelles. Bourassa devait prétexter de l'incapacité de s'entendre sur la prépondérance du pouvoir québécois sur l'intervention fédérale, pour finalement refuser de souscrire à la Charte de Victoria. Il serait conséquent aujourd'hui avec cette décision qu'il trouverait dix fois plus de motifs pour refuser l'entente de Charlottetown.

Ce rappel est utile pour jeter un éclairage sur le déplacement des intérêts institutionnels du Québec dans l'État fédéral canadien effectué par Robert Bourassa. En octobre 1969, il déclarait d'ailleurs: «Mais plutôt que d'inciter les Québécois à se désolidariser de leurs concitoyens, il me semble beaucoup plus positif, beaucoup plus réaliste aussi, de renforcer le fédéralisme par un réaménagement progressif de nos institutions politiques et surtout de leur fonctionnement.» Ces propos font perdre de vue les objets et les enjeux du contentieux entre le gouvernement du Québec et la fédération, qui a marqué l'histoire du Canada et a imposé l'ouverture d'une révision constitutionnelle au cours des années 60. Tout en prétendant le contraire et malgré l'embrouillamini que Robert Bourassa érige en vertu cardinale de la politique, il a contribué à liquider la démarche constitutionnelle mise en route avec la Révolution tranquille et a souscrit à l'ordre des priorités fédérales.

La manière et les prétentions font écran pour saisir cet état de fait. Ce fut aussi le cas avec l'Accord du lac Meech, qui était censé réunir les conditions pour rendre acceptable le *Canada Bill* de 1982 qui avait été rejeté au Québec aussi bien par les péquistes que par les libéraux. Or, ces conditions ne changeaient que de façon périphérique le *Canada Bill* et non les aspects qui étaient apparus les plus inacceptables. En discutant d'autre chose, Robert Bourassa souscrivait d'emblée à ce coup de force que les libéraux québécois avaient pourtant décrié.

Cette fois, le gouvernement Bourassa s'est mis à la remorque des priorités du Canada anglais et ne discute même plus de ses griefs contre le *Canada Bill*. Parallèlement au rapport Allaire, qui avait une utilité politique interne au Québec et au sein du Parti libéral, et qui s'inscrivait dans la mise en scène d'un rapport de force factice – parce que cousue de fil blanc et assortie d'une menace (référendum sur la souveraineté) dont on savait qu'elle ne serait pas mise en œuvre –, le gouvernement se refuse à faire des propositions ou des demandes officielles et attend des offres pour un «nouveau partenariat». Cela permet sans doute ce petit calcul : on ne sera pas en situation de se faire refuser nos propositions comme pour Meech. Mais, en contrepartie, cela favorise l'ambiguïté entretenue et la perte d'initiative. D'abord le gouvernement Bourassa évite, par le fait même, de formaliser sa position (quelles sont ses véritables priorités ?). Ensuite, on laisse l'initiative aux autres en leur demandant de formuler des propositions. Le Canada anglais s'est mis à l'œuvre et s'est défini un Canada conforme à sa vision et à ses intérêts.

Devant se couler dans un programme de négociations défini par d'autres, il ne lui est resté qu'à tenter d'amender à la marge des propositions qui constituent la négation des revendications traditionnelles du Québec. Le dos au mur, il ne restait à Robert Bourassa qu'à constater l'échec de sa démarche ou à foncer tête baissée en acceptant le fédéralisme dominateur dont il avait tenté, il n'y a pas si longtemps, de se démarquer. L'argument qu'il met de l'avant sent la résignation et la lassitude : on n'a pas réussi, mais est-ce que l'on doit refuser ce qu'on nous offre ? Cela manque de hauteur et de vision pour un peuple en droit d'établir un cadre politique et institutionnel à sa mesure.

Du «beau risque» de René Lévesque à la capitulation tranquille de Robert Bourassa

Alain-G. Gagnon et Daniel Turp

ALAIN-G. GAGNON est professeur agrégé au Département de science politique de l'Université McGill. De 1982 à 1989, il a enseigné aux universités Queen's et Carleton. Il est le président sortant de la Société québécoise de science politique. Il est le co-auteur de *Québec : au-delà de la Révolution tranquille* (1992).

DANIEL TURP est professeur agrégé à la Faculté de droit de l'Université de Montréal. Il est secrétaire général de la Société québécoise de droit international et est l'auteur de plusieurs études et articles sur le droit à l'autodétermination du peuple québécois.

Le premier ministre Brian Mulroney a déclaré dans une allocution prononcée le 22 août 1992 devant les membres du caucus conservateur du Québec, réuni à Drummondville, que le projet d'entente constitutionnelle conclu le même jour satisfaisait les demandes contenues dans le projet d'accord constitutionnel proposé par René Lévesque en 1985. Il suggérait dès lors que les propositions fédérales du 22 août 1992, lesquelles furent de nouveau modifiées à Charlottetown le 28 août, étaient la réalisation du «beau risque» pris par René Lévesque et son gouvernement.

Plusieurs éléments importants différencient pourtant les deux projets d'accord. Celui de 1985 exigeait, à titre préalable, la reconnaissance de l'existence du peuple québécois. On peut lire dans le document que la reconnaissance d'une société distincte ou de la spécificité québécoise ne suffit pas à elle seule bien qu'elle représente un pas essentiel. Cette reconnaissance devait se refléter dans les contenus, et notamment, dans le partage des pouvoirs.

Une société distincte atrophiée

L'entente globale du 28 août 1992 ne reconnaît pas l'existence du peuple québécois. Elle propose tout au plus de reconnaître, dans une disposition dite Canada, à titre de l'une des huit caractéristiques fondamentales du Canada, le Québec comme société distincte. Dans le but de limiter sa portée, le libellé de la clause de la société distincte circonscrit cette dernière à la langue, la culture et le droit civil. Le libellé de la clause de la société distincte dans le projet d'accord du 28 août 1992 n'a pas pour effet d'attribuer de nouveaux pouvoirs au Québec, puisque la clause de sauvegarde contenue au paragraphe 3 de la disposition Canada y veille. Cette disposition reconnaît l'obligation des gouvernements au chapitre de l'épanouissement et du développement des communautés minoritaires de langue officielle dans toutes les régions du Canada ce qui vient limiter la portée de la société distincte.

La protection du fait français

On trouvait aussi dans le projet d'accord constitutionnel de 1985 la volonté de donner la prépondérance à la *Charte des droits et libertés de la personne* du Québec sur la *Charte canadienne*. Même le Parti libéral du Québec devait adopter une position similaire dans le rapport Allaire, *Un Québec libre de ses choix*, comme quoi la nécessité que le Québec soit responsable de la protection et de la promotion de la personnalité collective du peuple québécois saute aux yeux même des fédéralistes. On se rappellera que l'adoption de la *Charte québécoise des droits de la personne* devança de sept ans l'adoption d'une *Charte canadienne* imposée au Québec en 1982.

Le gouvernement de René Lévesque confirmait avec le «beau risque» son intention d'en arriver à des ententes de réciprocité ou d'aide mutuelle avec les gouvernements provinciaux qui souhaiteraient améliorer le sort de leurs minorités et s'engageait à procurer les mêmes services aux ressortissants de ces provinces qui viendraient vivre au Québec que ceux dispensés aux francophones qui iraient s'établir au Canada hors du Québec.

Le Québec réclamait «le droit exclusif de déterminer sa langue officielle et de légiférer sur toute matière linguistique dans les secteurs de sa compétence». Le projet d'entente du 28 août 1992 oppose une fin de non-recevoir à cette demande traditionnelle. Même la Commission Pepin-Robarts (1977-1979), mise sur pied par Pierre Elliott Trudeau, reconnaissait au Québec ce rôle si longtemps réclamé en matière de politique linguistique. Le rapport Pepin-Robarts rappelle que même si les droits linguistiques ne sont pas reconnus par la Constitution, ils l'étaient déjà dans la Loi 101. Les commissaires avancent : «Ainsi, avons-nous la preuve, au Québec, que les droits de la communauté anglophone peuvent être protégés, sans pour autant qu'il y ait contrainte constitutionnelle, et que les gouvernements de cette province sont tout à fait capables de réconcilier l'intérêt de la majorité et les préoccupations de la minorité» (p. 56). La Commission ne pouvait en dire autant des gouvernements des provinces anglophones.

Le veto

Dans le projet d'accord constitutionnel de 1985, le Québec exigeait «un droit de veto sur tout changement pouvant affecter le rôle du Québec au sein des institutions fédérales, notamment sur la composition de ces institutions et leurs compétences, ainsi que sur le mode de nomination des personnes appelées à y siéger, de même que sur la création de nouvelles provinces». Dans le projet d'entente du 28 août 1992, le Québec perd son droit de veto dans plusieurs de ces domaines. Robert Bourassa renonce au droit de veto sur la création de nouvelles provinces ; il se voit imposer des changements fondamentaux aux institutions fédérales et concède à toutes les autres provinces un droit de veto sur les changements ultérieurs ; il accepte que les nominations aux institutions fédérales, telles Radio-Canada, l'Office national du film, Téléfilm, le Conseil des arts, etc., soient confiées au Sénat où le Québec voit sa représentation passer de 25 % à moins de 10 % des sièges, avec l'assurance que cette représentation continuera de baisser au fur et à mesure que les territoires accèderont au statut de province, sans compter les sièges qui seront alloués aux Autochtones (voir les textes de Réjean Pelletier et de José Woehrling).

Le pouvoir de dépenser : une victoire d'Ottawa

On trouve aussi dans le «beau risque» un engagement ferme du Québec de refuser tout affaiblissement de son pouvoir sans son consentement. Toute modification au partage des pouvoirs ne pourrait se faire sans que le Québec n'y ait d'abord consenti. Or, le projet d'entente du 28 août auquel adhère Robert Bourassa ouvre la porte toute grande aux abus puisqu'Ottawa cherche à faire constitutionnaliser son pouvoir de dépenser dans les champs de compétence exclusive aux provinces. L'esprit fédéral de 1867 est donc foulé aux pieds. Qu'est-il advenu du respect des compétences qui ferait du fédéralisme une réalité ?

Le projet d'accord constitutionnel de 1985 insistait pour que le pouvoir fédéral de dépenser, qui dénature le fédéralisme canadien, soit encadré une fois pour toutes. Or, le projet d'entente du 28 août se refuse à encadrer adéquatement le pouvoir fédéral de dépenser. Le projet d'entente engage tout au plus le gouvernement central à négocier des conditions qui pourraient éventuellement permettre à une province de se retirer d'un programme fédéral mis sur pied dans des champs de compétence exclusive aux provinces.

Le projet d'accord constitutionnel de 1985 exigeait de plus que le gouvernement du Québec ait la primauté sur la main-d'œuvre et le développement économique et régional, une compétence prépondérante dans le domaine des communications et de l'immigration, ainsi qu'une compétence exclusive en matière de divorce et de mariage. Le gouvernement du Québec insistait par surcroît pour que sa place sur la scène internationale soit reconnue. Dans le projet d'entente du 28 août 1992, Ottawa confirme *sa* prépondérance dans tous ces domaines tout en laissant pour compte la question du mariage et du divorce. Plusieurs des revendications traditionnelles du Québec sont donc ignorées.

La Cour suprême

Le projet d'accord constitutionnel de 1985 réclamait la participation et le consentement du gouvernement du Québec dans le choix des trois juges en provenance du Québec à la Cour suprême. La présence du Québec à la Cour suprême doit faire l'objet d'une disposition constitutionnelle explicite. Selon ce projet d'accord, seuls les juges formés au droit civil pouvaient être habilités à juger des causes de droit civil. Le gouvernement du Québec exigeait de plus la reconnaissance du principe de l'alternance au poste de juge en chef de la Cour suprême. Enfin, le gouvernement du Québec demandait que l'article 96 de *l'Acte de l'Amérique du Nord britannique* portant sur la nomination des juges des cours supérieures du Québec soit amendé afin de reconnaître seulement la compétence provinciale en ce domaine, comme cela se fait en Allemagne. Le projet d'entente du 28 août révèle une fois de plus de nombreux reculs pour le Québec. En effet, le seul élément retenu se situerait peut-être au chapitre de la nomination de trois juges en provenance du Québec et même cela est loin d'être assuré puisque le libellé mentionne que trois des neuf juges doivent avoir été reçus au Barreau du Québec. Cette clause donne la possibilité au gouvernement fédéral de choisir toute personne quelle que soit sa résidence ou sa langue pour siéger à la Cour suprême en autant que cette personne ait été reçue par le Barreau du Québec (voir, les contributions de Daniel Latouche et de José Woehrling).

Un bilan désastreux

Le projet d'entente du 28 août 1992 constitue un recul majeur par rapport au «beau risque» de René Lévesque. Cette brève analyse fait ressortir clairement que le Québec y perd à peu près sur tous les tableaux : le veto absolu sur les institutions fédérales, le transfert des pouvoirs, le réaménagement des pouvoirs, l'encadrement du pouvoir fédéral de dépenser, la nomination des juges de la Cour suprême et des cours supérieures du Québec, les droits linguistiques, de même que la *Charte des droits de la personne*, pour ne nommer que ceux-là, en plus d'avoir consenti à un Sénat égal.

Contrairement à toutes attentes légitimes, tant chez ceux qui ont jeté leur dévolu sur le fédéralisme canadien que chez ceux qui œuvrent pour établir une nouvelle union entre États associés, la présente ronde Canada ne fait que poser des verrous sur l'utilisation des pouvoirs exclusivement provinciaux. Les transferts de pouvoirs réclamés par le Québec depuis le début de la Révolution tranquille ne se sont pas produits comme l'aurait souhaité la grande majorité de ceux qui se sont présentés devant la Commission Bélanger-Campeau, à l'automne 1990 et à l'hiver 1991, pour trouver une solution permanente à la crise politique canadienne. C'est ainsi que la Chambre de commerce de Québec, la Chambre de commerce du Montréal métropolitain, le Bureau de commerce de Montréal, le Conseil du patronat, le Mouvement Desjardins, parmi les principaux, exigeaient une refonte en profondeur du système fédéral canadien. À titre d'exemple, le Bureau du commerce de Montréal réclamait que le Québec soit l'unique maître d'œuvre dans les secteurs de l'éducation, de la culture, des communications, de l'immigration, du travail, de la main-d'œuvre, du développement économique régional, des institutions et des services financiers, de la santé, des affaires sociales, de la politique urbaine et des loisirs.

Il est irresponsable et malhonnête de la part du Premier Ministre canadien de chercher à s'approprier le projet d'accord constitutionnel de 1985 de René Lévesque en affirmant le respecter et même le dépasser. Force est d'admettre que le Québec se retrouve avec une entente bien en deçà des demandes traditionnelles faites successivement par les libéraux de Jean Lesage (1960-1966), les unionistes de Daniel Johnson et Jean-Jacques Bertrand (1966-1970), les libéraux de Robert Bourassa (1970-1976), les péquistes de René Lévesque et de Pierre-Marc Johnson (1976-1985) et, jusqu'à tout récemment, par les libéraux de Robert Bourassa deuxième vague (1985-1992). Pourquoi le Premier Ministre du Québec, sinon pour des raisons bassement partisanes, donnerait-il son appui au présent projet d'entente ? Qu'a-t-il fait de sa déclaration solennelle du 24 juin 1990, au lendemain de l'échec de l'Accord du lac Meech, alors qu'il affirmait que son «seul guide sera l'intérêt supérieur du peuple québécois» ?

Les risques que Robert Bourassa fait courir au peuple du Québec dépassent tout entendement et nécessitent une mobilisation générale des forces afin d'empêcher cette capitulation. La passivité dans laquelle se complaît le Premier Ministre, de même que la complicité du ministre délégué aux Affaires intergouvernementales canadiennes, Gil Rémillard, ne peuvent laisser personne indifférent. Chose certaine, la réforme constitutionnelle envisagée par les premiers ministres confirme une tendance à la centralisation dans le système fédéral canadien et révèle une volonté politique d'en arriver qu'à des ententes administratives avec les provinces.

Contrairement aux déclarations à l'emporte-pièce de Brian Mulroney à la conférence constitutionnelle d'Ottawa-Charlottetown, les demandes bien que modestes énumérées dans le projet d'accord constitutionnel de 1985 vont bien au-delà des propositions que l'on retrouve dans le projet d'entente du 28 août 1992. Comme l'affirmait Lise Bissonnette, dans son éditorial du 24 août 1992 : «Le peu que le Québec a obtenu, cette ligne de défense, est en effet un maximum, une limite absolue, un plafond, un mur.» Il serait naïf de croire que de futures négociations pourraient permettre au gouvernement du Québec d'obtenir satisfaction à ses demandes traditionnelles.

Le *Rapport du consensus de 1992 sur la Constitution* ou l'extinction de l'Entente du lac Meech

Daniel Turp et Alain-G. Gagnon

DANIEL TURP est professeur agrégé à la Faculté de droit de l'Université de Montréal. Il est secrétaire général de la Société québécoise de droit international et est l'auteur de plusieurs études et articles sur le droit à l'autodétermination du peuple québécois.

ALAIN-G. GAGNON est professeur agrégé au Département de science politique de l'Université McGill. De 1982 à 1989, il a enseigné aux universités Queen's et Carleton. Il est le président sortant de la Société québécoise de science politique. Il est le co-auteur de *Québec : au-delà de la Révolution tranquille* (1992).

Dans les derniers mois de la négociation constitutionnelle qui a conduit au *Rapport du consensus sur la Constitution* du 28 août 1992, le Premier Ministre du Québec a effectué un virage constitutionnel par lequel il n'appuyait plus les demandes constitutionnelles québécoises contenues dans le rapport Allaire ou le rapport de la Commission Bélanger-Campeau. Il reformulait les demandes du Québec et n'exigeait dorénavant du Canada anglais qu'il respecte seulement la substance de l'Accord du lac Meech, réduisant ainsi les demandes du Québec. Ce virage, qui voyait le Premier Ministre renoncer à négocier sur la base des exigences formulées au Québec en 1990-1991 par l'ensemble de la classe politique québécoise et qui cachait mal un constat d'échec de la stratégie du couteau sur la gorge, visait à donner une nouvelle orientation à la négociation constitutionnelle et à donner un motif au Québec de retourner à la table multilatérale des négociations constitutionnelles.

Il n'est donc pas surprenant que les négociateurs canadiens aient cherché à réinsérer dans leur ordre du jour les composantes de l'Accord du lac Meech, tout en continuant de privilégier les négociations sur les thèmes à l'honneur au cours de la ronde Canada, soit la réforme du Sénat ou le droit à l'autonomie gouvernementale des peuples autochtones. Il n'est pas surprenant non plus que le Premier Ministre du Québec ait voulu démontrer que les négociateurs canadiens avaient réussi à lui offrir la substance de Meech par leur entente du 7 juillet. Et selon le premier ministre Bourassa et son ministre délégué aux Affaires intergouvernementales canadiennes, l'Accord de Charlottetown contient la substance de Meech, ce qui devrait satisfaire les Québécois et les inciter à donner leur approbation à ce consensus sur la Constitution.

Pourtant, une lecture des dispositions du *Rapport du consensus sur la Constitution* démontre que ce projet de réforme constitutionnelle ne traduit plus les engagements pris au lac Meech en 1987, et que des reculs significatifs en résultent. L'examen de ces cinq conditions d'adhésion du Québec à la Constitution, formulées par le ministre Gil Rémillard lors d'une conférence prononcée au mont Saint-Gabriel en mai 1986, permettra de faire une démonstration de ces reculs du Québec et de faire la preuve que l'Accord de Charlottetown est loin de contenir la substance de Meech.

La reconnaissance explicite du Québec comme société distincte

Comme le démontrent les huit constitutionnalistes québécois, dont l'analyse de la nouvelle Disposition Canada est reproduite dans le présent ouvrage, la nouvelle clause de la société distincte contenue dans l'Accord de Charlottetown constitue un net recul par rapport à la clause contenue dans l'Accord du lac Meech. La clause de la société distincte est ainsi reléguée au rang de l'une des huit règles interprétatives de la Constitution du Canada. Elle est dorénavant susceptible d'entrer non plus seulement en conflit, comme dans le cas de l'Accord du lac Meech, avec une clause de dualité linguistique, dont l'équivalent dans l'Accord de Charlottetown est une clause contenant un engagement (*commitment*) envers l'épanouissement et le développement des communautés minoritaires de langue officielle, mais également avec un engagement relatif à l'égalité raciale et ethnique et une confirmation de l'égalité des provinces. La portée de la clause de la société distincte est d'autant plus réduite que les critères de distinction du Québec sont limités à sa majorité d'expression française, à sa culture unique et à sa tradition de droit civil. Cette limitation est d'autant plus surprenante que le ministre délégué aux Affaires intergouvernementales canadiennes, Gil Rémillard, affirmait le 14 novembre 1987, en parlant de la clause de la société distincte :

> [...] le texte évite, de façon prudente, de désigner nommément les composantes de la spécificité québécoise afin de permettre toute la latitude

nécessaire pour en ~~assurer la protection et le développement~~. L'on n'a ~~pas voulu restreindre les caractéristiques essentielles du Québec~~ et sa sécurité culturelle qui s'expriment dans de multiples sphères d'activité, aujourd'hui comme dans l'avenir. Nul doute que la ~~langue française constitue un trait déterminant~~ de cette spécificité, ~~mais celle-ci comporte d'autres composantes aussi fondamentales comme la culture et les institutions politiques, économiques, sociales et juridiques~~[1].

Dans l'Accord de Charlottetown, le Québec a pourtant accepté de restreindre les caractéristiques essentielles du Québec. Il a ainsi confié aux tribunaux canadiens, et en dernier ressort à la Cour suprême du Canada, le soin de définir si le Québec se distingue par d'autres critères analogues à ceux qui sont énumérés, lesquels ne pourront certainement pas concerner les institutions économiques et sociales, qui étaient pour le ministre Rémillard des composantes fondamentales de la société québécoise en 1987, mais qui paraissent avoir perdu cette qualité en 1992.

En consentant à l'inclusion de la Disposition Canada dans la Constitution, le Québec a également offert des outils de contestation constitutionnelle supplémentaires aux pourfendeurs de sa législation linguistique et a remis davantage encore le sort de cette législation entre les mains d'une Cour suprême du Canada, qui pourra, avec la même unanimité que par le passé, priver la *Charte de la langue française* de son objet principal, faire de la langue française le principal véhicule de communication d'un peuple québécois pluriethnique. Et ce n'est certainement pas « le rôle de promotion et de protection de la société distincte » qui est, selon le texte anglais de l'Accord simplement *confirmé*, qui accordera une garantie additionnelle au Québec, car cette disposition ne saurait guère avoir d'effet, dans la mesure où l'économie générale de la Disposition Canada privilégie pour le Québec au sein du Canada un modèle de pays bilingue et d'égalité multiculturelle et interprovinciale.

La garantie de pouvoirs accrus en matière d'immigration

L'entente du lac Meech contenait un engagement du gouvernement du Canada de négocier avec une province un accord relatif à l'immigration,

---

1. Gil RÉMILLARD. « L'Accord constitutionnel de 1987 et le rapatriement du Québec au sein de la fédération canadienne », dans *L'adhésion du Québec à l'Accord du Lac Meech : points de vue juridiques et politiques,* Montréal, les Éditions Thémis, 1987, p. 194.

adapté aux besoins et à la situation particulière de celle-ci. Mais cet accord allait au-delà d'un tel engagement de négocier puisqu'il offrait une protection constitutionnelle de tout accord conclu en la matière. En effet, les nouveaux articles 95B à 95E de la *Loi constitutionnelle de 1867* auraient conféré aux accords en matière d'immigration force de loi et leur auraient donné effet indépendamment des autres dispositions de la Constitution relatives à l'immigration. De plus, ces accords n'auraient pu, selon l'Accord du lac Meech, faire l'objet de modification sans le consentement de l'Assemblée nationale du Québec.

Cette protection constitutionnelle des accords relatifs à l'immigration n'est pas reprise dans l'Accord de Charlottetown. En effet, dans le *Rapport du consensus sur la Constitution,* qui est le seul texte qui doit guider notre analyse, le gouvernement du Canada limite son engagement à celui de négocier et de conclure avec les provinces des ententes en matière d'immigration. Toute référence à la protection constitutionnelle de ces ententes, analogue à celle qui était consacrée par l'Accord du lac Meech, est disparue et il est clair que le mécanisme de protection des ententes intergouvernementales, prévu au paragraphe 26 de l'Accord de Charlottetown, ne peut recevoir d'application dans le cas des ententes en matière d'immigration.

Le Québec a ainsi essuyé un refus de constitutionnalisation des ententes en matière d'immigration et ne saurait aujourd'hui prétendre qu'il a obtenu une garantie de pouvoirs accrus en matière d'immigration. Entre les réunions du lac Meech et celle de Charlottetown, cette garantie a diminué et consacre le caractère précaire des futures ententes que le Québec voudrait conclure avec le Canada en matière d'immigration.

La limitation du pouvoir fédéral de dépenser

Une seule disposition traitait du pouvoir de dépenser dans l'Accord du lac Meech et affirmait le pouvoir du gouvernement du Canada de mettre sur pied un nouveau programme cofinancé dans un domaine de compétence provinciale exclusive. Cette disposition, qui a son équivalent au paragraphe 25 de l'Accord de Charlottetown, consacre pour la première fois dans un texte constitutionnel le pouvoir fédéral de dépenser et permet à l'exécutif canadien de s'immiscer dans le champs de compétence provinciale. S'il est vrai que le Québec, comme les autres provinces, dispose d'un droit de retrait en regard de l'exercice d'un tel pouvoir de dépenser, ce retrait ne saurait s'exercer que si le Québec met en œuvre un programme ou une initiative compatible avec des objectifs canadiens, définis par des institutions fédérales.

Dans l'Accord de Charlottetown, le pouvoir fédéral de dépenser serait par ailleurs explicitement reconnu en matière de création d'emplois, puisque l'Accord de Charlottetown stipule que le pouvoir fédéral d'engager des dépenses dans des programmes de création d'emplois devrait être protégé au moyen d'une disposition constitutionnelle ou d'un accord politique. Si, par ailleurs, la nouvelle Constitution reconnaissait la formation et le perfectionnement de la main-d'œuvre comme sphère de compétence provinciale exclusive, elle ne permettrait aux provinces de limiter les dépenses fédérales directement liées au perfectionnement de la main-d'œuvre que dans le cadre de la conclusion d'ententes intergouvernementales dans lesquelles ces provinces seraient tenues de s'assurer que leurs programmes de perfectionnement de la main-d'œuvre sont compatibles avec les objectifs nationaux. Ces objectifs seraient définis par le seul gouvernement fédéral dans l'exercice d'une nouvelle compétence constitutionnelle prévoyant que celui-ci peut, après en avoir saisi le seul Parlement fédéral, établir des objectifs «nationaux» pour les aspects «nationaux» du perfectionnement de la main-d'œuvre.

L'Accord de Charlottetown prévoit par ailleurs que dans les six domaines où l'on convient de confirmer la compétence provinciale exclusive (forêts, mines, tourisme, logement, loisirs, affaires municipales et urbaines), les assemblées législatives détiendraient le pouvoir de limiter dans leurs provinces les dépenses fédérales liées directement à ce domaine. Cette limitation ne s'applique, il importe de le souligner, qu'aux anciens programmes en vertu desquels le gouvernement fédéral s'est immiscé dans ces sphères de compétence provinciale exclusive, et doit faire l'objet d'une négociation avec le gouvernement fédéral destinée à fixer les conditions de tout retrait fédéral. Les ententes peuvent toutefois exiger que le gouvernement poursuive ses dépenses dans une province. Dès lors, l'obligation de négocier imposée aux provinces pourrait inciter celles-ci non pas à exiger la cessation de l'exercice du pouvoir fédéral de dépenser, mais plutôt son maintien.

De plus, devant le refus du Canada de supprimer le pouvoir fédéral de dépenser, comme le lui demandait le Québec durant l'ultime ronde de négociations constitutionnelles à Ottawa, le Québec s'est contenté d'un accord visant à élaborer un cadre devant guider l'exercice du pouvoir de dépenser dans des sphères de compétence provinciale exclusive. Ce cadre stipulerait que le pouvoir fédéral de dépenser peut s'exercer dans une sphère de compétence provinciale exclusive et ne fait mention d'aucun droit d'une province de s'opposer à l'exercice du pouvoir fédéral de dépenser dans une matière relevant de ses compétences exclusives. Ce pouvoir fédéral de dépenser ne connaîtrait ainsi aucune véritable limitation, l'Accord de Charlottetown se contentant d'énoncer les conditions d'exercice de ce pouvoir, à savoir la réalisation d'objectifs « nationaux », la réduction des chevauchements et du double emploi, le respect des priorités provinciales et le traitement égal des provinces.

L'on constate donc que la volonté du Québec de limiter et d'encadrer le pouvoir fédéral de dépenser s'est heurtée à un mur canadien et que le Canada anglais a réussi à tirer avantage des dispositions de l'Accord du lac Meech, qui reconnaissaient pour la première fois l'existence du pouvoir fédéral de dépenser dans la Constitution écrite du Canada. En constitutionnalisant davantage le pouvoir fédéral de dépenser, en permettant son exercice dans tous les domaines de compétence provinciale exclusive et en limitant son exercice dans les seuls domaines des nouveaux programmes financés, des programmes sur le perfectionnement de la main-d'œuvre et des programmes existants en matière de forêts, mines, tourisme, logement, loisirs et affaires municipales et urbaines, l'Accord de Charlottetown consacre la prééminence du pouvoir fédéral de dépenser et donne au gouvernement du Canada un instrument puissant d'envahissement des champs de compétence provinciale. La substance de Meech est ici plutôt dénaturée et le pouvoir fédéral de dépenser renforcé comme jamais auparavant.

La reconnaissance d'un droit de veto

Parmi les conditions nécessaires à la réintégration du Québec dans le giron constitutionnel canadien, le gouvernement libéral de Robert Bourassa faisait de l'obtention d'un droit de veto une condition déterminante. Dans l'Accord du lac Meech, le Québec obtenait un veto sur les institutions fédérales (Chambre des communes, Sénat et Cour suprême) et obtenait également un veto sur la création de nouvelles provinces.

Ici encore, un observateur politique le moindrement averti constaterait, sans difficulté, que l'Accord de Charlottetown pervertit le sens du veto québécois sur les institutions et retire au Québec son droit de veto sur la création de nouvelles provinces.

Ainsi, à l'origine, le droit de veto sur les institutions était destiné à permettre au Québec de s'opposer à la création d'un Sénat égal, qui consacrerait la minorisation du Québec au sein de l'une des deux chambres législatives du parlement canadien. La création par l'Accord de Charlottetown d'un Sénat égal, aux pouvoirs somme toute importants et qui pourraient aller en s'accroissant, enlève ainsi au veto québécois toute portée réelle. De plus, le fait que le veto sur les institutions soit universel, permettra à toutes les autres provinces de s'opposer à tout changement que le Québec voudrait apporter aux institutions fédérales.

Quant au droit de veto sur la création de nouvelles provinces, le Québec a tout simplement abandonné ce droit qui lui était reconnu dans l'Accord du lac Meech. L'Accord de Charlottetown prévoit ainsi que les nouvelles provinces pourront être créées en vertu d'une loi du Parlement fédéral, après consultation de toutes les provinces existantes. Aucune référence n'est faite dans l'Accord de Charlottetown à l'engagement politique pris par le ministre Joe Clark de ne pas autoriser la création d'une nouvelle province si toutes les grandes régions du Canada ne donnent leur assentiment à cette création. Comme les provinces ne peuvent intervenir dans la formule de modification sans le consentement du Québec, toute augmentation de la représentation de nouvelles provinces au Sénat exigerait le consentement du Québec. Ce consentement n'équivaut pas à un veto sur la création de nouvelles provinces. Lorsque viendra le temps de discuter de la représentation des nouvelles provinces au Sénat, le concept d'égalité des provinces prévaudra à coup sûr au plan politique sur les objections d'un Québec, à qui l'on n'hésitera pas de rappeler qu'il a accepté le concept d'égalité des provinces.

C'est à l'égard de cette formule de modification de la Constitution que la reddition du Québec est la plus perceptible et que l'Accord du lac Meech sort le plus meurtri. Et, ce n'est pas l'hypothétique droit de veto sur la clause de la société distincte qui vient compenser pour les énormes reculs du Québec sur cette procédure de modification de la Constitution, dont on disait jadis qu'elle était d'une importance fondamentale pour l'avenir du Québec au sein de la fédération canadienne.

La nomination des juges de la Cour suprême du Canada

Bien qu'on laisse croire que l'Accord de Charlottetown maintient l'intégrité de l'Accord du lac Meech sur la question de la nomination des juges de la Cour suprême, une lecture attentive de cet accord révèle aussi d'évidents reculs du Québec. Même si l'on envisage de constitutionnaliser les dispositions de la *Loi sur la Cour suprême* stipulant que trois des neuf juges de la Cour doivent être membres du Barreau du Québec, le gouvernement du Québec n'est plus celui qui présente la liste à partir de laquelle le gouvernement du Canada nommerait les juges en provenance du

Québec. Selon l'Accord de Charlottetown, les listes à partir desquelles se feront les nominations «fédérales» seraient préparées par toutes les provinces et les deux territoires. De plus, les modifications futures du processus de nomination des juges de la Cour suprême n'exigeraient plus le consentement de toutes les provinces, ce qui était le cas dans l'Accord du lac Meech (et conférait dès lors au Québec un droit de veto), alors que ne sera maintenant requis que l'assentiment de sept provinces sur dix, représentant la moitié de la population.

****

Une comparaison de l'Accord du lac Meech à l'Accord de Charlottetown suffit pour constater le fossé qui sépare les demandes formulées par le Québec en mai 1986 et le Consensus sur la Constitution de 1992. Ce fossé s'élargit lorsque l'on constate que l'Accord de Charlottetown comporte des changements constitutionnels additionnels qui instituent une dynamique de centralisation et de marginalisation du Québec dans la fédération canadienne. Ainsi, l'Accord de Charlottetown envisage la réintégration du Québec dans la fédération à un coût nettement plus exorbitant que celui de l'Accord du lac Meech, dont il faut se rappeler qu'il n'était destiné qu'à satisfaire les demandes minimales du Québec.

Si l'Accord du lac Meech avait réussi à satisfaire ces demandes minimales, comme le prétendaient certains promoteurs de l'Accord, ces mêmes promoteurs doivent aujourd'hui s'inscrire en faux contre ceux qui prétendent que l'Accord de Charlottetown comprend la substance de Meech et doivent constater que les partenaires canadiens du premier ministre Bourassa ont tourné le dos à cet accord. Plutôt que de ressusciter l'Accord du lac Meech, mort en juin 1990, l'Accord de Charlottetown confirme, de façon définitive, son extinction.

Les points saillants du projet d'entente du 28 août 1992

La société distincte : un cheval de Troie devenu une épée de Damoclès

Claude Bariteau

CLAUDE BARITEAU est professeur titulaire d'anthropologie à l'Université Laval. Il se spécialise sur les problématiques de développement local et régional, de même que sur la question urbaine. L'étude de la société québécoise est au centre de ses préoccupations depuis près de 20 ans.

Entrons directement dans le vif du sujet. La publicité du Parti libéral du Québec affirme que l'entente du 28 août 1992 reconnaît que le Québec forme, au sein du Canada, une société distincte tout comme le reconnaissait l'Accord du lac Meech du 3 juin 1987. C'est vrai. Le concept de société distincte apparaît dans les deux textes et, dans ces deux textes, le gouvernement du Québec a le rôle de protéger et de promouvoir la société distincte.

Là s'arrêtent les ressemblances. Dans l'Accord du lac Meech, le concept de société distincte figure après une disposition faisant état de la dualité linguistique comme caractéristique fondamentale du Canada. Avec l'entente du 28 août, on ne fait plus référence à cette dualité. La société distincte est plutôt insérée dans une clause Canada contenant sept dispositions qui sont autant de contraintes pour interpréter la *Loi constitutionnelle de 1867*. Aussi, contrairement à l'Accord du lac Meech, la société distincte y est précisée. Elle comprend notamment une majorité d'expression française, une culture qui est unique et une tradition de droit civil.

Ainsi défini, ce concept est-il toujours le levier recherché par le Québec pour étendre ses droits dans les directions qu'il juge appropriées et permettra-t-il d'infléchir dans le sens des intérêts du Québec les interprétations qui seront faites de la Constitution et de la *Charte canadienne des droits et libertés* ?

À mon avis, tel que défini présentement, ce concept ne saurait produire ces effets. Au contraire, il annonce plutôt la mort du projet québécois de société distincte et ouvre la voie aux éternelles lamentations véhiculées par des «nationalistes pleurnichards et maîtres chanteurs»

(Trudeau, 1989, p. 150), tout heureux de pouvoir ainsi assurer la reproduction de la classe politique québécoise qui doit son existence à la pérennité du système fédéral canadien.

Pour traduire ma pensée, un retour à l'Accord du lac Meech s'impose comme s'impose un rappel de certaines déclarations récentes concernant le nouveau sens donné à ce concept, question de bien contextualiser la lecture que m'inspire la société distincte de l'entente du 28 août 1992.

Dans l'Accord du lac Meech

Le concept de société distincte fut au centre des débats entourant l'Accord du lac Meech à la suite d'une charge personnelle, à l'emporte-pièce, de Pierre Elliott Trudeau. L'ancien Premier Ministre du Canada attaqua ce concept, notamment parce qu'il risquait d'engendrer des inégalités de droit entre les citoyens canadiens dans la mesure où les lois québécoises pouvaient être interprétées comme n'étant pas subordonnées à la *Charte canadienne des droits et libertés*.

Pour Pierre Elliott Trudeau, ce concept inséré dans l'Accord du lac Meech permettait au gouvernement du Québec de déployer tout un arsenal de mesures visant à consolider l'affirmation et le développement du Québec, ce dont se félicitaient Robert Bourassa et Gil Rémillard. À ses yeux, il avait aussi pour conséquence de mettre entre les mains des tribunaux l'interprétation de ce concept, ce qui constituait une démission politique dont l'effet le plus pervers était que disparaisse la possibilité de construire un Canada uni, les tribunaux pouvant statuer que le «Canada sera désormais gouverné par deux constitutions, l'une qui sera interprétée à l'avantage du Canada et l'autre qui sera interprétée de façon à préserver et à promouvoir la société distincte du Québec, deux constitutions, deux chartes, deux systèmes de valeur et peut-être même deux Canada, ou plutôt, un Canada et quelque chose d'autre» (Trudeau, 1989, p. 109).

Cette interprétation n'était aucunement partagée par la majorité des spécialistes québécois en la matière. Pour eux, l'insertion de ce concept n'annonçait pas les possibilités envisagées par Pierre Elliott Trudeau. Tout au plus voyaient-ils un certain flou qu'auraient rapidement précisé les juges de la Cour suprême en faisant prévaloir les intérêts du Canada.

C'est d'ailleurs pour cette raison que les milieux nationalistes québécois considéraient ce concept guère explicite. Par exemple, Fernand Dumont (1987) aurait aimé que le texte éclaire tous les esprits en mentionnant que le critère pour comprendre la société distincte québécoise est le fait que le français y est la langue officielle décrétée par son gouvernement. De son côté, Guy Bouthillier en voulait plus. Pour lui, le Québec n'est pas une simple société. Il est le lieu d'être d'un peuple. Aussi, avançait-il que le terme «peuple» devrait figurer dans la Constitution, non celui de société. René Lévesque n'aurait jamais nié cette approche car, pour lui et son gouvernement, la reconnaissance explicite dans la *Loi constitutionnelle* de l'existence du peuple québécois était la première et la plus déterminante, donc la plus incontournable, des 22 conditions mises de l'avant pour rendre possible l'adhésion du Québec au Canada de 1982.

Dans la suite des événements provoqués par la sortie de Pierre Elliott Trudeau, ces propos nationalistes n'eurent guère d'écho. Brian Mulroney fut davantage sensible aux arguments de son ancien compagnon d'armes en 1980 contre l'affirmation québécoise. Il fit d'ailleurs tout pour qu'un premier carcan vienne neutraliser les élans que contenait l'Accord du lac Meech, ce que comprit très vite Lucien Bouchard qui démissionna. La suite des événements lui donne raison. Le 9 juin 1990, une nouvelle entente fut conclue avec l'accord du Québec. Elle restreignait la portée du concept de société distincte.

Ce dernier recul du gouvernement de Robert Bourassa a mis au jour des failles dans le projet qu'il véhiculait. Pierre Fournier (1990) qualifia même ce recul de capitulation. C'est dans sa suite que l'Accord du lac Meech a débouché sur un échec, que prirent forme les événements d'Oka à l'été 1990 et que la ronde Canada s'enclencha avec enthousiasme pour construire le Canada de demain.

Dans l'entente du 28 août

L'entente du 28 août 1992 s'inscrit directement dans le sillon de cette capitulation. L'insertion actuelle du concept de société distincte à l'intérieur d'une clause Canada en neutralise la portée. Sa spécification et la présence d'une clause qui indique l'attachement du gouvernement du Québec à l'égard du développement et de l'épanouissement de sa minorité anglophone verrouillent tout écart possible.

Certes, comme dans l'Accord du lac Meech, il y a encore du flou. Mais le flou qui reste inquiète de moins en moins les membres de la communauté anglophone du Québec, les anglophones des autres provinces et les représentants des peuples autochtones. Chez les Québécois d'expression française, c'est différent. La majorité des analystes québécois francophones voient dans l'actuelle société distincte une coquille vide de tout potentiel, du moins des potentiels qu'avait imaginés Gil Rémillard en parlant de cette clause dans l'Accord du lac Meech. Maintenant devenu un artifice sans signification, ce concept est même banalisé par certains éditorialistes. Par exemple, pour Alain Dubuc du journal *La Presse*, le Québec sera toujours une société distincte quoi qu'il arrive, cette distinction n'étant à ses yeux que le produit des activités des Québécois. Aussi, est-il superflu de l'inscrire dans la *Loi constitutionnelle* du Canada et ce, d'autant plus que cette clause, telle qu'elle est circonscrite, n'accorde aucun pouvoir nouveau au Québec.

En d'autres termes, la plupart des analystes québécois francophones sont persuadés que ce concept n'a plus maintenant la portée qu'il avait dans l'Accord du lac Meech. C'est aussi l'opinion de Clyde Wells, premier ministre de Terre-Neuve. Ce dernier considère même que cette clause est maintenant circonscrite de telle sorte qu'il n'y a aucun danger qu'elle serve de tremplin à l'affirmation d'un statut particulier pour le Québec. Même le président d'Alliance Québec ne voit aucun danger quant au maintien et au développement de la communauté anglophone du Québec.

Les balises pour définir et encercler ce concept auraient pu être davantage clarifiées. Toutefois, cela aurait piégé le jeu politique du Parti libéral du Québec tout comme l'aurait été celui des autres composantes de l'élite fédéraliste québécoise que l'on retrouve au sein du Parti libéral du Canada, du Parti conservateur et du Conseil du patronat du Québec. Cette élite avait besoin d'une certaine marge de manœuvre pour être en mesure de tenir un discours de gagnant même si tous les éléments inquiétants étaient neutralisés, notamment la possibilité que le Québec obtienne de nouveaux pouvoirs, stoppe le développement de sa communauté anglophone et ait prérogative sur le gouvernement du Canada dans ses relations avec les peuples autochtones.

Cette marge de manœuvre est néanmoins devenue une peau de chagrin. C'est ce qui incite probablement Robert Bourassa à prétendre que le concept de société distincte déborde les cadres de cette clause et doit dorénavant être analysé à la lumière de l'ensemble de l'entente du 28 août 1992. C'est probablement pour cette même raison que Gil Rémillard a avancé l'idée que la société distincte est depuis lors devenue un gain pour le Québec supérieur à celui qu'aurait été la reconnaissance du peuple québécois comme peuple distinct au Québec.

Peuple versus société

De tels propos émanant d'hommes qui occupent des postes politiques déterminants au sein de la collectivité québécoise ne doivent pas être pris à la légère. Aussi, faut-il se demander quelles sont les bases de l'argumentation qui rendent ces propos cohérents à leurs yeux.

À mon avis, Gil Rémillard peut avancer une telle idée seulement parce qu'il a une vision ethnique du peuple québécois, c'est-à-dire une vision qui fait de ce dernier un groupe culturel parmi d'autres vivant sur le territoire québécois. Cette vision s'oppose fondamentalement à une conception nationale du peuple québécois, conception qui reconnaît comme Québécois celui qui habite le territoire du Québec, partage les aspirations du peuple québécois et souscrit aux institutions comme aux lois qui encadrent la société québécoise.

Autrement dit, c'est uniquement en faisant du «peuple québécois» un dérivé de la nation canadienne-française au sens ethnique du terme que Gil Rémillard peut prétendre que le concept de société distincte englobe celui de peuple. C'est cohérent parce que ce peuple ethnique n'est pas seul sur le territoire québécois. Mais cette cohérence conduit au refus d'assurer l'affirmation du peuple québécois et de mettre tout en œuvre pour qu'il devienne souverain et accède à l'indépendance.

Ce refus a été mis à nu lorsque Robert Bourassa a capitulé le 9 juin 1990. Il a conduit au ratatinement du concept de société distincte, concept qui ouvrait, malgré tout, à de multiples possibilités dès que son interprétation échappait au contrôle du Canada et de ses institutions et provenait du gouvernement qui s'en réclamait, l'État du Québec.

C'est ce ratatinement qui est perceptible dans la clause Canada. Certes, il n'y est pas dit que le gouvernement du Québec a perdu les pouvoirs qu'il avait ou que la Loi 101 a été déclarée inconstitutionnelle. Par contre, tout y est pour conduire à de telles issues le moment venu. Qui plus est, le concept de société distincte a été qualifié de trois constats. L'un annonce qu'il y a au Québec une tradition de droit civil. Une autre affirme qu'il y a une majorité d'expression française. Tous les Québécois savent cela depuis longtemps et savent aussi qu'un tel constat ne dit pas que la langue officielle est le français. Enfin, le troisième identifie une culture qui est unique. Laquelle ? On n'en sait rien. Tout au plus, peut-on penser que la société distincte produit une culture qui est unique au sens de différente. À mon avis, ça va de soi. La présence sur un même territoire de l'ethnie québécoise, de la communauté anglophone, des citoyens d'origines diverses et de peuples autochtones peut produire une culture qui est unique dans la mesure où il y a des interactions entre ces diverses populations.

Ces constats, sauf le premier, ne spécifient en rien la société distincte. Au contraire, ils la qualifient et la rendent totalement inopérante, ce qui n'a certes pas échappé à Robert Bourassa. Aussi, a-t-il cherché désespérément à sauver ce qu'il pouvait en déployant une stratégie défensive, la seule qui soit permise à celui qui choisit une approche ethnique après avoir capitulé. Dès lors, s'est trouvée piégée la démarche québécoise en vue d'obtenir un espace pour que s'affirme le peuple québécois au sein de la fédération canadienne. Seuls devenaient à sa portée des gains insignifiants sur des choses secondaires et une poignée de veto pour les protéger et protéger l'ethnie québécoise.

En quelque sorte, le cheval de Troie que fut la société distincte de l'Accord du lac Meech s'est muté en une épée de Damoclès posée au-dessus de la tête du peuple québécois avec la complicité du Premier Ministre du Québec.

À mon avis, c'est là l'un des motifs qui a conduit ce dernier à la table de négociation, l'autre étant les contraintes prévues dans la Loi 150, chacun des deux lui permettant de jouer au sauveur tout en réalisant ce qu'il avait espéré obtenir en capitulant le 9 juin 1990 : réintégrer officiellement le Canada et sauvegarder les assises fédéralistes de la classe politique qu'il sert. Il s'ensuivit une opération de dernière minute dont l'objectif fut d'empêcher que le peuple québécois s'émancipe.

Pire, cette nouvelle entente, notamment parce qu'elle n'a rien de définitif et engendrera, de ce fait, un processus permanent de négociations multiples, produira un effet de dilution de l'identité nationale québécoise qui s'est construite dans le sillon de la Révolution tranquille. Du moins, est-ce là l'espoir caché que doivent entretenir les membres de cette classe car, sans cette dilution, la problématique ethnique ne saurait s'enraciner et remplacer celle de la nation canadienne-française qui a vu le jour après l'évacuation des Patriotes du décor politique.

Dans cette optique, le concept banalisé de société distincte présent dans l'entente du 28 août 1992 confirme, pour le Canada, l'abdication du gouvernement de Robert Bourassa et la mise au rancart, par celui qui dirige les destinées du Québec, du projet québécois de société distincte péniblement concocté ces 30 dernières années. Le peuple québécois se voit du coup provoqué dans ses convictions par ceux qui cherchent à miner ses aspirations. Il lui appartient d'en disposer.

Bibliographie

Claude Bariteau. Le Québec aux portes de la souveraineté, *Le Monde diplomatique*, février 1991, p. 19.

Fernand Dumont. Exposé devant la Commission sur les institutions, reproduit dans Un dossier du Devoir, *Le Québec et le lac Meech*, Montréal, Guérin littérature, 1987, p. 135-140.

Pierre Fournier. *Autopsie du lac Meech*, Montréal, VLB éditeur, 1990.

Gouvernement du Québec. *Propositions du gouvernement du Québec*, Québec, mai 1985.

Denis Monière. *L'indépendance*, Montréal, Québec/Amérique, 1992.

Pierre Elliott Trudeau. *Lac Meech, Trudeau parle*, Montréal, Hurtubise HMH, 1989.

La clause relative à la société distincte du Rapport du consensus sur la Constitution: un recul pour le Québec

Henri Brun, Ghislain Otis, Jacques-Yvan Morin, Daniel Turp, José Woehrling, Daniel Proulx, William Schabas, Pierre Patenaude

HENRI BRUN est professeur titulaire à la Faculté de droit de l'Université Laval.

GHISLAIN OTIS est professeur adjoint à la Faculté de droit de l'Université Laval.

JACQUES-YVAN MORIN est professeur titulaire à la Faculté de droit de l'Université de Montréal, ancien vice-premier ministre et ministre des Affaires intergouvernementales du Québec.

DANIEL TURP est professeur agrégé à la Faculté de droit de l'Université de Montréal.

JOSÉ WOEHRLING est professeur titulaire à la Faculté de droit de l'Université de Montréal.

DANIEL PROULX est professeur agrégé à la Faculté de droit de l'Université d'Ottawa.

WILLIAM SCHABAS est professeur au département des sciences juridiques à l'Université du Québec à Montréal.

PIERRE PATENAUDE est professeur titulaire à la Faculté de droit de l'Université de Sherbrooke et doyen-fondateur de l'École de droit de l'Université de Moncton.

Les auteurs considèrent important de faire connaître leur avis sur la clause de la société distincte contenue dans le Projet d'Accord constitutionnel de 1992. Ils estiment qu'en raison de sa nature, de son libellé et de son contexte, cette clause n'a virtuellement aucune valeur pour le Québec. Il en est ainsi en raison tout spécialement du fait qu'elle est immédiatement suivie d'une clause aux termes de laquelle les gouvernements tant québécois que fédéral ont un engagement (*commitment*) envers l'épanouissement et le développement de la minorité anglophone du Québec.

Sur la nature, le libellé et le contexte de la clause de la société distincte

La clause de la société distincte serait, selon le Projet d'accord constitutionnel, une simple règle d'interprétation, dont les tribunaux pourraient éventuellement se servir dans la mesure où ils jugeraient, dans un premier temps, qu'ils ont besoin de se servir d'elle pour bien comprendre le sens d'une disposition de la Constitution. Cette clause n'est donc qu'un outil accessoire, dont l'utilisation dépend entièrement du pouvoir discrétionnaire des juges. De par sa nature, elle ne peut fonder l'attribution au Québec de quelque pouvoir nouveau, ce que le Projet d'Accord précise d'ailleurs, par mesure de précaution.

La clause de société distincte du Projet d'accord constitutionnel mentionne trois critères de distinction du Québec : 1) le fait que la majorité y est d'expression française, 2) le fait que la culture y est unique et 3) le fait qu'y perdure une tradition de droit civil. Le Projet d'Accord, il est vrai, n'énumère pas ces trois critères de façon limitative. Mais, les règles d'interprétation de la Constitution veulent que les seuls autres critères susceptibles de distinguer le Québec ne pourraient être que des critères qui sont de la même nature que ceux qui sont déjà énumérés. Ainsi, il serait vain, à notre avis, de faire appel à la clause de la société distincte pour défendre des lois sociales et économiques comme des lois sur les valeurs mobilières, sur les caisses d'épargne, sur les relations de travail, sur les ressources naturelles ou sur l'environnement.

Dans le Projet d'Accord constitutionnel, la clause de société distincte se situe par ailleurs à l'intérieur d'une Disposition Canada. Cette nouvelle disposition de la Constitution comprend sept autres règles d'interprétation, dont certaines sont en conflit direct avec la règle relative à la société distincte. Selon une de ces règles, le Québec reconnaît le principe d'égalité des provinces. Selon une autre, le Québec se dit attaché au principe de l'égalité raciale et ethnique, ainsi qu'au principe du multiculturalisme. Ces règles, qui ont le même poids juridique que la règle relative à la société distincte, ne laissent en définitive à cette dernière qu'un domaine d'application fort restreint. Le juge qui interpréterait la Constitution de façon distincte pour le Québec pècherait forcément contre l'égalité interprovinciale et l'égalité interculturelle.

Mais celle parmi les clauses qui contribuerait le plus à rendre stérile la clause de société distincte est celle qui la suit immédiatement à l'intérieur de la Disposition Canada et qui énonce l'engagement des gouvernements canadiens, y compris celui du Québec, envers l'épanouissement et le développement de la minorité anglophone du Québec.

Sur la clause relative à l'épanouissement et au développement de la minorité anglophone

Les composantes de la Disposition Canada seraient inévitablement appelées à interagir. Les tribunaux ne pourraient dès lors donner effet à la clause de la société distincte sans tenir compte de la disposition relative à l'épanouissement et au développement de la minorité anglophone du Québec. L'inverse est également vrai en principe, de sorte que l'engagement à l'égard du développement de la communauté anglophone doit coexister avec la présence de la majorité d'expression française. Toutefois, l'idée d'équilibre, voire d'égalité, des droits collectifs des deux groupes linguistiques du Québec ressort puissamment de la Disposition Canada. Ainsi, interpréter la société distincte comme légitimant au plan constitutionnel une quelconque mesure affectant négativement le développement de l'anglais au Québec heurterait cette égalité juridique des groupes et déboucherait sur une interprétation contradictoire sinon absurde de la Disposition Canada.

La minorité de langue officielle du Québec disposerait, en vertu du Projet d'Accord constitutionnel, d'un outil nouveau qui ne peut que renforcer une contestation constitutionnelle de la législation linguistique que le Québec s'est donné en vue de favoriser l'émergence d'un peuple pluriethnique dont la langue publique commune serait le français. Cette contestation, qu'elle soit fondée sur la liberté de circulation et d'établissement, la liberté d'expression, les droits à l'égalité ou toute autre disposition constitutionnelle ayant une dimension linguistique, pourrait avoir comme cible n'importe quelle loi tendant à affecter négativement l'usage et le caractère public de la langue anglaise. Dans la mesure où la stagnation de l'anglais pourrait être considérée par les tribunaux comme un obstacle à son développement ou un prélude à son déclin, l'engagement du Québec à l'égard de sa minorité anglophone irait jusqu'à permettre et favoriser l'expansion de l'anglais.

Ainsi, dans l'interprétation des droits garantis par la *Charte canadienne* ou dans l'appréciation des limites raisonnables pouvant être apportées à ces droits, les tribunaux devront tenir compte du principe d'égalité des groupes linguistiques du Québec qui se dégage de la Disposition Canada. C'est dire que l'intégrité de la *Charte de la langue française* sera plus précaire que jamais.

55

Sur le rôle de protection et de promotion de la société distincte

En plus des règles d'interprétation, la Disposition Canada contient un paragraphe qui reconnaît à l'Assemblée nationale et au gouvernement du Québec un rôle de protection et de promotion de la société distincte. Le Québec pourrait-il s'autoriser de ce rôle à passer outre à son engagement en faveur du développement de sa minorité anglophone ? Une telle position serait fort difficile à soutenir puisqu'elle déboucherait sur le type de contradiction et d'absurdité évoqué plus haut. Le gouvernement du Québec ne peut en effet s'engager d'une part au développement de sa minorité anglophone et prétendre, d'autre part, exercer un rôle de promotion du français qui minerait cet engagement. La disposition relative au rôle de protection et de promotion de la société distincte ne peut être, en d'autres termes, qu'accessoire aux dispositions qui la précèdent et ne saurait donner une valeur hiérarchiquement supérieure à la règle d'interprétation relative à la société distincte.

***

Pour ces raisons, nous sommes d'avis que la clause de la société distincte du Projet d'Accord constitutionnel n'a virtuellement aucune valeur pour le Québec. Nous considérons même que son adoption marquerait un recul par rapport à la situation actuelle, car dans son jugement sur la langue de la publicité et de l'affichage commercial, la Cour suprême du Canada a déjà reconnu que la Constitution peut, dans une certaine mesure, être interprétée en tenant compte du caractère distinct du Québec. Or, le Projet d'Accord constitutionnel, en réduisant la société distincte à certaines réalités et en la plaçant sur le même pied que l'engagement des gouvernements envers l'épanouissement et le développement de la minorité anglophone du Québec, pourrait remettre en question la portée de cet acquis.

La société distincte et l'interprétation de la *Charte canadienne des droits et libertés*

William A. Schabas

WILLIAM SCHABAS est professeur au département des sciences juridiques à l'Université du Québec à Montréal. Il s'intéresse particulièrement aux droits et libertés de la personne et est l'auteur d'un ouvrage intitulé *International Human Rights Law and the Canadian Charter* (1991).

Un des acquis de l'Accord du lac Meech était la reconnaissance, dans une disposition «interprétative», du Québec comme «société distincte». Pour ceux qui souhaitaient un accroissement des pouvoirs du Québec, une «compensation» susceptible de corriger l'injustice du rapatriement unilatéral de 1982, l'inclusion de cette expression dans la Constitution devait avoir des conséquences importantes. Certains juristes anglo-canadiens, convaincus de l'impact qu'une telle clause pouvait avoir, se sont opposés à la «société distincte», prétendant qu'il était inconcevable de reconnaître que des droits fondamentaux de la personne seraient interprétés de façon différente au Québec que dans les autres provinces. On a même brandi le spectre de Duplessis, en rappelant un passé où les abus flagrants du gouvernement québécois étaient enfin contrôlés par la Cour suprême du Canada et une Constitution centralisatrice.

Ces déclarations étaient plus dignes de Mordecai Richler que de juristes chevronnés. L'Accord du lac Meech a admis l'existence d'une société distincte, mais ses conséquences quant à l'interprétation de la Constitution, surtout en matière de langue et de culture, restaient extrêmement aléatoires. Et pourtant, cette clause de société distincte dans Meech était plus prometteuse que son successeur dans l'Accord de Charlottetown. Dans la *Modification constitutionnelle de 1987* (Meech), la clause de la société distincte était placée dans un nouvel article 2(1), accompagnée d'une autre disposition, qui reconnaissait «la dualité linguistique» du Canada. Ces deux clauses devaient s'interpréter l'une par rapport à l'autre. La clause de la dualité linguistique admettait «l'existence de Canadiens d'expression anglaise, concentrés dans le reste du pays mais aussi présents au Québec». La «société distincte» n'était pas qualifiée par une énumération de ses composantes, le sens à donner à cette expression étant laissé aux tribunaux.

La nouvelle entente de Charlottetown du 28 août 1992 reprend la «société distincte», mais en l'atténuant considérablement. Elle n'est même plus une «clause», mais plutôt un élément parmi d'autres dans une clause globale. Maintenant, elle est accompagnée de sept autres règles de valeur juridique comparable, qui ensemble font partie d'une Disposition Canada. Les tribunaux sont aussi invités à tenir compte, dans leur interprétation de l'expression «société distincte», d'une énumération de trois éléments, «une majorité d'expression française, une culture qui est unique et une tradition de droit civil». La clause de la dualité linguistique qui se retrouvait dans la *Modification constitutionnelle de 1987* est remplacée par «l'attachement» des gouvernements, y compris le gouvernement du Québec, «à l'épanouissement et au développement des communautés minoritaires de langue officielle». La Disposition Canada, qui sera dorénavant dans l'article 2 de la Constitution, «guiderait les tribunaux dans leur interprétation de l'ensemble de la Constitution, y compris la *Charte canadienne des droits et libertés*», selon l'entente. Cette contribution au débat constitutionnel vise à examiner le rôle de la clause de la société distincte dans l'interprétation de la *Charte canadienne*.

La notion de «règles d'interprétation» est elle-même parfois difficile à saisir. Selon la théorie traditionnelle, un texte de loi ne doit pas être «interprété» à moins de souffrir d'ambiguïté. Il est possible, surtout lorsqu'il s'agit d'appliquer des dispositions bilingues, que des problèmes surgissent. Un certain nombre de règles classiques d'interprétation, fondées sur des conventions de rédaction, existent afin de régler ces cas litigieux. Le but de l'interprétation, selon les théoriciens, est d'établir la véritable intention de l'auteur du texte, c'est-à-dire, de la législature.

L'interprétation d'un texte constitutionnel ne suit pas toujours les mêmes règles, parce qu'on reconnaît la nature fondamentalement différente qu'il peut avoir en comparaison avec, par exemple, un règlement municipal de stationnement ou un article de la loi sur l'impôt. C'est ainsi que les tribunaux ont décidé que la *Charte canadienne* doit recevoir une interprétation large et libérale, une interprétation beaucoup moins axée sur son texte littéral et qui vise à garantir le but de la *Charte*, à savoir la protection des droits et libertés individuels. Cette interprétation est qualifiée de téléologique, et sa conséquence a été d'inciter la Cour suprême du Canada à appliquer la *Charte* de façon agressive et imaginative.

En revanche et à l'instar de certains instruments internationaux des droits de la personne (qui ont servi de modèles pour la *Charte*), il y a aussi une place pour les droits «collectifs». Même si le tribunal considère qu'une disposition législative est contraire à une norme reconnue dans la *Charte*, la législation attaquée peut être «sauvée» par l'effet de l'article premier. Ce dernier impose une deuxième étape dans l'analyse constitutionnelle. Il s'agit de déterminer si la limitation qui est proposée aux droits constitutionnels est raisonnable et peut se justifier «dans une société libre et démocratique». À titre d'exemple, on a décidé que la criminalisation de la propagande haineuse est une violation de la liberté d'expression, mais que cette mesure constitue une limitation raisonnable dans une telle société.

Ce système de protection des droits et libertés recherche un équilibre entre les droits individuels et les droits collectifs. En place depuis dix ans, il est également suivi dans la *Charte des droits et libertés de la personne* (la Charte québécoise) et dans les instruments internationaux. Un système donc qui a fait ses preuves, et qui permet l'évolution des normes en fonction du développement de la société. À ce système est proposé maintenant l'ajout de huit règles d'interprétation, dont la clause de la société distincte. Ces huit règles d'interprétation seront énumérées dans un nouvel article 2 de la *Loi constitutionnelle de 1867*.

Nous constatons immédiatement une certaine redondance avec d'autres dispositions de la *Charte*. Des règles d'interprétation semblables à celles du nouvel article 2 étaient incluses dans la *Charte* originale, la version de 1982, plus particulièrement en ce qui concerne le patrimoine multiculturel (article 27). Cette dernière disposition, dont l'importance dans la jurisprudence constitutionnelle a été très mitigée, se trouve maintenant dédoublée par l'ajout du paragraphe (e) de l'article 2. Aussi, il paraît tout à fait superflu d'ajouter «l'attachement des Canadiens au principe de l'égalité des personnes des deux sexes», parce que cette idée se trouve déjà dans deux autres dispositions, les articles 15 et 28. Est-ce que la répétition de ces règles d'interprétation dans le nouvel article 2 change quelque chose? La réponse est affirmative, parce que ces règles, dans leur formulation originale, bénéficient d'une certaine autonomie, l'une par rapport à l'autre, tandis que dans le nouvel article 2, elles sont présentées ensemble, avec comme conséquence qu'il faut trouver un équilibre entre ces valeurs parfois contradictoires. Mais encore plus importante est l'équivalence qui est donnée à ces règles avec l'autre règle, celle de la société distincte. Ajouter la société distincte au nouvel article 2 de la *Loi constitutionnelle de 1867* sans répéter les autres règles d'interprétation qui sont déjà mentionnées dans la *Charte* équivaut à courir le risque d'une hiérarchie entre ces règles, une hiérarchie dans laquelle la société distincte aurait peut-être une préséance.

Le texte de l'entente du 28 août est clair : ces règles d'interprétation s'appliquent «notamment à la *Charte canadienne*». C'est donc à toutes les dispositions de la *Charte* que ce nouvel article 2 peut être pertinent. Par conséquent, l'emploi de l'article 2 peut se faire aux deux étapes de l'analyse constitutionnelle, lors de l'examen d'une violation de la *Charte* et lors de l'analyse en vertu de l'article premier, à savoir si la violation est une limitation qui peut raisonnablement se justifier dans une société libre et démocratique. C'est surtout à cette deuxième étape que le nouvel article 2 aura toute son importance, parce que les tribunaux vont probablement considérer que les composants d'une «société libre et démocratique» se trouvent énumérés à ce nouvel article 2.

Il faut admettre que certains des principes d'interprétation dans ce nouvel article sont sans aucun doute reconnus universellement comme des éléments d'une société libre et démocratique : l'égalité des hommes et des femmes et l'égalité raciale, par exemple. D'ailleurs, cette constatation a déjà été faite dans la jurisprudence de la Cour suprême du Canada, sans qu'on ait besoin d'une énumération explicite de ce qui constitue la société libre et démocratique. Le rôle que peut jouer la société distincte dans ce processus est moins évident.

L'idée qu'une telle clause peut avoir comme résultat une interprétation différente de la *Charte* d'une province à une autre n'est pas en soi choquante, même si certains juristes anglo-canadiens ont été scandalisés par cette possibilité. En Europe, où un système international de protection des droits de la personne est très avancé, on a élaboré une doctrine de «marge d'appréciation» afin de reconnaître que des droits fondamentaux, identiques en théorie à travers le continent, sont susceptibles d'être interprétés différemment dans les différents États parties à la *Convention européenne des droits de l'homme*. Cette doctrine a permis l'épanouissement des droits de la personne en Europe, et peut être fort utile au Canada lorsqu'il s'agit de mettre en œuvre la clause de la société distincte.

Mais le problème le plus sérieux avec l'utilisation de cette clause dans l'interprétation de la *Charte* est le rôle d'une autre règle d'interprétation, qui suit immédiatement la clause de la société distincte. Il s'agit de «l'attachement des Canadiens et de leurs gouvernements à l'épanouissement et au développement des communautés minoritaires de langue officielle dans tout le pays». Cette dernière clause va certainement neutraliser tout effet potentiel de la clause de la société distincte dans l'interprétation de la *Charte*. Elle est beaucoup plus imposante que la clause de la dualité linguistique dans l'Accord du lac Meech, parce qu'elle vise l'épanouissement et le développement de la langue anglaise au Québec plutôt qu'une simple reconnaissance de «Canadiens d'expression anglaise» qui sont «concentrés dans le reste du pays mais aussi présents au Québec».

L'histoire de la jurisprudence constitutionnelle au Canada est pleine de surprises, et il serait hasardeux d'essayer de prédire les développements en droit constitutionnel si le nouvel article 2 est adopté. Néanmoins, puisque toute modification de la *Charte* aura comme conséquence de remettre en question la jurisprudence antérieure, on peut se demander si certaines décisions auraient été tranchées autrement, à la lumière d'une clause de société distincte. L'exemple classique est l'affaire de la langue d'affichage. La Cour suprême a déterminé que l'article 58 de la Loi 101 violait la liberté d'expression, en empêchant les commerçants anglophones d'afficher en anglais. La Cour suprême devait, par la suite, décider qu'une telle violation de la *Charte* ne constituait pas une limite raisonnable dans une société démocratique. En présence d'une règle d'interprétation qui reconnaît le Québec comme société distincte, il est possible d'envisager un résultat différent. Mais si cette clause est jumelée à une disposition qui déclare «l'attachement des Canadiens et de leurs gouvernements à l'épanouissement et au développement des communautés minoritaires de langue officielle dans tout le pays», la conclusion n'est certainement pas la même.

Dans l'affaire de l'affichage, une solution efficace mais peu satisfaisante a été trouvée, à savoir l'application de la clause dérogatoire. Mais l'article 33 de la *Charte*, qui permet de s'y soustraire, comporte un coût politique considérable. De plus, il ne faut pas oublier que la clause dérogatoire ne peut pas être utilisée à l'égard de toutes les dispositions de la *Charte*. Il en est ainsi, par exemple, avec l'article 6, qui garantit le droit d'un citoyen canadien ou d'un résident permanent de gagner sa vie partout au pays. Qu'en est-il du professionnel anglophone d'une autre province qui conteste l'exigence du français comme condition d'admission dans une corporation professionnelle québécoise ? Si jamais l'article 6 de la *Charte* est invoqué avec succès, l'Assemblée nationale sera impuissante à faire échec à un jugement de la Cour suprême, contrairement à ce qu'elle a pu faire dans l'affaire de l'affichage, parce que la clause dérogatoire ne peut être appliquée à l'article 6.

***

Le texte de l'Accord de Charlottetown est fort complexe et touche à une panoplie de questions constitutionnelles. Dans l'esprit du grand public, toutefois, le minimum acquis dans l'Accord du lac Meech est très souvent associé à la clause de la société distincte. La prétention que la reconnaissance de la société distincte dans le nouvel article 2 de la Constitution de 1992 offre une protection accrue aux lois adoptées par l'Assemblée nationale ne peut résister à une analyse sérieuse.

Le partage des pouvoirs : ceux des Autochtones, ceux du Québec et ceux qu'on a peut-être oubliés

Daniel Latouche

DANIEL LATOUCHE est professeur titulaire à l'Institut national de la recherche scientifique. De 1970 à 1987, il a enseigné à l'Université McGill. Il a été conseiller constitutionnel auprès du Premier Ministre du Québec de 1978 à 1980. Il est auteur et co-auteur de plusieurs ouvrages, dont *Allaire, Bélanger, Campeau et les autres* (1991) et *Le virage* (1992).

Dans son livre, *Le fédéralisme canadien. Éléments constitutionnels de formation et d'évolution* (Montréal, Québec-Amérique, 1980), Gil Rémillard résume bien l'une des seules certitudes en matière constitutionnelle. «Le partage des compétences législatives, souligne-t-il, est au cœur même de tout état fédératif. Il en est sa raison d'être puisqu'il est l'expression de l'existence de deux niveaux de gouvernement» (p. 224). Voyons donc comment le cœur se comporte après l'intervention d'Harrington-Charlottetown.

L'une des six sections de l'Accord du 28 août parle effectivement du partage des pouvoirs et fait des propositions quant à 11 pouvoirs sectoriels (les mines, la culture, les forêts, etc.) et à 3 pouvoirs que l'on qualifiera de pouvoirs d'intervention fédérale (le pouvoir de dépenser, le pouvoir de désaveu et de réserve ainsi que le pouvoir déclaratoire). Nous ne discuterons ici que des pouvoirs sectoriels.

La liste des gains québécois à ce chapitre n'est guère impressionnante. C'est du moins ce que plusieurs affirment. Certains diront au contraire que c'est le mieux que le Québec pouvait réaliser. Les diagnostics varient et sont au cœur (*sic*) de la lutte référendaire, version 1992. Plutôt que d'évaluer le poids, réel ou imaginaire, de ces gains et de comptabiliser le nombre de pouvoirs obtenus, considérons-les plutôt dans le cadre de l'évolution probable du fédéralisme canadien. Que nous disent-ils sur la direction que pourrait prendre le pays si ces propositions devaient avoir force de loi ? Cette discussion n'a évidemment de sens que si l'on scrute ensuite attentivement ce qui est dit et ce qui n'est pas dit et cela, quant au contenu de chacun de ces pouvoirs.

La philosophie générale du partage des pouvoirs

Il est couramment admis que de diviser de façon exclusive et exhaustive des compétences législatives entre deux ordres de gouvernement est une idée dépassée compte tenu de l'interdépendance qui existe entre les champs de compétence et entre les ordres de gouvernement. Au moment du débat sur l'Accord du lac Meech, il y avait accord sur ce point et l'une des raisons maintes fois évoquées par le gouvernement du Québec et le ministre responsable du dossier constitutionnel pour expliquer l'absence de progrès au chapitre du partage des pouvoirs avait précisément trait à la difficulté de formuler un nouveau cadre permettant de se sortir des orniè-res du XIXe siècle. Mieux vaut une clause de société distincte, surtout si elle ne comprend aucune restriction et qu'elle n'est pas formulée de façon précise, disait-on à l'époque, qu'une énumération de pouvoirs qui ne veulent plus dire grand chose, soit parce que les gouvernements n'ont plus les ressources financières pour agir, soit que les interconnexions entre ces pouvoirs sont telles qu'en contrôler un sans contrôler aussi l'autre ne permet pas d'agir efficacement sur le terrain.

L'idée d'un nouveau modèle d'organisation des responsabilités entre les ordres de gouvernement était officiellement lancée et se vit confirmée par les premières discussions européennes sur l'Acte unique européen et sur ce qui allait devenir le Traité de Maastricht. Ce dernier, on le sait, est fondé sur le principe de subsidiarité et même ses opposants reconnaissent que ce mode d'organisation politique est différent, sinon supérieur, à celui des listes exclusives que l'on retrouve dans plusieurs régimes fédé-raux. C'est ce qui a fait dire à plusieurs Européens que tant que le fédé-ralisme s'en tiendrait à sa vision primitive fondée sur l'exclusivité, il serait condamné à l'échec. Qu'en est-il des termes de l'Accord du 28 août ?

La présence de plusieurs clauses divisant les pouvoirs législatifs en compétences exclusives indique qu'on a abandonné l'idée de sortir du cadre limitatif d'une liste de pouvoirs pour chacun des champs visés. On en revient donc à la méthode traditionnelle du « À chacun son butin ». Bien plus, on a décidé de rendre les Autochtones partie prenante de cette division des pouvoirs ancienne manière, une décision tout à fait normale puisqu'on a fait des Autochtones un ordre de gouvernement distinct. La voie retenue par les négociateurs est donc celle des listes où l'on définit ce que chacun peut faire et ce qu'il ne doit pas faire. Aux listes fédérales et provinciales s'ajoutera bientôt la liste autochtone.

L'accord du 7 juillet est plus original au chapitre des diverses catégories de pouvoirs législatifs. Les constitutionnalistes canadiens sont déjà familiers avec les nomenclatures qui font état de compétences exclusives, de compétences implicites, de compétences divisées et de compétences mixtes (concurrentes ou complémentaires). Il faudra revoir ces énumérations pour y ajouter les compétences provinciales exclusives «reconnues», c'est-à-dire celles dont on vient de confirmer l'exclusivité provinciale et les compétences provinciales exclusives «non reconnues», c'est-à-dire toutes les autres, dont l'éducation. Si on se fie aux termes de l'Accord du 28 août, ces nouvelles compétences exclusives ont ceci de particulier qu'elles font toutes largement place, à l'intérieur de celles-ci, à des zones protégées de prépondérance fédérale et à la nécessité pour les provinces d'encadrer leur exclusivité dans des accords administratifs avec le gouvernement central. En l'absence de tels accords, l'exclusivité provinciale perdrait, semble-t-il, de son étanchéité. En effet, selon la formulation des clauses sur le partage des pouvoirs, la reconnaissance de l'exclusivité provinciale tiendrait à l'acceptation par les provinces des conditions imposées par Ottawa pour transférer aux provinces une responsabilité qu'elles possèdent déjà. On peut se demander ce qui arrivera de l'exclusivité provinciale actuelle si aucune entente ne survient avec Ottawa ? Une province perdrait-elle alors sa compétence exclusive ?

Si on se fie à l'analyse qu'en faisait à l'époque Gil Rémillard (*Le fédéralisme canadien*, p. 221), cette nouvelle façon de considérer les compétences exclusives des provinces aura pour effet de transformer celles-ci en ce qu'il appelait des compétences mixtes complémentaires où «les organes législatifs fédéraux établissent les dispositions-cadres, les grands principes de la législation tout en laissant aux États-membres la responsabilité de les compléter». Sa description de ce qui est arrivé aux richesses naturelles laisse présager du sort qu'attend ces «nouvelles» compétences provinciales. Grâce à ses compétences en matière de taxation et de commerce, écrivait-il en 1980, Ottawa a pu modifier considérablement l'équilibre dans ce champ. Ainsi, de compétence provinciale exclusive qu'elles étaient en 1867, les ressources naturelles sont devenues :

«[...] en très grande partie de compétence concurrente, pour devenir probablement dans un avenir prochain une simple compétence complémentaire, ne laissant aux provinces qu'un rôle secondaire. En poursuivant cette tendance centralisatrice, elle pourrait éventuellement évoluer vers une autre espèce de compétence, soit celle exercée par les provinces, mais avec le consentement de l'autorité fédérale» (p. 222).

Il est permis de croire que ce jour est arrivé.

On ne trouve pas dans les offres du 28 août de grands principes qui pourraient nous aider, et aider ultérieurement les tribunaux, à comprendre la logique de cette division des pouvoirs. Pourquoi les loisirs aux provinces et le divorce au fédéral (pour l'instant) ? Pourquoi la culture aux provinces, mais pas l'assurance-chômage ? On entre immédiatement dans le vif du sujet et on passe à l'attribution des responsabilités.

À défaut de quelques principes se rapportant spécifiquement au partage des pouvoirs, on trouve cependant quelques références, directes et indirectes, qui permettent d'entrevoir l'intention des législateurs. Deux grands principes sont absents et cette absence est en soi significative. Nous avons déjà fait allusion au principe de la subsidiarité. L'autre grand absent est celui du partage asymétrique qui avait fait pourtant couler beaucoup d'encre lors des consultations publiques. Au chapitre des pouvoirs toutes les provinces sont donc traitées sur un pied d'égalité. Cette égalité se trouve même explicitement mentionnée dans la section sur le pouvoir fédéral de dépenser. L'asymétrie n'aura donc duré que l'espace d'un printemps.

Dans les 16 articles qui constituent le chapitre sur la division des pouvoirs, il n'est pas fait mention une seule fois du Québec ; le mot même n'y apparaît pas. Seuls les Autochtones sont mentionnés. Par rapport à Meech, c'est un «recul» symbolique important dans la mesure où, à l'époque, l'entente sur l'immigration mentionnait au moins directement le Québec.

Certains champs de compétence font l'objet d'une plus grande attention que d'autres. C'est le cas de la main-d'œuvre, de l'immigration, des forêts et du pouvoir fédéral de dépenser qui sont l'objet de longs développements. Dans certains cas, on peut même y lire quelques principes. Ainsi, à plusieurs reprises on parle de la responsabilité du gouvernement fédéral de définir les objectifs dits « nationaux » et de l'obligation des provinces d'y souscrire. On trouve aussi des références dans tous les articles à la nécessité d'en arriver à des ententes administratives.

Bien qu'il puisse s'agir d'une simple coïncidence, on ressort de la lecture de ce chapitre avec l'impression que c'est la plausibilité d'en arriver à une entente administrative et la possibilité d'organiser sur une base hiérarchique, les objectifs à Ottawa et l'application aux provinces, qui ont guidé le législateur dans ses choix sur le partage des compétences.

Cette logique est aux antipodes de celle qui a toujours guidé les gouvernements québécois dans l'élaboration de leurs demandes constitutionnelles. Dans le passé, ces derniers ont appuyé leurs revendications sur une lecture de la réalité qui leur permettait d'identifier ces pouvoirs législatifs dont ils croyaient avoir besoin pour atteindre leurs objectifs de développement pour la société québécoise. Cette lecture n'a pas toujours été neutre et objective. Ainsi la lecture péquiste, curieusement, a toujours conclu à la nécessité pour le Québec de rapatrier ces champs de compétence où le Parti trouvait ses principaux appuis électoraux et idéologiques. La lecture aussi a varié selon les périodes et selon les gouvernements, mais la logique a toujours été la même. Dans le cas du gouvernement Bertrand, dont la philosophie de développement était minimaliste, les pouvoirs requis étaient peu nombreux. Dans le cas des gouvernements Lévesque et Bourassa, la liste était évidemment plus longue. Au cours des années 70, le gouvernement libéral a surtout fait porter ses exigences dans le domaine de la politique sociale, des communications et des affaires culturelles.

Dix ans plus tard, la situation économique du Québec ayant changé, et compte tenu d'un environnement international différent, le gouvernement Bourassa a cette fois centré ses revendications sur la main-d'œuvre, l'immigration et le développement régional. Mais aucun gouvernement québécois n'a revendiqué des pouvoirs législatifs pour le simple plaisir de revendiquer. Aujourd'hui, le Québec se voit confirmer certains pouvoirs qu'il possédait déjà pour la simple raison qu'il est possible de le faire en lui imposant certains arrangements administratifs. Après des décennies d'empiètement, Ottawa, et c'est le moins qu'on puisse dire, a réussi à se désengager avec une certaine habileté des secteurs où il était intervenu et pour lesquels il ne dispose plus de ressources financières suffisantes pour justifier son intervention.

À quatre reprises au cours des 15 dernières années, l'électorat québécois a sanctionné le gouvernement en place – chacun des grands partis politiques a goûté au moins une fois à cette médecine amère –, insatisfait de sa performance sur le plan intérieur et de sa stratégie face au gouvernement canadien. Mais au moins, serions-nous tentés de dire, cette performance existe et elle peut être évaluée. Dans le cas du gouvernement fédéral, et on en a la preuve dans le texte du 28 août, il n'est pas facile d'identifier les principes qui guident son action, hormis que l'on admette que la possibilité de conclure des ententes administratives constitue une telle philosophie.

Les pouvoirs des uns et des autres : les Autochtones

Le professeur Rémillard a bien raison de faire du partage des pouvoirs l'élément central d'un régime politique qui suppose l'existence de deux ordres de gouvernement. Ce qu'il n'avait cependant pas prévu, c'est qu'un jour le Canada déciderait de créer un troisième ordre de gouvernement. Certes, la question est dans l'air depuis au moins 30 ans et bon nombre de projets de réformes du fédéralisme canadien ont proposé de faire des villes, du Canada-français et, plus récemment, du Québec, le point-pivot autour duquel organiser ce troisième ordre de gouvernement. Les États-associés, le statut particulier, la souveraineté-association, la souveraineté culturelle, le Commonwealth canadien et même le fédéralisme asymétrique furent des tentatives de faire du Québec un ordre de gouvernement différent. Dans chaque cas, il fallait prévoir des institutions et surtout une formule originale de partage des pouvoirs qui permettrait au Québec de réaliser son vieux rêve, celui de l'égalité politique avec le reste du Canada. Le rapport Allaire n'est que la dernière en date de ces tentatives.

Les propositions du 28 août annoncent clairement l'arrivée de ce nouvel ordre de gouvernement au Canada, mais malheureusement – tout au moins pour les Québécois et, dans une certaine mesure, pour les Montréalais aussi –, ce n'est pas celui qu'on attendait.

Non seulement le Québec n'obtient pas satisfaction à ce sujet, mais en prenant la peine de définir explicitement le Canada comme un espace politique composé de trois ordres de gouvernement, fédéral, provincial et autochtone, on exclut de façon tout aussi explicite toutes les prétentions québécoises à ce sujet. À ce titre, l'accord Harrington-Charlottetown a le mérite de la clarté. Puisque nous sommes dans le domaine des exclusions, on notera en outre qu'on a exclu les prétentions des villes de constituer un ordre de gouvernement autonome. D'ailleurs, ce n'est pas un hasard si tous les pouvoirs qui touchent directement les villes, et Montréal en particulier, soit l'immigration, les loisirs, les affaires municipales, le logement et le développement régional ont été consacrés «de compétence provinciale». S'il est un perdant dans ces offres, c'est bien Montréal. Même à l'article qui prévoit que les affaires municipales seront de compétence soi-disant provinciale, on ne mentionne même pas l'obligation pour les provinces de consulter et encore moins de négocier des ententes avec les gouvernements locaux. Ceux-ci continueront donc à être des «créations» des provinces. Quelle belle occasion manquée de rejoindre le XXᵉ siècle en marche et de prendre de vitesse le prochain siècle ! Pour le Québec, et aussi pour les villes, c'est une occasion qui ne se représentera plus.

Une fois qu'on a reconnu les Autochtones comme un ordre de gouvernement distinct, il devient impérieux d'organiser la division des pouvoirs pour tenir compte de ce nouveau principe. Il aurait fallu le faire si on avait décidé de reconnaître le Québec ou les municipalités de la même façon. À aucune reprise, le chapitre sur la division des pouvoirs ne fait référence au Québec – le mot même n'y apparaît pas – alors qu'on y trouve de multiples références aux «droits» des peuples autochtones ainsi qu'aux «compétences et aux pouvoirs de leurs gouvernements». De fait, l'ensemble du chapitre est organisé autour de deux pôles, celui des responsabilités du gouvernement central d'un côté et celui des responsabilités des éventuels gouvernements autochtones de l'autre. Le premier voit ses pouvoirs confirmés et définis dans chaque article de ce chapitre, tandis que les Autochtones se voient spécifiquement mentionnés au chapitre de la main-d'œuvre, de la culture, des forêts, des mines, du tourisme, du logement, des affaires municipales et des loisirs. Seule la clause sur l'immigration ne comporte aucune référence aux Autochtones qui ne se retrouvent pas non plus dans les clauses sur le développement régional et sur les télécommunications. Mais dans ces deux derniers cas, on remarquera que les articles ne parlent pas de pouvoirs, mais seulement d'harmonisation d'activités. Les Autochtones n'ont donc pas besoin d'y être.

Finalement, toute cette section sur la division des pouvoirs – celle-là même où le Québec devait faire ses gains les plus importants – est assujettie, par l'intermédiaire de l'article 40, à une clause générale qui prévoit que les pouvoirs, les droits et les compétences de l'ordre de gouvernement autochtone ne doivent pas être affectés par les autres dispositions du chapitre. Faut-il préciser qu'on n'y retrouve aucune clause similaire quant aux pouvoirs de l'Assemblée nationale du Québec. Sur le simple plan de la logique constitutionnelle, il devient clair qu'un ordre de gouvernement, en l'occurrence celui des Autochtones, a priorité sur celui du Québec qui n'est qu'un des dix éléments de l'ordre provincial. Être une province comme les autres, cela veut aussi dire être une province parmi les autres.

Une lecture équilibrée du document révèle que c'est la définition de l'ordre gouvernemental autochtone qui constitue l'âme des récentes propositions fédérales. Il ne s'agit pas de le déplorer ou de s'en féliciter, mais de le constater. Avant même qu'on arrive au chapitre les concernant directement, on trouve pas moins de 31 références aux peuples autochtones dans le texte. Par opposition, le mot Québec ne revient lui qu'à six reprises : deux fois lorsqu'on parle de la société distincte, trois autres références pour ce qui est de la Chambre des communes et une mention du Barreau du Québec à la section sur la Cour suprême.

Certains juristes argumenteront certainement – et l'expérience canadienne n'est pas là pour les contredire – que l'attention portée aux Autochtones ne vaut guère plus que le papier qui la supporte. Peu importe, on s'étonne cependant devant la richesse des termes juridiques, chacun d'entre eux ayant une signification constitutionnelle précise, qui sont utilisés pour les décrire. Alors que le Québec ne semble exister en tant que société que parce que sa langue, sa culture et son Code civil le différencient du reste du pays – bref, sans le Canada nous n'existons plus –, les Autochtones quant à eux sont décrits à tour de rôle comme des peuples, des sociétés, des nations et le droit inhérent à l'autonomie gouvernementale leur est accordé précisément parce que leur arrivée sur ces terres précède la nôtre. Cette priorité de présence est reconnue explicitement au sein de la clause Canada. C'est une Constitution bien étrange que cette constitution qui s'amuse à distribuer ainsi les bons de présence. Alors que l'existence du Québec est subordonnée à son statut de province canadienne, les Autochtones se voient reconnaître un statut extra-canadien.

L'intention du législateur est ici évidente et ne vise qu'à rendre impossible tout transfert de souveraineté territoriale en faveur du Québec. En cas de décision des Québécois d'accéder au statut de pays souverain, l'accord du Canada et des Autochtones sera désormais requis. Bien plus, en reconnaissant à ces derniers un droit prioritaire d'occupation et en confirmant qu'ils ont été les « premiers gouvernants » (article 1.b), on reconnaît par le fait même qu'advenant un changement de statut politique du Québec, ils sont dans leur droit de réclamer l'ensemble du territoire québécois.

Par rapport à ce droit du sol, les autres droits spécifiques reconnus aux Autochtones apparaîtront comme fort raisonnables. La proposition du 28 août leur reconnaît ainsi des « langues », des « cultures », des « économies » des « traditions » à « développer », sans compter les « valeurs » et les « priorités » qui leur sont « propres » ainsi que leur « relation particulière » avec « leurs » rivières, « leurs » terres et « leur » environnement.

Comme il se doit, l'ordre gouvernemental autochtone est défini dans un chapitre particulier qui comprend à lui seul 16 articles. Rien n'a été oublié, y compris l'affirmation que le droit et la tradition autochtone ont priorité lorsque vient le temps d'interpréter les traités qui devront être évalués selon ce que les Nations autochtones voudront bien y lire (*as understood by Aboriginal Peoples*, article 48). Compte tenu des différences linguistiques importantes qu'on trouve tout au long des versions française et anglaise des documents, c'est un avantage non négligeable qu'auraient sûrement apprécié les négociateurs québécois.

Un seul principe est inclus quant à l'articulation de l'ordre politique autochtone avec les deux autres ordres de gouvernement au Canada. Il s'agit de l'article 46 qui précise que les lois édictées par les gouvernements autochtones ne peuvent pas «être incompatibles avec les lois essentielles au maintien de la paix, de l'ordre et du bon gouvernement au Canada».

La formulation de cette clause d'articulation par la négative est intéressante. En effet, on aurait pu écrire qu'une loi autochtone doit «être compatible», ce qui par ailleurs aurait constitué un meilleur français[1] ; on a préféré la formulation négative, ce qui laisse davantage de latitude. Tout aussi intéressante est la référence aux lois canadiennes dites «essentielles» au maintien de l'ordre, de la paix et du bon gouvernement. Ce recours au qualificatif d'essentiel est unique dans le document du 28 août et il n'est pas sans rappeler ces demandes traditionnelles du Québec que tous les gouvernements québécois ont toujours pris soin de formuler en termes de «pouvoirs essentiels au développement du Québec». L'emprunt ne manque pas d'ironie et il nous permet de remarquer que l'on a déjà prévu que les gouvernements autochtones édicteront des «lois» et non de simples avis. C'est la naissance d'un nouvel ordre juridique canadien.

L'incompatibilité est donc permise si la loi en question n'est pas essentielle. On se souvient à ce sujet que le gouvernement fédéral s'est souvent vu débouté devant les tribunaux parce qu'il argumentait qu'une de ses lois était essentielle. Les tribunaux ont parfois répondu que ce n'était pas le cas, indiquant par le fait même qu'il y avait bien peu de choses «essentielles» au pays. Chose certaine, la culture et la langue au Québec ne font pas partie de cette courte liste de lois essentielles et on peut s'attendre à ce que bien peu de «lois» autochtones soient jugées contrai-

---

1. Ou un meilleur anglais, car au moins sur cette clause, il n'y a pas de différence entre la version française et anglaise.

res à l'essentiel de ce qui constitue l'ordre, la paix et le bon gouvernement. Vaut-il la peine de souligner que l'on aurait pu ajouter ici la société distincte québécoise comme test de la compatibilité des lois autochtones, mais qu'on ne l'a pas fait ?

Les dessous des pouvoirs

On connaît les 11 secteurs d'activités dont le contrôle législatif est officiellement «retourné» aux provinces : l'immigration, la formation et le perfectionnement de la main-d'œuvre, la culture, les forêts, le tourisme, le logement, les loisirs, les affaires municipales et urbaines, le développement régional et les télécommunications.

Nous ne discuterons pas ici de la formule proposée par Ottawa pour effectuer le transfert de compétence. Notons cependant qu'il s'agit d'un net recul par rapport à tout ce qui n'a jamais été discuté au Canada puisqu'en même temps qu'on propose d'enchâsser dans la Constitution l'exclusivité provinciale sur au moins sept de ces compétences – on se demande cependant comment cet enchâssement va se réaliser puisque bon nombre de ces secteurs sont déjà de responsabilité provinciale – on assujettit cet enchâssement à la conclusion d'ententes administratives dont on dit qu'elles auront valeur légale et qui pourront ensuite être reconduites au terme de procédures assez complexes. On fait grand état de la création de «mécanismes» empêchant un gouvernement de modifier unilatéralement des ententes déjà signées. Pourtant c'est le mécanisme et non l'entente qui sera inséré dans la Constitution et on reste surpris que les gouvernements canadiens considèrent comme une grande victoire constitutionnelle le fait qu'il sera dorénavant inconstitutionnel de ne pas respecter une entente qu'ils auront signée. Mais, compte tenu de l'épisode de Meech, cette précaution n'est peut-être pas superflue.

Il a déjà été largement mentionné qu'en matière de culture, de formation de la main-d'œuvre et de développement régional, les conditions qui accompagnent l'exercice de la compétence provinciale sont telles qu'il n'y a plus rien à négocier. Bien plus, dans le cas de la culture et de la main-d'œuvre, il est explicitement fait mention des sous-secteurs d'activités qui devront continuer à tomber sous le contrôle fédéral. Jusqu'à présent, on pouvait au moins espérer qu'au bout de longues négociations le Québec pourrait obtenir un certain contrôle sur ces sous-secteurs d'activités. Les précisions apportées dans les dernières offres fédérales éliminent cet espoir. Même si Ottawa le voulait, il lui sera pratiquement impossible de renoncer à son contrôle exclusif sur Radio-Canada, l'assurance-chômage ou le Conseil des Arts. De plus, on a bien pris soin dans le cas de la culture de laisser dans le vague ce qui va continuer de demeurer sous la responsabilité fédérale. On parle d'institutions culturelles « nationales ». Mais qu'est-ce qu'une institution et quand cesse-t-elle d'être « nationale » ou culturelle ? En fait, toutes les interventions, mais absolument toutes les interventions d'Ottawa au chapitre de la culture se font par l'entremise d'institutions culturelles « nationales ». Et pour être bien certain que la ministre des Affaires culturelles du Québec ne pourra jamais contourner ce verrou, on prend soin d'ajouter que la responsabilité d'Ottawa s'étend aussi aux subventions et aux contributions accordées par ces institutions. Il ne reste plus aux provinces qu'à demander d'être associées au processus de nomination des membres des comités directeurs de ces institutions.

L'identification des pouvoirs mentionnés au chapitre sur les rôles et les responsabilités des gouvernements mérite qu'on s'y arrête.

Deux champs de compétence parmi les onze spécifiquement mentionnés n'en sont pas à proprement parler puisqu'il n'y est pas fait mention de compétences législatives comme telles : le développement régional et les télécommunications. On se demande même ce que ces deux questions font dans le chapitre sur le partage des pouvoirs puisqu'on n'y parle pas de « pouvoirs » et encore moins de « partage ». Bien plus, l'article sur le développement régional a ceci de curieux qu'il se termine par l'affirmation suivante : « Le développement régional ne devrait pas être une sphère de compétence distincte dans la Constitution. » Mais, si tel est le cas pourquoi prendre la peine d'en parler dans ce chapitre ! Une Constitution est supposément un document qui va à l'essentiel et d'ordinaire les législateurs n'y accumulent pas les faux problèmes et n'y discutent pas de questions qui n'en sont pas.

Mais cette incongruité n'est pas sans raison. Elle vient confirmer que le gouvernement fédéral pourra continuer à intervenir directement dans ce domaine puisque les restrictions au pouvoir fédéral de dépenser ne s'appliquent qu'aux interventions fédérales dans les domaines de compétence exclusive des provinces. En indiquant ainsi de façon explicite que le développement régional n'est même pas une sphère de compétence tout court, le gouvernement central jette déjà les bases de ses futures interventions. Pour être certain que le développement régional continuera d'être du ressort fédéral, l'article 25 de l'Accord du 28 août prend même la peine de spécifier que les restrictions au pouvoir fédéral de dépenser ne s'appliquent pas aux dépenses que peut faire Ottawa au chapitre des inégalités régionales. Or c'est toujours en se drapant de ce principe qu'Ottawa s'est donné un rôle dans le développement régional. Sur ce plan, on peut s'attendre à un accroissement des interventions fédérales.

Les télécommunications sont décrites comme un «domaine» où les gouvernements ont des «activités». Ordinairement, la question des télécommunications est abordée à l'intérieur d'un champ plus large qui est celui des communications. Pourquoi ce changement de nomenclature? Où sont passées les communications? La pauvreté de l'article consacré aux télécommunications laisse songeur, surtout lorsqu'on se rappelle l'insistance avec laquelle le professeur Rémillard défendait à l'époque, c'était en 1980, les propositions québécoises formulées par le gouvernement Lévesque. Celles-ci étaient même jugées incomplètes parce qu'elles laissaient à Ottawa la compétence sur l'aéronautique (*Le fédéralisme canadien*, p. 342). Pourtant les propositions québécoises de l'époque, comme celles de la Saskatchewan, prenaient plusieurs pages et ne se limitaient pas à un simple paragraphe.

Si les communications sont «disparues», d'autres champs de compétence par contre ont surgi. C'est le cas des «loisirs» qui n'ont jamais été considérés, du moins pas sous cette appellation, comme une sphère de compétence. Qu'est-ce qu'un loisir? Le débat promet d'être intéressant. Par le passé, les diverses conférences constitutionnelles ont abordé la question de la compétence sur les «sports» ou tout au moins sur «les loisirs et les sports». La disparition des «sports» est-elle un simple oubli? Probablement pas puisqu'une mention des «activités sportives» au chapitre d'une nouvelle responsabilité provinciale exclusive permettrait aux provinces d'organiser leur propre représentation olympique. Si effectivement, c'est ce qu'ont obtenu les négociateurs québécois, alors il faudra considérer cet oubli comme un gain important pour le Québec.

Les pouvoirs oubliés

L'accord du 28 août contient un chapitre, le sixième, qui dresse la liste de tout ce qui n'est pas inclus dans l'entente. On aurait pu choisir de ne pas le faire et si on a pris la peine d'inclure un chapitre distinct, c'est que la liste des «questions» qu'on y trouve est significative, au moins sur le plan politique.

Il s'agit, le texte est clair à ce sujet, de «questions» et non pas de champs de compétences ou de pouvoirs. On ne peut donc pas prendre pour acquis que si jamais ces «questions» reviennent sur le tapis, elles le feront au chapitre d'une négociation sur le partage des pouvoirs. C'est un point important.

Ces questions sont divisées en deux groupes, celles qui ont effectivement «été discutées» et dont on a «convenu de ne pas poursuivre l'étude» et celles qui ont aussi été «discutées» mais qui «n'ont pas été résolues définitivement».

Cette dernière catégorie comprend cinq questions :
– l'exigence d'avis en cas d'une décision du gouvernement fédéral de modifier le financement des programmes établis ;
– l'établissement d'un accord politique créant un processus de consultation fédérale-provinciale en matière de traités internationaux ;
– la participation des peuples autochtones au partage des pouvoirs ;
– l'établissement d'un cadre de compensation concernant la main-d'œuvre ;
– les modifications liées à la réforme du Sénat.

Sans entrer dans les détails, on dira que tout au moins ces dites «questions» révèlent qu'il y a encore beaucoup de travail à faire sur des points importants de l'accord, ceux-là mêmes qui ont été présentés comme réglés et acquis. Cette énumération anodine nous apprend qu'il y aura d'autres modifications au Sénat et que l'élément fondamental de l'entente au chapitre de la compétence sur la main-d'œuvre, soit les compensations financières en cas de retrait provincial, n'a pas encore fait l'objet d'une entente, même pas au niveau du «cadre» général. On apprend aussi que la question du rôle international des provinces, l'une des revendications traditionnelles les plus insistantes des anciens gouvernements libéraux du Québec, est dorénavant définie comme une simple question de «mécanismes de consultation fédérale-provinciale».

Finalement, on n'a pas pu s'entendre non plus sur «l'avis» que le gouvernement fédéral devra donner lorsqu'il entend modifier sa participation financière aux programmes établis. À ce sujet, on ne sait trop s'il faut rire ou pleurer. Après avoir proclamé qu'il ne saurait plus être question de gestes unilatéraux de la part du gouvernement central, voilà qu'on admet ne pas encore s'être entendu si Ottawa devra donner un avis de deux semaines, de trois mois ou de quatre ans avant de procéder à de telles modifications.

L'autre catégorie, celle des «questions discutées, mais non poursuivies» comprend 14 points dont certains sont nouveaux, celui de l'immunité réciproque par exemple, alors que d'autres laissent songeurs. Par exemple, on croyait la question de l'exportation des ressources naturelles réglée ; pourquoi a-t-on décidé de la ramener sur le tapis ? De la même façon, pourquoi a-t-on décidé de discuter de l'avis qu'il conviendrait d'exiger d'Ottawa en cas de modifications fédérales à la péréquation. Cette question des avis et des délais semble être devenue une véritable obsession dans les négociations constitutionnelles.

Certains éléments de cette liste sont importants. C'est le cas de la propriété intellectuelle. Mais bien peu ont à voir avec les demandes traditionnelles du Québec, par exemple en matière de sciences et de technologie ou pour ce qui est des affaires sociales. La majorité des questions regroupées sous cette catégorie correspondent à certaines demandes traditionnelles d'Ottawa (droit de propriété, traités internationaux) ou des autres provinces (ressources naturelles, pêches intérieures). Si jamais ces questions revenaient sur la table, le Québec n'aura pas grand chose à demander.

S'il est vrai que le partage des pouvoirs est au cœur de tout régime fédéral, on doit admettre que celui du Canada est plutôt mal en point. Le moment était venu de donner un bon coup de balai et de sortir de la logique infernale du «Mes pouvoirs – Tes pouvoirs». Les législateurs en ont décidé autrement.

Le partage constitutionnel des pouvoirs, selon l'entente de Charlottetown
Benoît Pelletier

BENOÎT PELLETIER est professeur adjoint à la Faculté de droit de l'Université d'Ottawa. Il enseigne le droit constitutionnel, le droit administratif et le droit du travail et a publié plusieurs articles sur la question des droits linguistiques.

L'entente conclue à Charlottetown le 28 août 1992 par les 11 premiers ministres au Canada, fait notamment état d'un consensus sur l'épineuse question de la définition des rôles et des responsabilités respectifs du gouvernement fédéral et des provinces, dans un certain nombre de domaines : pouvoir fédéral de dépenser, immigration, formation et perfectionnement de la main-d'œuvre, culture, forêts, mines, tourisme, logements, loisirs, affaires municipales et urbaines, développement régional, télécommunications, pouvoir de désaveu et de réserve, et pouvoir déclaratoire.

La question du partage des pouvoirs est évidemment au cœur des préoccupations québécoises actuelles. Cette question constitue en fait, avec celle du droit de veto, la clé indispensable dont le Québec a besoin pour assurer le maintien et même la progression de son poids politique à l'intérieur de l'ensemble fédéral canadien.

Le but de cet article n'est évidemment pas, étant donné les contraintes de temps et d'espace qui sont propres à la présente publication, de tracer l'historique des revendications québécoises en matière de partage des pouvoirs, ni d'examiner minutieusement le sort que les différents rapports et projets d'entente ont réservé à celles-ci au cours des dernières années. Cet article tentera plutôt d'expliquer sommairement la portée des propositions qui sont contenues dans l'entente de Charlottetown au chapitre du partage des pouvoirs et ce, d'un point de vue strictement juridique, et en ne tenant compte que du libellé actuel des propositions.

Qu'il nous soit toutefois permis de préciser dès maintenant que nous n'entendons pas examiner plus avant l'impact que pourraient vraisemblablement avoir, sur les pouvoirs législatifs du Québec, les différents droits et privilèges que l'entente de Charlottetown se propose de reconnaître aux peuples autochtones. Cette question à elle seule mériterait en effet un développement particulier[1].

Qu'il nous soit également permis de mentionner, que les principes qui sont à la base même de l'entente de Charlottetown en matière de partage des pouvoirs peuvent essentiellement être regroupés sous deux aspects : les ententes intergouvernementales et les limites au pouvoir fédéral de dépenser.

Les ententes intergouvernementales

On entend se servir d'ententes négociées et conclues entre les différents gouvernements du Canada pour délimiter les responsabilités et les pouvoirs respectifs du fédéral et des provinces à l'égard de l'un ou l'autre des domaines que nous avons déjà identifiés. Certaines de ces ententes, mais non pas toutes cependant, pourraient être enchâssées dans la Constitution pour une durée maximale de cinq années. Cet enchâssement viserait principalement à assurer que, pendant la durée qui serait précisée dans l'entente en question, ni le gouvernement fédéral ni l'une quelconque des provinces signataires ne puissent, de leur propre chef, y mettre fin ou en modifier les conditions. On comprendra toutefois qu'après l'expiration du délai fixé, l'entente devrait être négociée à nouveau, et pourrait même être mise en péril, en fonction notamment des convictions centralisatrices du gouvernement fédéral qui pourrait alors être en place.

Mais on retiendra également de ces explications que ces accords intergouvernementaux permettraient au gouvernement fédéral de maintenir des activités réglementaires ou administratives, voire des activités législatives, dans les domaines en cause, et permettraient même à ce gouvernement de négocier à prix fort son retrait, partiel ou total, de ceux-ci.

Les limites au pouvoir fédéral de dépenser

Le pouvoir fédéral de dépenser – lequel s'exerce, rappelons-le, dans les champs de compétence législative exclusivement provinciale – devrait lui-même être balisé dans le cadre d'un accord intergouvernemental général, qui reconnaîtrait d'emblée l'importance pour le gouvernement

---

1. Nous n'entendons donc pas discuter par exemple du point 40 de l'entente, lequel protège les droits et les pouvoirs des peuples autochtones dans le contexte précis d'une révision du partage des pouvoirs entre le fédéral et les provinces.

central de déterminer des objectifs «nationaux» dans différents domaines (domaines non encore précisés toutefois), ainsi que l'opportunité pour ce même gouvernement d'effectuer toutes les dépenses que la réalisation des objectifs en question rendrait nécessaires.

Inutile donc de mentionner qu'un tel accord global, s'il était effectivement conclu, serait de nature à maintenir intact le pouvoir d'intervention du gouvernement fédéral dans nombre de secteurs, par le biais de son pouvoir de dépenser. Le contenu de l'accord en question serait également le fruit d'une négociation qui ne serait vraisemblablement entamée qu'après l'enchâssement dans la Constitution de l'entente de Charlottetown elle-même, et se trouverait donc à dépendre du poids politique réel dont disposerait le Québec après avoir prononcé la profession de foi que pareil enchâssement impliquerait.

C'est donc fort de ces remarques préliminaires que nous entamons l'étude, dans une perspective strictement québécoise toutefois, des propositions de l'entente de Charlottetown en matière de partage des pouvoirs.

SECTION I
Forêts, mines, tourisme, logement, affaires municipales et urbaines et loisirs.

Les acteurs politiques se proposent de reconnaître, par une modification en bonne et due forme de l'article 92 de la *Loi constitutionnelle de 1867*, la compétence exclusive des provinces dans un certain nombre de domaines : les forêts, les mines, le tourisme, le logement, les loisirs et les affaires municipales et urbaines.

Bien que la Constitution canadienne ne reconnaisse pas expressément, à l'heure actuelle, la compétence exclusive des provinces en ces matières – à l'exclusion toutefois des affaires municipales qui font l'objet d'une certaine mention au paragraphe 92(8) de la Loi de 1867 –, il n'en demeure toutefois pas moins que la nature essentiellement «locale ou privée dans la province» des domaines en question, les fait résolument tomber sous la portée de la disposition résiduaire provinciale qui se retrouve au paragraphe 92 (16) de la Loi de 1867.

Malgré cette compétence déjà exclusive des provinces dans ces domaines, le gouvernement fédéral s'est autorisé nombre d'empiétements sur ceux-ci au cours des dernières années, invoquant tantôt la nécessité d'en régir les aspects «nationaux», tantôt l'opportunité d'exercer son pouvoir de dépenser.

Il faut toutefois admettre que, dans le contexte de l'entente de Charlottetown, la reconnaissance de la compétence provinciale exclusive dans les six domaines en cause ne signifierait pas pour autant que le fédéral renoncerait à l'exercice de son pouvoir de dépenser dans ces mêmes matières. Au contraire, nous croyons que le gouvernement fédéral continuerait à exercer le pouvoir en question, sous réserve toutefois du fait que celui-ci pourrait voir sa portée être quelque peu limitée par des ententes intergouvernementales qui pourraient virtuellement être enchâssées dans la Constitution, selon le mécanisme dont nous avons déjà parlé dans l'introduction.

Il faut admettre également qu'une telle reconnaissance ne voudrait pas dire non plus que le gouvernement fédéral évacuerait complètement, tant du point de vue législatif ou réglementaire que du point de vue simplement administratif, les domaines en cause. Au contraire, le gouvernement fédéral pourrait très bien n'accepter de se retirer de ces champs que de façon partielle. Par ailleurs, tout retrait fédéral, dut-il être total ou partiel, devrait préalablement faire l'objet d'une entente intergouvernementale, et pourrait même être conditionnel au respect par les provinces d'un certain nombre d'engagements de leur part (notamment en matière de respect du bilinguisme), voire au respect d'un certain nombre d'objectifs «nationaux» qui seraient fixés par le gouvernement central. Les provinces pourraient cependant avoir droit, en contrepartie de ces différents engagements, à une compensation financière qui serait évidemment fonction de la nature et du degré mêmes du retrait du gouvernement fédéral dans l'un ou l'autre des six champs en question.

Il est toutefois à noter que le gouvernement fédéral serait tenu de négocier *et de conclure* une telle entente intergouvernementale, lorsqu'une province lui en ferait la demande. En d'autres termes, Ottawa se verrait imposer une véritable obligation de résultat, concept résolument nouveau en droit constitutionnel canadien, et dont la sanction judiciaire nous apparaît encore problématique.

Les principes développés par l'entente de Charlottetown, en ce qui concerne les «six sœurs», comme il est maintenant convenu d'appeler les six domaines en cause, pourraient donc être résumés de la façon suivante :

1. Les provinces jouieraient d'une primauté législative.
2. Le gouvernement fédéral pourrait continuer à entretenir des activités dans ces domaines, sous réserve toutefois du fait qu'il pourrait être tenu, à la demande d'une province, d'évacuer en totalité ou en partie les domaines en question.

80

3. Tout retrait fédéral devrait toutefois être préalablement négocié par le biais d'ententes intergouvernementales, et pourrait même n'être consenti que sous la condition formelle que les provinces respectent les objectifs «nationaux» que le gouvernement central aurait lui-même préalablement fixé.

4. Les provinces pourraient toutefois bénéficier, en retour de ces engagements, d'une juste compensation financière.

Force nous est donc de constater que l'entente de Charlottetown, en ne faisant que reconnaître aux provinces une compétence exclusive qu'elles possèdent déjà à l'égard des six sujets en cause, et en s'efforçant par ailleurs de préserver la possibilité pour le fédéral d'imposer des objectifs «nationaux» dans ces mêmes domaines, ne sera pas de nature à permettre au Québec de marquer des progrès substantiels sur ces questions. Sans compter que l'entente se trouve en quelque sorte à reconnaître la possibilité pour le fédéral de négocier conditionnellement son retrait des six secteurs en cause, secteurs qu'il s'est pourtant indûment approprié au fil des ans.

SECTION II
Formation et perfectionnement de la main-d'œuvre

L'entente de Charlottetown suit, en ce qui concerne la formation et le perfectionnement de la main-d'œuvre, sensiblement le même scénario que celui que nous venons tout juste de décrire en ce qui concerne les «six sœurs», à savoir : 1) la reconnaissance d'une compétence provinciale exclusive, 2) la conclusion d'accords destinés à limiter le pouvoir fédéral de dépenser dans le domaine, 3) la conclusion d'accords ayant pour objet de déterminer les modalités d'un retrait total ou partiel du gouvernement fédéral de ce champ législatif, 4) l'obligation pour Ottawa, sur demande d'une province, de négocier *et de conclure* les accords en question, et 5) la possibilité qu'une compensation financière soit accordée aux provinces lorsque celles-ci, par exemple, mettent en place des programmes de perfectionnement de la main-d'œuvre qui sont compatibles avec les objectifs «nationaux» déterminés par le gouvernement central.

Car il faut bien comprendre que l'entente de Charlottetown prévoit précisément la possibilité pour le gouvernement fédéral de continuer de fixer des objectifs «nationaux» en matière, notamment, de perfectionnement de la main-d'œuvre. L'entente fait même état d'un engagement de la part des gouvernements fédéral et provinciaux à conclure un accord visant l'élaboration de normes professionnelles communes à travers tout le Canada. Sans compter que l'entente s'applique à conserver intactes les responsabilités du gouvernement fédéral en matière d'assurance-chômage et en matière de programmes de création d'emploi[2].

Si le Québec enregistre un certain nombre de gains en ce qui concerne la formation et le perfectionnement de la main-d'œuvre, il nous semble toutefois que ceux-ci doivent être relativisés à la lumière justement du fait que l'entente de Charlottetown accorde elle-même une grande importance à l'adoption par le gouvernement fédéral d'objectifs «nationaux» en la matière, et à l'adoption par les gouvernements fédéral et provinciaux de mesures pan-canadiennes qui seraient enchâssées dans la Constitution. Tout ceci ne serait sans doute pas sans avoir pour effet de restreindre éventuellement la portée des progrès que le gouvernement du Québec estime pouvoir réaliser, en matière de main-d'œuvre, grâce précisément à l'entente de Charlottetown.

SECTION III
Culture

L'entente de Charlottetown fait état de la volonté des acteurs politiques canadiens de reconnaître la compétence exclusive des provinces en matière de culture. Il faut toutefois savoir que cette reconnaissance n'est proposée que sous des réserves qui sont extrêmement importantes, et qui sont d'ailleurs en elles-mêmes de nature à en émasculer le sens.

Il appert en effet que l'entente limite, sous le couvert de l'expression «questions culturelles sur leur territoire», la compétence exclusive des provinces aux seuls aspects provinciaux de la culture. Comme s'il était par ailleurs nécessaire de confirmer davantage cette limite, l'entente s'empresse de préciser que le gouvernement fédéral conservera ses responsabilités en matière de «questions culturelles canadiennes» (expression fort large s'il en est une), ainsi qu'en ce qui concerne les institutions culturelles « nationales ».

Il en résultera donc forcément que le gouvernement fédéral continuera de régir les aspects nationaux de la culture, alors que les provinces verront leur rôle en la matière continuer à être confiné aux seuls aspects provinciaux

---

2. L'entente fait également mention de l'opportunité que soient enchâssés dans la Constitution des accords intergouvernementaux visant notamment à coordonner les activités fédérales en matière d'assurance-chômage et les activités provinciales en matière d'emploi.

de la question. En fait de consécration du statu quo, on ne peut guère faire mieux !

En d'autres termes, nous croyons que l'entente de Charlottetown n'affectera en rien, malgré la reconnaissance formelle qu'elle se propose de faire de la compétence exclusive des provinces en la matière, les pouvoirs que le gouvernement fédéral possède déjà dans le domaine culturel.

Le gouvernement du Canada n'a donc aucunement l'intention d'évacuer le champ de la culture, bien au contraire. La proposition contenue dans l'entente de Charlottetown, voulant justement que des accords intergouvernementaux soient négociés pour tenter de mieux concilier les responsabilités fédérales et provinciales dans ce domaine, le prouve d'ailleurs éloquemment[3].

SECTION IV
Développement régional

Le domaine du développement régional nous semble être essentiellement envisagé par l'entente de Charlottetown comme étant de compétence partagée, avec prépondérance fédérale toutefois (l'entente en question n'étant cependant pas explicite à ce sujet). Les provinces pourraient néanmoins obtenir du gouvernement fédéral qu'il négocie des accords intergouvernementaux qui pourraient certes être enchâssés dans la Constitution, mais dont la nature et l'objet éventuels ne sont cependant pas précisés plus avant. Il y a tout lieu de présumer que ces accords porteront simplement sur la conciliation des responsabilités administratives du gouvernement fédéral et des provinces en la matière, et ne seront pas, en conséquence, une source significative de gains pour le Québec sur le plan législatif.

Les pouvoirs fédéraux dans le secteur du développement régional nous apparaissent donc intouchés par l'entente de Charlottetown, et pourraient même, au surplus, être renforcés par la proposition visant l'élargissement de la portée de l'article 36 de la *Loi constitutionnelle de 1982*[4], proposition que l'on retrouve au point 5 de l'entente.

---

3. Rien n'indique toutefois pour l'instant que ces ententes pourront être enchâssées dans la Constitution du Canada.

4. [...] en ce qui concerne notamment la mise en place d'infrastructures économiques de nature nationale.

SECTION V
Télécommunications

En matière de télécommunications, l'entente de Charlottetown ne fait qu'évoquer la possibilité que des accords soient enchâssés dans la Constitution, afin de coordonner et d'harmoniser les activités des organismes de réglementation fédéraux et provinciaux dans le domaine. Visiblement, le Québec n'obtient ici aucun nouveau pouvoir législatif, ce qui ne sera sans doute pas sans décevoir ceux et celles qui n'ignorent pas l'importance manifeste de ce secteur de pointe pour l'expression linguistique, culturelle et sociale d'un peuple comme celui du Québec.

SECTION VI
Pouvoirs de réserve et de désaveu

L'entente de Charlottetown suggère que le pouvoir de réserve – en vertu duquel notamment le lieutenant-gouverneur d'une province peut refuser d'apposer la sanction royale sur un projet de loi provincial, pour plutôt en confier le soin au gouverneur général du Canada – et le pouvoir de désaveu – qui permet au gouvernement fédéral d'invalider s'il le désire des lois provinciales par ailleurs parfaitement constitutionnelles – soient abrogés.

Il appert toutefois que ces deux mêmes pouvoirs sont aujourd'hui caducs en vertu des conventions constitutionnelles elles-mêmes. En d'autres termes, l'usage de ces pouvoirs de nos jours, bien qu'il puisse être théoriquement possible et techniquement légal, serait néanmoins inconstitutionnel au sens conventionnel. Dans ce contexte, la révocation des pouvoirs en question, pour heureuse qu'elle puisse être pour les provinces en général, n'est toutefois qu'un gain fort théorique pour le Québec.

SECTION VII
Pouvoir déclaratoire

L'entente de Charlottetown suggère enfin que le recours au pouvoir déclaratoire qui est prévu à l'alinéa 92(10) a) de la *Loi constitutionnelle de 1867* – et en vertu duquel le gouvernement fédéral peut faire en sorte, par une simple déclaration, qu'un ouvrage de nature provinciale soit porté à l'avantage de tout le Canada et relève de ce fait, pour l'avenir, de la compétence fédérale – soit davantage balisé.

C'est ainsi qu'il est proposé que ce pouvoir ne puisse plus être exercé par le gouvernement fédéral, dans l'avenir, que si les provinces où l'ouvrage en cause est situé y donnent leur consentement. Les déclarations existantes pourraient également être révoquées de la même façon.

S'il y a lieu pour le Québec de se réjouir de cette proposition spécifique visant la limitation de ce pouvoir d'inspiration éminemment centralisatrice et paternaliste qu'est le pouvoir déclaratoire fédéral, il ne faut toutefois pas perdre de vue qu'elle n'a pas effet pour autant d'accroître les pouvoirs législatifs du Québec.

***

Une fois dissipée la fumée des artifices et des vœux pieux que contient l'entente de Charlottetown, on ne peut que constater que les progrès dont se gargarise actuellement le gouvernement du Québec, en matière de partage des pouvoirs, sont en fait bien relatifs et, pour certains, bien factices.

Si ce n'est le fait que l'entente suggère d'apporter d'heureuses limites au pouvoir déclaratoire fédéral, et prévoit la possibilité pour les provinces d'obtenir une juste compensation financière en cas d'instauration par le gouvernement fédéral de nouveaux programmes cofinancés dans des compétences exclusivement provinciales, on ne peut pas dire que le Québec ait de quoi se réjouir de l'entente de Charlottetown. Les gains réels du Québec dépendront en fait d'ententes qui devront être négociées, et dont il est actuellement impossible de prévoir le contenu. Sans compter que même les ententes qui auront la chance d'être enchâssées dans la Constitution pourront, après un certain délai, être remises en question par les autorités qui seront alors au pouvoir à Ottawa, ce qui n'est évidemment pas sans laisser perplexe et quelque peu songeur.

La consécration du fédéralisme centralisateur
François Rocher

FRANÇOIS ROCHER est professeur agrégé au Département de science politique de l'Université Carleton. Il s'intéresse particulièrement aux questions constitutionnelles, aux relations entre le Québec et le reste du Canada et au fédéralisme canadien. Il vient de publier *Répliques aux détracteurs de la souveraineté du Québec* (1992).

La problématique de la centralisation/décentralisation est presque toujours liée à la question du partage des pouvoirs entre les deux ordres de gouvernement. Cette dernière renvoie d'abord à la capacité de chaque ordre de gouvernement d'agir de manière efficace et autonome dans un secteur particulier. Une tendance à la «décentralisation» se manifeste lorsque les gouvernements provinciaux obtiennent de nouvelles responsabilités constitutionnelles ou augmentent le nombre de domaines d'intervention du gouvernement central à l'égard desquels ils doivent être consultés, accroissent leurs ressources fiscales indépendamment des transferts fédéraux ou leurs ressources financières via des transferts fédéraux inconditionnels, interviennent dans des champs de compétence réservés au gouvernement fédéral ou lorsqu'ils exercent un plus grand contrôle sur les institutions du niveau central de l'État.

Inversement, la tendance «centralisatrice» favorise l'exercice du pouvoir à Ottawa au détriment des gouvernements provinciaux et ce même dans les secteurs qui étaient formellement réservés à ces derniers. La centralisation signifie aussi qu'il existe une hiérarchie explicite entre les ordres de gouvernement. Ainsi, le gouvernement fédéral occupe le haut de la pyramide, les gouvernements provinciaux étant considérés subordonnés à l'autorité et à la volonté du «niveau» supérieur de l'État canadien. Finalement, la centralisation politique fait d'Ottawa le principal porte-parole et le représentant de l'*ensemble* des Canadiens, sans égard aux différences et particularités qui composent le Canada. Selon cette vision des choses, les institutions politiques «nationales» canadiennes se doivent non seulement de refléter les multiples diversités qui composent le Canada, mais aussi de participer à la création d'une entité

« nationale » qui dépasse chacune de ses composantes. En bout de piste, cette dynamique centralisatrice fait en sorte que le gouvernement central s'attribue tous les pouvoirs pour définir ce qui est dans l'intérêt « national ». Les gouvernements provinciaux sont ravalés au second rang et ne sont même plus autorisés à s'ériger en défenseur des spécificités économiques, sociales et culturelles qui pourraient caractériser leurs provinces. Il s'agit de l'acceptation traditionnelle de la notion de centralisation. La recherche d'une plus grande autonomie d'action de la part de chacun des deux ordres de gouvernement se trouve au centre des préoccupations.

L'entente de principe intervenue à Charlottetown à la fin août 1992, loin de rompre avec la tendance centralisatrice qui a marqué l'évolution du fédéralisme canadien depuis la fin de la Seconde Guerre mondiale, vient confirmer et renforcer cette dynamique.

Si la centralisation politique peut être acceptable pour le Canada hors Québec, compte tenu de ses convergences culturelles et sociales, il en va autrement pour le Québec. De tout temps, ou presque, les gouvernements respectifs du Québec ont réclamé ou bien le respect par Ottawa des champs de compétences qui étaient énumérés dans la Constitution, ou bien l'élargissement de ceux qui devraient être dévolus au gouvernement du Québec. D'autre part, le gouvernement du Québec s'est continuellement posé comme le principal défenseur des intérêts du Québec contre un gouvernement fédéral perçu comme envahissant et peu respectueux des compétences provinciales. Bien que le Québec ait été représenté au sein des institutions politiques centrales, c'est d'abord l'Assemblée nationale qui parlait au nom de tous les Québécois. Comment aurait-il pu en être autrement dans un contexte où ils ne constituent qu'une minorité, bien qu'importante, dans le tout canadien. Cela n'a pas été sans soulever le problème de la double légitimité, qui renvoie essentiellement à la question de savoir qui représente le mieux le point de vue des Québécois. Mais dans les moments de crise, comme ce fut le cas aux temps de la conscription en 1942 et du rapatriement de la Constitution en 1982, c'est d'abord de Québec qu'est venue l'opposition.

Poursuivre les discussions sur la base de l'accord de Charlottetown marquerait l'acceptation par le Québec de sa subordination au gouvernement central. Cet accord s'inscrit clairement dans une logique centralisatrice qui privilégie le principe de l'égalité des provinces. Il renforce le gouvernement fédéral à plus d'un titre : d'abord, au niveau des compétences, il reconnaît à Ottawa le droit et le pouvoir d'intervenir dans des champs pourtant reconnus comme relevant « exclusivement » des gouvernements provinciaux ; ensuite, au niveau des institutions, il renforce la légitimité du Parlement fédéral au détriment des assemblées législatives, et plus particulièrement, de l'Assemblée nationale du Québec.

Sur le non-sens de la notion de compétences provinciales «exclusives»

La révision du partage des compétences a toujours été au cœur des revendications du Québec depuis le début des années 60. La volonté exprimée par les différents gouvernements qui se sont succédé à Québec était d'accroître les champs que le Québec devait contrôler pour protéger sa spécificité et assurer son développement économique, social et culturel. On dénonçait vertement l'empiétement du gouvernement central dans les champs pourtant alloués aux provinces. De plus, on cherchait à obtenir de nouveaux pouvoirs via un réaménagement important de la Constitution canadienne. Cette volonté politique se situait dans le sillage de la reconnaissance formelle et pratique du principe des deux peuples fondateurs. L'État québécois devenait ainsi le centre politique des francophones, le seul qu'ils puissent contrôler entièrement et le seul où pouvaient être défendus adéquatement les intérêts de la nation canadienne-française, puis québécoise. Elle traduisait l'existence, au sein du Canada, d'une société globale désireuse de posséder les moyens de son épanouissement.

L'accord intervenu le 28 août 1992 se trouve aux antipodes de cette vision politique. Il consacre plutôt la légitimité du gouvernement central d'intervenir dans des champs de compétence provinciale. Cela est manifeste aussi bien au chapitre du pouvoir fédéral de dépenser qu'en ce qui concerne les clarifications apportées au partage des compétences.

Sur le pouvoir fédéral de dépenser

Un des principaux mécanismes d'adaptation de la fédération canadienne fut la possibilité, pour le gouvernement central, d'affecter des fonds à des domaines relevant de la compétence exclusive des provinces. L'accord de Charlottetown constitutionnalise ce pouvoir de dépenser dans des champs de compétence provinciale. L'article 25 du *Rapport du consensus sur la Constitution* précise les modalités devant encadrer le pouvoir de dépenser du gouvernement central. Il est stipulé que «le gouvernement du Canada fournira une juste compensation au gouvernement d'une province qui choisit de ne pas participer à un nouveau programme cofinancé mis sur pied par le gouvernement fédéral dans un domaine de compétence provinciale exclusive si cette province met en œuvre un programme ou une initiative compatible avec les objectifs nationaux». Quatre aspects méritent ici d'être soulignés. Premièrement, l'encadrement du pouvoir de dépenser n'est «limité» qu'aux *compétences provinciales* dites «exclusives». En d'autres termes, cette disposition ne s'appliquerait qu'aux sphères juridictionnelles des provinces sans toucher les pouvoirs du gouvernement du Canada. Deuxièmement, cette disposition ne s'appliquerait qu'aux *nouveaux* programmes cofinancés. La limitation du pouvoir de dépenser ne s'appliquerait pas aux programmes déjà en place, comme ceux touchant les soins de santé ou l'éducation postsecondaire. Il s'agit donc d'un encadrement concernant uniquement les programmes à venir. Troisièmement, ce «retrait» est *conditionnel*. Les provinces qui voudraient se prévaloir de cette disposition devront mettre sur pied des programmes qui répondent aux objectifs tels que définis par Ottawa. Et quatrièmement, la nature de la «juste» *compensation financière* n'est pas précisée. On peut penser qu'il s'agit davantage de compensations financières que fiscales. En optant pour une compensation financière, le gouvernement central se garde un pouvoir de rétorsion contre une province qui ne rencontrerait pas les objectifs «nationaux», c'est-à-dire le pouvoir de limiter les fonds fédéraux comme ce fut le cas lorsque certaines provinces ont voulu surfacturer les soins de santé au début des années 80. Une compensation fiscale, par contre, limite la capacité d'Ottawa de pénaliser financièrement une province récalcitrante dans la mesure où elle n'est pas conditionnelle.

Il importe aussi de noter que contrairement à l'entente du 7 juillet 1992, l'article relatif au pouvoir fédéral de dépenser serait maintenant assujetti au mécanisme de protection des ententes intergouvernementales. Ce mécanisme, défini à l'article 26, «protège» les ententes contre tout changement unilatéral. Toutefois, cette protection n'est assurée que pour une période maximale de cinq ans, avec possibilité de reconduction. C'est dire que la «limitation» du pouvoir de dépenser serait sujette aux aléas de la vie politique canadienne et pourrait être révoquée advenant l'élection d'un gouvernement fédéral réfractaire à l'endroit du retrait d'une ou de plusieurs provinces. Qui plus est, l'exercice du droit de retrait provincial serait étroitement encadré par une entente multilatérale prévoyant l'évaluation annuelle de la conduite des gouvernements provinciaux qui auraient décidé de ne pas participer à un nouveau programme cofinancé mis sur pied par Ottawa. Ainsi, la marge de manœuvre dont disposeraient les provinces serait fort étroite, compte tenu de l'obligation de contribuer à la réalisation des objectifs «nationaux», et aléatoire à cause des possibilités de révoquer la capacité des provinces de se retirer de tels programmes ou de revoir la contribution d'Ottawa au financement des programmes provinciaux.

Se pose donc la question de savoir si Ottawa a accru sa capacité d'imposer de nouveaux programmes «nationaux» ou, au contraire, s'il a ouvert la porte à une diversité régionale dans les programmes sociaux pouvant mettre en péril leur uniformité, voire leur universalité. Certains ont déjà vu dans une telle disposition une ouverture à la décentralisation. Leurs arguments ne tiennent pas compte de la nature du fédéralisme canadien. Il faut plutôt y voir un mécanisme qui accroît la capacité d'intervention du gouvernement canadien dans des champs de compétence provinciale et qui enlève toute signification à la notion de pouvoirs «exclusifs».

L'Accord du lac Meech prévoyait une disposition semblable. Certains avaient craint une possible balkanisation du Canada. On mettait les Canadiens en garde contre ce qui avait historiquement contribué à créer et à alimenter un «esprit national», à savoir l'ensemble des programmes sociaux mis en place à la suite d'un financement massif de la part du gouvernement central. Toute l'argumentation reposait moins sur une interprétation juridique que politique de l'accord : l'entente diminuerait le pouvoir du gouvernement du Canada face aux provinces lorsque viendrait le temps de mettre en place des programmes comparables à ceux de l'assurance-maladie, des soins hospitaliers, des pensions de vieillesse, de l'enseignement postsecondaire, etc. La clause de retrait avec compensation faisait craindre que bon nombre de provinces puissent se contenter de mettre en place des programmes parallèles à ceux d'Ottawa, programmes dont la concordance des objectifs serait par ailleurs minimale. D'autres ont montré du doigt l'imprécision de la terminologie employée en faisant valoir que l'expression «compatible avec les objectifs nationaux» demeurerait vague quant aux normes et critères qui seraient appliqués ; cette terminologie pourrait permettre une diversité de programmes qui ne seraient pas nécessairement équivalents à travers le pays en termes d'accessibilité, d'universalité et de qualité de services.

Il faut cependant faire remarquer, en réponse à ceux qui voient dans cet article une perte de pouvoir pour Ottawa, que la disposition relative aux programmes cofinancés constitue une reconnaissance de la légitimité du pouvoir de dépenser du gouvernement central dans des champs de compétence provinciale. Cette modification ne pose aucune restriction au gouvernement central quant à l'établissement de nouveaux programmes à frais partagés. Toutefois, elle élimine *de facto* le caractère «exclusif» des compétences provinciales énumérées dans le l'*Acte de l'Amérique du Nord britannique* puisqu'elle confère au gouvernement central le droit d'intervenir dans le champ des compétences législatives des provinces. Le droit de retrait avec compensation ne représente qu'une *modalité encadrant une nouvelle forme de transfert des pouvoirs du niveau provincial au niveau central.* Le recours à ce droit est conditionnel à la mise sur pied de programmes compatibles avec les objectifs «nationaux» tels que définis par Ottawa. Cette disposition confirme constitutionnellement le fait que les provinces ne jouissent plus de toute la latitude dans l'élaboration de leurs programmes ou même dans le choix d'intervenir ou non. Ce qu'il faut retenir, c'est que les compétences législatives provinciales sont maintenant *subordonnées aux conditions posées par Ottawa.* En somme, il s'agit d'un accroissement de la capacité d'intervention du gouvernement central qui pourrait dorénavant occuper légitimement un champ de compétence qui n'était pas de son ressort. Les gouvernements provinciaux peuvent, quant à eux, voir leur marge de manœuvre limitée dans des secteurs qui leur avaient été attribués par la Constitution de 1867. Il s'agit d'un transfert explicite et constitutionnellement sanctionné du lieu d'exercice du pouvoir en matière de programmes cofinancés puisque c'est le *gouvernement central qui ultimement déterminera les objectifs «nationaux» dans des champs de compétence provinciale.*

Il serait donc abusif de conclure que l'article 25 favorise indûment les gouvernements provinciaux car il subordonne potentiellement une partie de leurs pouvoirs au bon vouloir du gouvernement du Canada. De la même manière, l'emprise du gouvernement central sur les provinces se trouve atténuée par la possibilité qu'ont ces dernières de recourir au droit de retrait si les programmes fédéraux ne correspondent pas à leurs intérêts. L'encadrement du pouvoir central de dépenser établit donc un nouvel équilibre entre les deux ordres de gouvernement en matière de programmes cofinancés, au profit d'Ottawa, tout en ne touchant pas aux autres pouvoirs fédéraux qui lui permettent d'influencer les provinces.

Sur le partage des pouvoirs

La «clarification» des compétences que l'on trouve dans l'accord de Charlottetown est décevante à plus d'un égard. Outre le fait qu'il ne reconnaît aux provinces que des pouvoirs qui leur étaient octroyés en vertu de la Constitution de 1867, il précise les *modalités* du retrait du gouvernement canadien et les *contraintes* que les provinces devraient respecter. Ainsi, il est prévu que certains domaines soient reconnus comme des sphères de compétence provinciale « exclusives ». C'est le cas des forêts, des mines, du tourisme, du logement, des loisirs et des affaires municipales et urbaines. Toutefois, tout ce que les provinces obtiennent est le pouvoir, uniquement si elles en manifestent le désir, de limiter les dépenses fédérales liées directement à ces compétences. Ce faisant, le gouvernement canadien s'engagerait à transférer des ressources financières pour permettre aux provinces de s'acquitter de leurs responsabilités.

L'accord prévoit que les modalités du retrait fédéral devraient faire l'objet d'ententes bilatérales. Celles-ci seraient toujours assujetties à la protection des ententes intergouvernementales (article 26). Encore une fois, ces ententes pourraient être révoquées après cinq ans si le gouvernement canadien le juge à-propos. En d'autres termes, le « retrait » d'Ottawa de compétences provinciales « exclusives » ne serait pas garanti dans le temps et le gouvernement canadien pourrait toujours faire marche arrière. De plus, les gouvernements provinciaux seraient soumis à des contraintes dans l'exercice de leurs compétences « exclusives ». Il est précisé que les ententes bilatérales devraient tenir compte de « la question du service à fournir au public dans les deux langues officielles ». Ottawa pourra ainsi imposer des conditions linguistiques à l'exercice de certaines compétences provinciales et forcer la bilinguisation des services provinciaux dans des champs qui sont pourtant reconnus comme relevant « exclusivement » de responsabilités provinciales. En somme, le gouvernement canadien, loin de se retirer totalement de compétences pourtant reconnues comme relevant des provinces depuis 1867, ne garantit nullement que son effacement sera définitif. De plus, il entend fixer la façon dont les services seront rendus en matière linguistique. Ces multiples conditions et contraintes ne font que consacrer la façon dont le gouvernement canadien entend rester présent dans des champs de compétence provinciale. On ne peut y voir là une véritable décentralisation.

De la même manière, l'Accord de Charlottetown précise les paramètres de l'intervention d'Ottawa en matière d'immigration, de formation et de perfectionnement de la main-d'œuvre et de culture. Au sujet de l'immigration, l'entente ne fait que mentionner la nécessité d'ajouter à la Constitution un *engagement* du gouvernement canadien à négocier des ententes avec les provinces. Celles-ci, contrairement au consensus obtenu le 7 juillet par le reste du Canada, ne précisent plus qu'elles auraient force de loi et ne pourraient être modifiées que par une résolution du Parlement et de l'assemblée législative concernée. En d'autres mots, l'Accord de Charlottetown n'accorde plus de protection constitutionnelle à de telles ententes. Le texte reste flou quant aux responsabilités qui seraient conférées aux provinces en ce qui concerne la planification des niveaux d'immigration, la sélection et l'intégration des immigrants. Dans un tel contexte, il n'est même pas certain que les ententes Cullen-Couture de 1976 et Gagnon-Tremblay/McDougall de 1990 pourraient être adéquatement protégées et ne pas être soumises à des revirements politiques causés par des changements de gouvernement. Les ententes administratives, si satisfaisantes soient-elles pour un temps, ne sont pas à l'abri des variations qui peuvent affecter le climat politique canadien.

L'article 28 qui porte sur la formation et le perfectionnement de la main-d'œuvre spécifie explicitement que la compétence fédérale exclusive à l'égard de l'assurance-chômage, du soutien du revenu et des services connexes ne devrait pas être modifiée. Ici, cette compétence exclusive est sans partage. Il n'en va pas de même pour la formation et le perfectionnement de la main-d'œuvre. L'«exclusivité» provinciale ne se traduirait que par la possibilité pour les provinces de limiter les dépenses fédérales. De plus, c'est toujours le gouvernement canadien qui aurait la responsabilité de fixer les objectifs «nationaux» en tenant compte de paramètres aussi large que «la situation économique du pays, les besoins du marché du travail *national*, les tendances internationales dans le domaine de la main-d'œuvre et de l'évolution de la situation économique internationale». Encore une fois, la marge de manœuvre provinciale dans un domaine où l'on reconnaît pourtant son «exclusivité» est fort limitée. Il est à craindre que les impératifs «nationaux» et internationaux du marché du travail l'emportent sur les besoins spécifiques des provinces. Finalement, les contraintes relatives au bilinguisme sont toujours présentes.

Le même type de raisonnement s'applique à la reconnaissance de la compétence «exclusive» provinciale sur les questions culturelles. Cette «exclusivité» n'enlève rien au gouvernement du Canada qui conserve ses responsabilités à l'égard des institutions culturelles «nationales» et des subventions qu'elles accordent. C'est à nouveau par le biais d'ententes bilatérales que les responsabilités des provinces seraient définies. Celles-ci devront *s'harmoniser* avec les responsabilités fédérales. À nouveau, Ottawa conserve toute la latitude voulue pour continuer à œuvrer dans le champ de la culture et s'assurer que les initiatives provinciales respectent les orientations fixées par le gouvernement canadien. La «décentralisation» prend plutôt la forme d'un contrôle constant exercé par Ottawa sur les provinces qui voudront exercer leur compétences «exclusives».

En somme, l'Accord de Charlottetown ne traduit pas une véritable volonté de décentralisation. Les gouvernements provinciaux n'obtiennent pas de nouvelles responsabilités constitutionnelles. Le gouvernement canadien propose plutôt d'encadrer étroitement des compétences reconnues depuis toujours comme relevant des provinces. Les multiples ententes administratives nécessaires à la mise en œuvre de la limitation du pouvoir fédéral de dépenser ne seraient valables que pour un maximum de cinq ans et pourraient faire l'objet d'une contestation d'Ottawa après ce laps de temps. De plus, le gouvernement canadien entend s'assurer que le bilinguisme devienne une constante, même dans des compétences reconnues comme relevant exclusivement des provinces. L'acception de la notion d'«exclusivité» est asymétrique. Celle-ci ne s'applique réellement que lorsqu'il s'agit de compétence fédérale. Lorsqu'il est question des pouvoirs provinciaux, l'«exclusivité» prend une toute autre forme. Elle admet l'intervention d'Ottawa qui serait le garant des objectifs «nationaux» auxquels les provinces devraient se soumettre, sous peine de voir limiter ou disparaître la contribution d'Ottawa au financement des initiatives provinciales. On ne saurait plus clairement subordonner les gouvernements provinciaux aux diktats d'Ottawa.

Des changements institutionnels qui renforcent Ottawa

Les réaménagements proposés en ce qui a trait au processus de nomination des juges à la Cour suprême, au Sénat et à la Chambre des communes auront pour effet d'accroître la légitimité du Parlement canadien au détriment de l'Assemblée nationale du Québec.

Le nouveau Sénat répondrait en partie aux exigences du principe de l'égalité des provinces, chacune d'elles «élisant» six sénateurs. Le mode d'élection des sénateurs sera défini dans une loi-cadre fédérale, bien qu'une province pourra faire élire ses sénateurs par son assemblée législative. Pour compenser la diminution du nombre de sénateurs, le Québec obtient 18 députés de plus à la Chambre des communes. De plus, la Constitution garantirait au Québec un minimum de 25 % des sièges à la Chambre des communes, peu importe son poids démographique dans l'avenir. Le Sénat serait doté d'un pouvoir essentiellement négatif : le Sénat pourrait, avec 50 % des voix plus une, imposer son veto sur tout projet de loi touchant les ressources naturelles. De plus, les projets fédéraux qui touchent *sensiblement* à la langue et à la culture françaises devraient être approuvés par une majorité des sénateurs francophones participant au vote. Toutefois, c'est l'auteur du projet de loi, donc le gouvernement dans la très grande majorité des cas, qui indiquerait s'il s'agit ou non d'un projet de loi qui appelle une telle indication. Les mécanismes de contestation d'une telle procédure, bien que devant assurer une protection suffisante aux francophones, n'ont pas été définis. En d'autres termes, l'exercice de la double majorité serait conditionné par le bon vouloir du gouvernement fédéral. Dans ce contexte, la notion de culture pourrait être définie de façon très étroite afin d'éviter qu'un grand nombre de projets de loi ne tombent sous l'obligation de la règle de la double majorité. Le principe de la double majorité signifie que les sénateurs francophones pourront bloquer un projet de loi ayant des incidences culturelles qui ne correspondent pas à la volonté du Québec. Cela veut aussi dire, par la force des choses, que les sénateurs anglophones pourront aussi bloquer une politique fédérale qui pourrait être bénéfique pour le Québec. Il s'agit donc d'une «protection» pouvant ultimement jouer contre le Québec.

De plus, le Sénat devrait ratifier les nominations du gouverneur de la Banque du Canada ainsi que d'autres nominations clés. Compte tenu de la faiblesse du Québec au sein du nouveau Sénat, on peut légitimement s'interroger sur l'avenir de la tradition d'alternance entre francophones et anglophones qui a présidé aux nominations aux postes d'organismes importants relevant de la responsabilité du gouvernement fédéral. Finalement, un projet de loi battu par la majorité des sénateurs devrait revenir devant le Parlement au cours d'une séance conjointe des deux chambres et un vote à majorité simple pourrait en disposer. Advenant l'élection d'un gouvernement minoritaire ou faiblement majoritaire, ce vote conjoint pourrait éventuellement être suffisant pour empêcher l'adoption d'un projet de loi.

Le fait que le gouvernement fédéral devra nommer les juges à partir de listes soumises par les gouvernements des provinces, que le Sénat va devenir le principal lieu d'expression des intérêts provinciaux et que la députation québécoise sera élargie, va contribuer à raffermir le rôle des provinces au sein des institutions du gouvernement central. Au lieu d'affaiblir les institutions du Parlement, ces mesures risquent d'asseoir les pouvoirs et la légitimité de ce dernier en en faisant un lieu plus représentatif des intérêts provinciaux. Ce type de réforme participe à la dynamique propre au fédéralisme intra-étatique. Ce dernier se définit par «la façon dont les institutions et les mécanismes du gouvernement central répondent aux intérêts et aux préoccupations des régions du pays. Au Canada, comme dans d'autres fédérations, les intérêts régionaux sont protégés non seulement par une répartition constitutionnelle des compétences gouvernementales entre le pouvoir fédéral et les provinces, que nous appelons le fédéralisme interétatique, mais aussi par les instruments et les moyens qui intègrent ces intérêts dans l'activité du gouvernement central, que nous appelons le fédéralisme intra-étatique[1]». Ainsi, cette réforme ne correspond nullement à un accroissement de l'autonomie des gouvernements provinciaux, mais va permettre au Parlement fédéral de soutenir qu'il est en mesure de mieux répondre aux préoccupations et aux intérêts régionaux dans l'évolution de la politique «nationale». C'est donc le pouvoir central qui s'en trouvera bonifié à long terme même si, à court terme, il semble affaibli par l'imposition d'un processus de consultation qui n'existait pas auparavant, notamment en ce qui concerne la nomination des juges à la Cour suprême.

***

La logique qui a présidé à la rédaction de l'Accord de Charlottetown s'inscrit fondamentalement dans le sens d'un renforcement de la capacité d'intervention du gouvernement fédéral. Aussi bien aux chapitres de l'encadrement du pouvoir de dépenser d'Ottawa, du «partage» des compétences que de la réforme des institutions, on assiste à une diminution des prérogatives des gouvernements provinciaux. La notion de pouvoirs provinciaux «exclusifs» perd toute signification dans la mesure où Ottawa se réserve le droit de mettre fin aux ententes administratives qui concrétiseraient éventuellement le retrait du gouvernement du Canada dans des compétences allouées depuis 1867 aux provinces. De plus, Ottawa veillerait à imposer certaines contraintes à tout retrait.

Il en va de même pour le pouvoir fédéral de dépenser pour les nouveaux programmes cofinancés tombant sous juridiction provinciale. Cette disposition représente une reconnaissance formelle de la légitimité du pouvoir de dépenser du gouvernement central dans des champs «exclusifs» aux provinces. Le droit de retrait avec compensation ne représenterait qu'une modalité encadrant une nouvelle forme de *transfert des pouvoirs au profit du gouvernement central*. L'obtention d'une compensation serait de plus conditionnelle à la mise sur pied de programmes compatibles avec les objectifs «nationaux» tels que définis par Ottawa. En somme, les compétences législatives provinciales, pour les futurs

---

1. Donald V. Smiley et Ronald L. Watts. *Le fédéralisme intra-étatique au Canada*, Ottawa, Approvisionnements et Services Canada, Commission royale sur l'union économique et les perspectives de développement du Canada, 39, 1986, p. XV.

programmes cofinancés, seraient subordonnées aux conditions posées par le niveau central de l'État.

Les changements institutionnels proposés, bien que problématiques pour le Québec à plus d'un égard, s'inscrivent dans la dynamique du fédéralisme intra-étatique. Loin de correspondre à un renforcement du fédéralisme bilatéral qui reconnaîtrait à Québec le pouvoir de parler au nom des Québécois, ces changements contribueraient à accroître la légitimité du Parlement fédéral et à faire en sorte qu'Ottawa devienne le principal lieu où s'exprimeront les intérêts du Québec. Le problème de la double légitimité ne risque que de s'approfondir.

L'acceptation par les Québécois de l'entente de Charlottetown ne peut qu'affaiblir le gouvernement du Québec. Elle signifierait l'acquiescement à un fédéralisme qui, par la force des choses, serait de plus en plus centralisateur. Les espoirs de décentralisation que peuvent entretenir la possibilité de conclure des ententes administratives bilatérales buteront sur des impératifs définis par la majorité canadienne. Les objectifs «nationaux» de celle-ci ne sont pas nécessairement compatibles avec les objectifs *nationaux* du Québec.

Du Sénat à la Chambre des communes : le Québec y gagne-t-il ?

Réjean Pelletier

RÉJEAN PELLETIER est professseur titulaire au département de science politique de l'Université Laval. Il a publié plusieurs études sur le fédéralisme, le parlementarisme et les partis politiques. Il est l'auteur de *Partis politiques et société québécoise. De Duplessis à Bourassa* (1989).

Même si on l'a facilement oubliée, la ronde de négociations de 1991-1992 visait aussi et encore à réintégrer le Québec dans le giron constitutionnel canadien. Mais, contrairement à l'Accord du lac Meech qui a échoué parce qu'il semblait favoriser le Québec et ne concerner que lui, cette ronde-ci a pour but de satisfaire les revendications de toutes les régions du Canada, sans oublier les Autochtones... et le Québec lui-même.

Au début de juillet 1992, nos 16 constituants, à l'exception du Québec, en arrivaient à une entente globale qui couvrait des questions aussi diverses que la clause Canada et la société distincte, la réforme des institutions centrales, le partage des compétences et le pouvoir de dépenser, les premières nations, l'union sociale et économique.

Bien que cette entente ait été jugée inacceptable par plusieurs et insatisfaisante par le Premier Ministre du Québec, celui-ci décidait de se joindre au groupe afin de faire valoir ses revendications. Au terme de laborieuses discussions, nos 17 constituants en arrivaient à un consensus sur des modifications constitutionnelles appelé à être soumis à la population canadienne pour ratification.

L'entente de Charlottetown, comme on l'a appelée, apporte des changements à la composition de la Chambre des communes, et surtout, vient modifier en profondeur le Sénat canadien. Cette vénérable institution en a d'ailleurs bien besoin puisqu'elle a perdu, au fil des ans, une bonne dose de crédibilité et, surtout, de légitimité.

Que nous ont proposé nos 17 constituants ? Ils ont accepté globalement la formule du Sénat Triple E défendue avec ardeur dans l'Ouest canadien et à Terre-Neuve. Désormais, le Sénat sera élu, égal dans sa composition et devrait jouir d'une certaine efficacité quant à ses pouvoirs. Une telle formule, dans son libellé actuel, est-elle avantageuse pour le Québec qui, il faut le dire, ne s'est guère préoccupé jusqu'ici de cette question ? Va-t-elle se traduire en gains réels pour la population et le gouvernement québécois ?

Désireux d'obtenir plus de pouvoirs pour le Québec, nos différents gouvernements, y compris l'actuel, se sont montrés peu intéressés par la réforme du Parlement canadien et surtout du Sénat. Le rapport Allaire – qui a servi de programme officiel pour le Parti libéral du Québec – réglait rapidement la question du Sénat : il fallait l'abolir. Et pourtant, le Premier Ministre libéral du Québec a accepté qu'il soit élu, égal et qu'il jouisse d'une certaine efficacité.

L'élection des sénateurs semble rallier l'adhésion, à l'heure actuelle, de la majorité des Canadiens et Canadiennes. Dans *Bâtir ensemble l'avenir du Canada*, le gouvernement fédéral préconisait l'élection directe des membres du Sénat, ce que souhaitait également le rapport Beaudoin-Dobbie qui y ajoutait le principe de la représentation proportionnelle.

À la demande, de toute évidence, du premier ministre Bourassa, l'élection des sénateurs se fera désormais selon deux modalités. L'une qui nous est bien familière fait appel au vote des citoyens selon la formule du suffrage universel et de la représentation proportionnelle. Cette formule semblait acquise, mais tel n'est pas le cas. Une seconde modalité a été envisagée par nos constituants : une élection indirecte des sénateurs par les députés des assemblées législatives des provinces ou territoires.

Cette seconde modalité, que le gouvernement québécois privilégie à l'heure actuelle, ne bénéficie aucunement à l'ensemble des citoyens du Québec, ni à l'ensemble des partis représentés à l'Assemblée nationale, mais plutôt au seul parti gouvernemental qui utilisera sa majorité pour faire élire ses six sénateurs. En somme, le gouvernement libéral voudrait revenir à la formule allemande et déléguer six représentants du gouvernement québécois à la Chambre haute fédérale.

Si le Québec est la seule province à utiliser cette formule, la crédibilité et la légitimité de ses sénateurs seront certainement moindres que celles des représentants des autres provinces élus au suffrage universel. Bien plus, les sénateurs du Québec seront vraisemblablement élus sur la base de leur affiliation à un parti politique *provincial*, alors que les représentants des autres provinces pourront siéger au sein des caucus des partis fédéraux, ce qui accentuera leur présence au niveau des institutions centrales. Bref, cette modalité ne peut que jouer au détriment du Québec dont la force au Sénat sera ainsi amoindrie plutôt que consolidée.

En septembre 1991, le gouvernement fédéral proposait que la composition du Sénat assure une représentation plus *équitable* des provinces et des territoires. Le rapport Beaudoin-Dobbie, comme la conférence de Calgary qui portait sur la réforme des institutions centrales, recommandait que la répartition des sièges dans le Sénat réformé soit équitable en accordant plus de sièges aux provinces peu populeuses et aux territoires qui bénéficieraient d'une surreprésentation à la Chambre haute.

Malgré tout, après avoir proclamé lui aussi son attachement à un Sénat équitable, le gouvernement québécois a accepté la forme de l'égalité de représentation des provinces. Amorcée avec la *Loi constitutionnelle de 1982*, l'idée dominante à l'heure actuelle au Canada anglais, c'est que le Québec constitue une province comme les autres. En acceptant cette idée, rien ne s'oppose alors à ce que l'on reconnaisse l'égalité des provinces au sein d'un Sénat renouvelé.

Mais la population québécoise ne peut accepter une telle formule qui nie, à sa face même, le caractère distinct du Québec. Ce que l'on consent à lui accorder bien timidement d'un côté, on le lui enlève de l'autre. D'un côté, on reconnaît le caractère distinct du Québec, mais en le noyant parmi sept autres caractéristiques qui forment la clause Canada, dont l'une proclame l'attachement des Canadiens et de leurs gouvernements à l'épanouissement et au développement des communautés minoritaires de langue officielle dans tout le pays.

De l'autre, toutes les provinces sont considérées sur un pied d'égalité lorsqu'il s'agit d'établir la composition du Sénat, sans reconnaître le caractère distinct du Québec. En effet, lorsqu'on fixe les modalités d'une double majorité sur les projets de loi touchant de façon importante à la langue ou à la culture française, l'un des volets de cette majorité est constitué de sénateurs francophones et non de sénateurs du Québec.

Dans un Sénat égal, les petites provinces obtiennent une place que leur seule population ne leur permet pas d'avoir. En diminuant le pouvoir des provinces centrales, le Sénat devient une chambre des petites provinces qui, si elles se liguent, peuvent facilement bloquer les initiatives du gouvernement central. Elles n'auront peut-être pas un pouvoir d'initiative, mais elles auront la faculté de s'opposer.

Comment accepter des distorsions aussi importantes dans le fonctionnement d'une institution considérée démocratique lorsque 12,6 % de la population canadienne, concentrée dans les petites provinces et les territoires, pourra disposer d'une majorité de sièges (52 %) au Sénat, sans compter l'éventuelle représentation des Autochtones qui ne viendra qu'amplifier cette distorsion ? Comment accepter que le quart de la population canadienne puisse jouir d'une confortable majorité de 70 % des sièges au Sénat ? Comment accepter qu'un sénateur de l'Île-du-Prince-Édouard ne représente que 21 628 citoyens de sa province, alors que celui du Québec en représentera 1 149 327 et celui de l'Ontario (gonflable à l'extrême !) représentera 1 680 814 personnes ? Peut-on comparer l'Ontario et le Québec, qui comptent 62 % de la population canadienne, à la Californie et à l'État de New York qui ne représentent que 20 % environ de la population américaine ?

C'est ce qu'on appelle la démocratie asymétrique où une seule personne de l'Île-du-Prince-Édouard vaut 78 personnes de l'Ontario et 53 du Québec. C'est accorder là un véritable *statut particulier* aux petites provinces et appliquer à d'autres qu'au Québec la règle de l'asymétrie.

Que gagne le Québec dans cette opération d'égalisation des provinces ? La garantie, assurée par un droit de veto, d'une représentation équivalente à 25 % des sièges à la Chambre des communes. En d'autres termes, comme le poids du Québec dans l'ensemble canadien est appelé à diminuer selon les prévisions des démographes, cette garantie lui assure pour l'avenir le quart des députés à la Chambre des communes.

Est-ce là un gain véritable ? Je ne le crois pas. Si la garantie du 25 % était appliquée à l'ensemble du Parlement canadien, déjà la protection assurée au Québec serait plus importante. Appliquée à la seule Chambre des communes, elle m'apparaît un gain assez dérisoire du fait que, selon certaines projections, le Québec pourrait représenter encore 23,5 % de la population canadienne en 2011. Le gain serait alors minime.

Il est vrai que, au moment de la réforme, le Québec pourra bénéficier d'une représentation de 27,6 % de l'ensemble de la Chambre des communes, ce qui est supérieur à son poids démographique. Mais, dès 1996, cette surreprésentation sera réduite au moins à 27 % de la Chambre (et encore davantage en 2001) par l'ajout de sièges supplémentaires pour la Colombie-Britannique, l'Ontario et l'Alberta, et éventuellement pour d'autres provinces.

Surtout, ce gain momentané ne vient pas compenser la perte importante subie par le Québec au Sénat. De 23 % des sénateurs à l'heure actuelle, il passera à 9,7 % dans un Sénat de 62 membres et encore moins lorsqu'on aura ajouté des sièges pour les Autochtones, et encore moins (de 7 à 8 %) lorsqu'on aura créé deux ou trois provinces supplémentaires. Le poids du Québec équivaudra alors à celui du Yukon : il sera classé dans la catégorie des poids plume !

Il est vrai que toute augmentation de la représentation des nouvelles provinces au Sénat devra exiger le consentement unanime de toutes les provinces et du gouvernement fédéral, ce qui assure un veto au Québec sur cette question. Mais il est à prévoir que, dès l'instant où l'on aura créé une nouvelle province (ce qui ne requerra désormais que la tenue de *consultations* avec toutes les provinces existantes), celle-ci réclamera qu'on lui accorde des sièges supplémentaires au nom de la justice et de l'équité. Comment vivre longtemps avec une province de deuxième ordre ?

Bref, un gain à la Chambre des communes qui semble important à court terme, mais qui ne le sera pas à long terme. Et ce gain ne vient nullement compenser la perte considérable imposée au Québec par l'égalité de représentation au Sénat.

Heureusement, pourrait-on ajouter, que le Sénat renouvelé aura peu de pouvoirs. Précisément, on est en train d'émasculer le Sénat à un point tel qu'il conviendrait peut-être de l'abolir. À quoi sert une chambre de réflexion qui n'a qu'un veto suspensif ?

Il est prévu, en effet, que la Chambre haute soit appelée à se prononcer sur tout projet de loi adopté par la Chambre des communes dans un délai de 30 jours de séance, à l'exception des projets de loi traitant des recettes et des dépenses qui, eux, seraient assujettis à un veto suspensif de 30 jours civils. Par contre, les projets de loi touchant de façon importante à la langue ou à la culture française seraient adoptés selon la règle d'une double majorité de l'ensemble du Sénat et des sénateurs francophones. Enfin, sur les projets de loi supposant des changements d'orientation fondamentaux du régime fiscal directement liés aux ressources naturelles, la Chambre haute jouirait d'un veto absolu. Cette dernière disposition peut protéger le Québec dans certains cas, mais elle peut tout aussi bien le désavantager dans d'autres.

D'une façon globale, les pouvoirs accordés au nouveau Sénat s'inscrivent en deçà des propositions formulées dans le rapport Beaudoin-Dobbie et même des propositions fédérales de septembre 1991. C'est comme si les constituants craignaient qu'une Chambre haute rénovée, dotée d'une légitimité démocratique nouvelle et plus représentative des petites provinces, tente de s'opposer davantage à la Chambre des communes dominée par les provinces centrales. Afin d'éviter toute impasse, on n'a accordé habituellement qu'un veto suspensif au Sénat et prévu un mécanisme de séance mixte des deux chambres dans les cas de rejet ou de modification par le Sénat d'un projet de loi ordinaire (tout projet ne traitant pas de recettes ou de dépenses, ne touchant pas de façon importante la langue ou la culture française, ne supposant pas des changements d'orientation fondamentaux du régime fiscal directement liés aux ressources naturelles).

Cependant, dans l'éventualité d'un gouvernement minoritaire ou faiblement majoritaire, la présence du Sénat lors des votes conjoints des deux chambres pourrait être déterminante et faire pencher la balance dans un sens ou dans l'autre. Dans ce cas, le poids du Québec pourrait être amoindri du fait que sa représentation actuelle de 24,8 % dans les deux chambres réunies sera alors réduite à 22,5 % et même à 21,7 % avec l'addition de quelques sièges pour les Autochtones et la création de deux provinces dans le Nord canadien. En somme, un Québec moins présent qui fera entendre une voix affaiblie.

Face à une chambre de réflexion moins efficace que les partisans du Sénat Triple E ne l'auraient souhaité, ne pourrait-on pas se demander si la classe politique canadienne, par son projet de modification, ne cherche pas plutôt à régler des problèmes qui se posent à la Chambre des communes ? Ne pourrait-on pas alors remplacer avantageusement cette seconde chambre par une Chambre des communes profondément renouvelée où s'appliquerait la représentation proportionnelle, où serait entièrement revu le système des comités (ou commissions) parlementaires, où l'on ferait appel davantage aux personnes et aux groupes de l'extérieur pour scruter la législation, où l'on atténuerait grandement la discipline de parti ? Ces réformes, et bien d'autres encore comme celle touchant le financement des partis, ne requièrent pas de longues conférences constitutionnelles, mais tout simplement la volonté politique de procéder à de tels changements.

De ce qui précède, on peut dégager une conclusion majeure : ce qui peut sembler à première vue un gain important pour le Québec par une représentation assurée de 25 % des sièges à la Chambre des communes et, de ce fait, par une forme de reconnaissance du caractère particulier de la province, m'apparaît être un gain plus symbolique que réel.

Les dispositions de l'Accord de Charlottetown sur les institutions : des garanties insuffisantes pour le Québec

José Woehrling

JOSÉ WOEHRLING est professeur titulaire à la Faculté de droit de l'Université de Montréal. Il est l'auteur de nombreux articles en droit constitutionnel et a publié récemment, en collaboration avec Jacques-Yvan Morin, *Les Constitutions du Canada et du Québec : Du Régime français à nos jours* (1992).

L'Accord constitutionnel de Charlottetown comprend des dispositions relatives aux institutions qui portent principalement sur le Sénat, la Chambre des communes et la Cour suprême. Alors que dans le domaine de la répartition des pouvoirs, le Québec réclame traditionnellement une augmentation sensible de ses compétences, il ne peut guère espérer, pour ce qui est des institutions centrales, qu'une série de protections et de verrous destinés à limiter les dangers que lui fait courir sa position minoritaire au sein de la fédération canadienne. Il s'agit donc de voir si les garanties obtenues par Robert Bourassa sur ce plan sont suffisantes, comme il le prétend.

Un Sénat égal, élu et potentiellement plus efficace qu'il n'y paraît

Concernant la réforme du Sénat, l'accord constitutionnel prévoit que les sénateurs seront élus, soit par la population, soit par l'assemblée législative provinciale, selon ce que chaque province décidera. L'élection des sénateurs au suffrage direct (par la population) rallie de larges appuis au Canada anglais. Bien qu'éminemment démocratique, cette solution entraîne cependant de graves inconvénients dans le contexte d'un système parlementaire caractérisé par le bipartisme et la discipline de parti. En effet, celle-ci amènera les sénateurs élus à agir en s'alignant sur la

105

politique partisane plutôt que sur la défense des intérêts des provinces qu'ils représentent. Autrement dit, leur loyauté n'ira pas d'abord aux provinces, mais aux partis auxquels ils doivent leur élection et dont dépend leur réélection. Comme le montre l'exemple du Sénat australien, dont le fonctionnement est généralement dominé par la politique partisane, l'élection des sénateurs a pour conséquence *d'affaiblir* considérablement leur capacité d'agir en tant que représentants des États-membres de la fédération. Une autre conséquence de l'élection des sénateurs par la population réside dans le fait qu'ils acquièrent ainsi une légitimité démocratique semblable à celle des députés fédéraux et provinciaux. Dès lors, il devient illogique de ne pas reconnaître au Sénat des pouvoirs comparables à ceux de la Chambre des communes ; on reviendra plus loin sur ce point. Par ailleurs, dans la mesure où il sont élus directement par la population de la province, les sénateurs fédéraux entrent presque inévitablement en concurrence avec les députés provinciaux, dans la mesure où ils peuvent prétendre représenter aussi bien que ces derniers les intérêts de la population provinciale.

Si l'on décide de faire élire les sénateurs au suffrage (par l'assemblée législative provinciale), il faudra choisir entre deux modalités, l'accord du 22 août étant cependant totalement muet sur celle qui doit ou peut être retenue. La première modalité consiste à donner à chaque parti politique représenté à l'assemblée législative le droit de désigner un nombre de sénateurs proportionnel, soit aux suffrages qu'il a recueillis lors de la dernière élection, soit au nombre de sièges qu'il détient. Cette solution présente cependant un inconvénient important. En effet, le fait que plusieurs partis politiques soient représentés au sein d'une même délégation provinciale risque évidemment de diminuer l'unité et, par conséquent, l'efficacité de celle-ci. On n'a qu'à songer, par exemple, à une délégation québécoise au Sénat qui serait composée pour partie de sénateurs libéraux et pour partie de sénateurs du Parti québécois. Il y a fort à parier que leurs votes s'annuleraient en maintes occasions. La seconde modalité de l'élection au suffrage indirect consiste à laisser le parti majoritaire à l'assemblée législative provinciale désigner tous les sénateurs qui représentent la province considérée. Cependant, à cause de la discipline de parti, cela revient en pratique à les faire choisir par le gouvernement provincial, ce qui est un bon moyen de faire en sorte que les sénateurs défendent de façon loyale et cohérente la politique adoptée par ce gouvernement.

Évidemment, le fait que le Sénat comporte à la fois des députés élus par la population dans certaines provinces et d'autres qui sont élus par l'assemblée législative provinciale entraînerait certaines complications,

la plus évidente étant que ses membres ne pourraient pas tous être rem-
placés ou réélus au même moment. L'élection au suffrage direct coïnci-
derait avec celle de la Chambre des communes, alors que la désignation
par une assemblée législative devrait logiquement se faire après l'élection provinciale correspondante.

L'accord de Charlottetown prévoit également que le Sénat sera
«égal», chaque province étant représentée par six sénateurs et chaque
territoire par un. Dans un premier temps, la proportion des sièges du Québec au Sénat passerait donc de 23,1 à 9,7 %. Mais elle continuerait
ensuite à diminuer. En effet, l'accord constitutionnel prévoit de nouvelles
négociations pour ajouter des sièges au Sénat afin d'y représenter les peuples autochtones. En outre, au fur et à mesure de la création de nouvelles
provinces, il faudra à nouveau augmenter le nombre des sièges de la
Chambre haute. À cet égard, il faut souligner que le Québec n'a pas
obtenu, comme il le demandait, un droit de veto sur la création de nouvelles provinces. Au contraire, l'accord de Charlottetown entraîne un recul
de la position provinciale sur ce plan.

Alors qu'à l'heure actuelle, en vertu de la *Loi constitutionnelle de
1982,* il faut le consentement de sept provinces représentant 50 % de la
population pour créer une nouvelle province à partir d'un des deux territoires, l'accord d'août 1992 prévoit qu'il suffira d'un accord entre les
autorités fédérales et le territoire intéressé. Il est vrai, par contre, que les
provinces déjà existantes devront consentir, à l'unanimité, aux modalités
de participation de la nouvelle province à la procédure de modification de
la Constitution ainsi qu'à l'augmentation de sa représentation au Sénat. Il
pourrait donc arriver, par exemple, que deux nouvelles provinces soient
créées sur les Territoires du Nord-Ouest, mais qu'une ou plusieurs provinces déjà existantes s'opposent à l'augmentation du nombre des sénateurs, avec le résultat que les deux nouvelles provinces continueraient de
n'être représentées, ensemble, que par l'unique sénateur du territoire qui
leur a donné naissance, ce qui contredirait évidemment le principe de
l'égalité de représentation des provinces au Sénat. Les pressions pour
l'augmentation des membres de la Chambre haute deviendraient alors
très fortes et, sur un plan pratique et politique, les provinces récalcitran-
tes auraient beaucoup de difficultés à maintenir leur obstruction.

Soulignons que l'adoption du principe de l'égale représentation de
toutes les provinces canadiennes au Sénat entraînera des conséquences
pour le moins curieuses sur le plan démocratique. En effet, les six plus
petites provinces (les quatre provinces atlantiques, le Manitoba et la Sas-

katchewan) détiendront ensemble 60 % des voix au Sénat, alors qu'elles ne représentent que 17 % de la population canadienne.

Pour en venir aux attributions du nouveau Sénat, il faut d'abord souligner qu'il devrait normalement exister un lien entre le mode de sélection de ses membres et les pouvoirs qui lui sont reconnus : il serait illogique de donner au Sénat une forte légitimité démocratique sans lui reconnaître également des pouvoirs importants. Or c'est précisément ce qu'ont fait les rédacteurs de l'Accord constitutionnel de Charlottetown. En effet, si elle est « élue » et « égale », la nouvelle Chambre haute ne sera pas aussi « efficace » que l'auraient voulu les tenants de la formule Triple E, puisqu'elle ne disposera d'un droit de veto absolu que sur une catégorie très limitée de projets de loi, ceux qui supposent « des changements fondamentaux du régime fiscal directement lié aux ressources naturelles ». Pour les projets de loi traitant des recettes et des dépenses (les projets de loi de crédits), le nouveau Sénat n'aura qu'un droit de veto suspensif de 30 jours, la Chambre des communes pouvant réadopter le projet au bout de cette période par une majorité ordinaire.

Quant aux projets de loi « touchant de façon importante à la langue ou à la culture française », ils devront être adoptés par une majorité de sénateurs participant au vote *et* par une majorité des sénateurs francophones participant au vote (les sénateurs francophones étant ceux qui se déclarent comme tels au moment de leur accession au Sénat). Enfin, pour ce qui est des projets de loi « ordinaires », c'est-à-dire n'entrant dans aucune des trois catégories précédentes, le rejet ou la modification d'un projet de loi par le Sénat déclenchera un processus de séance conjointe des deux chambres ; un vote à la majorité simple en séance conjointe décidera du sort du projet de loi. Par ailleurs, le nombre des députés sera augmenté, si bien qu'en temps normal, lorsque le gouvernement disposera d'une solide majorité à la Chambre des communes, il n'aura pas de difficulté à faire renverser par celle-ci le veto que le Sénat pourrait opposer à ses projets (autres que ceux portant sur la fiscalité des ressources naturelles et la langue ou la culture française).

Par conséquent, *à première vue*, la réforme du Sénat ne présente pour le Québec que peu de danger. S'il est vrai que sa représentation y diminue de façon spectaculaire, et continuera de diminuer à l'avenir, c'est à l'intérieur d'un organe qui n'exercera, en théorie, que des pouvoirs assez restreints. En outre, le Québec gagne quelques députés de plus et obtient la garantie de n'avoir jamais moins de 25 % des sièges à la Chambre des communes, quelques soient les modifications dans le chiffre de sa population. Cependant, la réforme met en mouvement une dynamique dont il

est fort difficile d'évaluer les effets futurs. Dans la mesure où les sénateurs seront titulaires d'une légitimité démocratique semblable à celles
des députés fédéraux, ils pourront exercer un pouvoir politique et moral,
sinon juridique, considérable. Cela risque de susciter à l'avenir de fortes
pressions en faveur de l'augmentation des prérogatives de la Chambre
haute. En théorie, le Québec pourra y résister, puisqu'il disposera alors
d'un droit de veto sur la modification des pouvoirs du Sénat, mais en pratique cette attitude risque de lui coûter cher en entraînant la rancœur des
provinces de l'Ouest et de l'Atlantique. En outre, dans les cas où le gouvernement fédéral sera minoritaire, on ne disposera que d'une faible
majorité (comme cela est arrivé assez souvent depuis une quarantaine
d'années), l'alliance entre les partis d'opposition à la Chambre des communes et un certain nombre de sénateurs pourrait être fatale à de nombreux projets de loi, s'ils font l'objet d'un vote en séance conjointe. Dans
un tel cas, le Cabinet pourrait même être contraint de dissoudre le Parlement et de faire des élections, bien qu'en théorie, selon l'accord constitutionnel, le nouveau Sénat ne se voit pas reconnaître le pouvoir de
renverser le gouvernement. Par conséquent, la réforme du Sénat risque de
compliquer, voire d'entraver sérieusement, le fonctionnement du système parlementaire canadien ; si tel était le cas, elle se révélerait nocive
pour l'ensemble du Canada et pas seulement pour le Québec.

Enfin, terminons par quelques mots sur l'exigence de double-
majorité pour les projets de loi «touchant de façon importante à la langue
ou à la culture française». Sur les six sénateurs du Québec, il faudra probablement en désigner un qui représente la minorité anglophone. Par
ailleurs, les francophones hors du Québec, revendiqueront que deux des
sénateurs du Nouveau-Brunswick, un des sénateurs ontariens et un des
sénateurs manitobains soient des francophones. En d'autres termes, il
n'est pas improbable que, sur neuf sénateurs francophones, cinq seulement soient des Québécois, ce qui représente, on en conviendra, une
majorité fort aléatoire. Le passé récent a démontré que les intérêts des
Québécois et des minorités francophones du Canada anglais sont loin
d'être identiques par rapport aux interventions fédérales en matières culturelle et linguistique. Par ailleurs, le fait que les sénateurs anglophones,
qui seront évidemment toujours majoritaires au Sénat, possèdent également un droit de veto sur cette catégorie de projets de loi leur permettra
de s'opposer avec succès à des mesures qui seraient destinées à favoriser
la langue ou la culture française.

La garantie de représentation du Québec à la Chambre des communes

On a vu que l'Accord de Charlottetown assure au Québec la certitude de ne jamais avoir moins de 25 % des sièges à la Chambre des communes. Il s'agit là d'une garantie qui est loin d'être négligeable pour l'avenir. En effet, si la population québécoise représente actuellement un peu plus de 25 % de l'ensemble canadien, elle devrait, selon les estimations, bientôt tomber sous ce seuil et continuer de diminuer au cours du XXIe siècle. La Chambre des communes restant le principal lieu d'exercice législatif fédéral, il est important que le Québec y soit protégé contre une diminution de sa représentation.

Cependant, il ne faut pas exagérer la portée de cette garantie. En effet, la remarque faite précédemment pour les sénateurs élus au suffrage direct est évidemment tout aussi valable pour les députés ; ces derniers sont généralement prisonniers de la discipline de parti et votent par conséquent bien plus en fonction des intérêts partisans que de ceux de la province qu'ils représentent. Il suffit de se rappeler de l'attitude des députés libéraux du Québec au moment du «rapatriement» de la Constitution, en 1981-1982 (sauf un, ils ont tous voté en faveur) ou de celle des députés québécois conservateurs cette année, lors de l'adoption de la loi fédérale sur l'environnement (qui empiète sur les compétences provinciales) pour se rendre compte que la présence d'un fort contingent de députés à Ottawa ne constitue pas nécessairement une garantie que le gouvernement fédéral respectera les intérêts du Québec.

La nomination des juges de la Cour suprême

L'accord de Charlottetown comporte certains reculs sur l'Accord du lac Meech en ce qui concerne la nomination des juges de la Cour suprême. En effet, s'il est prévu de constitutionnaliser les dispositions de la *Loi sur la Cour suprême* voulant que trois des neuf juges de la Cour doivent avoir été reçus au Barreau du Québec, c'est-à-dire être des civilistes, on ne prévoit plus, par contre, que le gouvernement québécois pourra présenter la liste à partir de laquelle le gouvernement fédéral devra nommer les juges venant du Québec. Selon l'accord du 28 août, ce sont toutes les provinces et les deux territoires qui présenteront, ensemble, les listes à partir desquelles se feront les nominations.

En outre, contrairement à ce que prévoyait l'Accord du lac Meech, les modifications futures du processus de nomination des juges de la

Cour suprême n'exigeront pas le consentement de toutes les provinces (ce qui aurait donné au Québec un droit de veto), mais seulement l'accord de sept d'entre elles, représentant au moins la moitié de la population. Pour terminer, il faut souligner que Robert Bourassa a laissé tomber une autre revendication traditionnelle du Québec, consistant à exiger pour le gouvernement provincial le pouvoir de nommer les juges de la Cour supérieure provinciale et de la Cour d'appel. Ces juges continueront donc d'être nommés discrétionnairement par le gouvernement fédéral. Or, les juges de la Cour suprême du Canada sont nommés dans neuf cas sur dix parmi les juges de la Cour supérieure ou de la Cour d'appel. On constate donc que le privilège accordé aux gouvernements provinciaux de dresser les listes de candidats ne leur confère pas une très grande latitude.

En conclusion, il faut donc constater qu'avec l'Accord de Charlottetown, non seulement le Québec ne se voit pas reconnaître les nouveaux pouvoirs considérés comme nécessaires à son développement, mais pire encore, il n'obtient pas même toutes les garanties nécessaires pour protéger efficacement sa position minoritaire dans le cadre des institutions fédérales.

Le projet d'entente constitutionnelle du 28 août 1992 et la question linguistique : jouer à qui perd gagne

Josée Legault

JOSÉE LEGAULT enseigne aux départements d'histoire et de science politique de l'Université du Québec à Montréal. Elle est l'auteure de *L'invention d'une minorité. Les Anglo-Québécois* (1992).

«Drôle de Québécois qui défend avec feu les droits "nationaux" des Inuit et des Amérindiens, mais reste si complètement bouché dès qu'on évoque cette nation non moins discutable qui s'appelle le Québec français[1].»

Cette phrase, que l'on doit à un René Lévesque pourfendant Pierre Elliott Trudeau, pourrait tout aussi bien couler de la plume de quiconque aurait parcouru le projet d'entente constitutionnelle du 28 août 1992. En effet, «drôle d'entente», pourrait-on dire d'un texte refusant aux Québécois le titre de «nation» ou de «peuple», lorsque les Autochtones y ont droit en abondance.

Il n'y a ici aucune amertume, jalousie ou «racisme» à faire une observation de ce type, mais plutôt une simple constatation de fait qui en dit long, très long, sur l'évolution récente du Canada, sur l'influence profonde du trudeauisme et sur la place optimale sur laquelle peut compter le Québec dans ce pays. Face au grand rêve, voire au fantasme d'une dualité territoriale pouvant mener, entre autres choses, au contrôle *exclusif* du Québec sur les questions linguistiques et à la consolidation du seul État francophone d'Amérique, la dernière entente oblige à un réveil brutal. *Wake up, and smell the coffee*, comme disent les Américains...

De cette entente, il n'y a point à en douter, le Québec ressortira «trivialisé», «tribalisé» et folklorisé. Pis encore, elle enfermera les Franco-Québécois dans un carcan ethniciste et minoritaire, et engendrera de nombreux conflits avec les Anglo-Québécois et les francophones hors

---

1. René Lévesque. *Attendez que je me rappelle*, Montréal, Québec/Amérique, 1986, p. 490.

du Québec. En fait, c'est tout le projet d'un Québec se voulant une société globale, francophone et pluriethnique que Robert Bourassa a choisi de rejeter. Le geste aura toutefois l'avantage de la clarté : *exit* les concepts de peuple et de souveraineté culturelle.

Cette tribalisation du Québec, à la base de laquelle on retrouve un rapt constitutionnalisé et *consenti* de ce qu'il demeure encore des pouvoirs de l'Assemblée nationale sur les questions de langue, découlera essentiellement de la dynamique engendrée par le nouveau Sénat et la clause Canada.

Le nouveau Sénat

Le nouveau Sénat Triple-E est une aberration pour le Québec. Non seulement les sénateurs dits francophones pourront facilement y être mis en minorité par leurs collègues dits francophones hors du Québec, mais on y réservera également un siège à un sénateur dit anglo-québécois. Voilà un principe «ethniciste» ou «linguistique» irrecevable et inapplicable dans un pays se disant et se voulant moderne et libéral. Les sénateurs seront définis non par la province qu'ils représenteront (principe territorial), mais par le «sang» qui coulera dans leurs veines ou la langue qu'ils parleront (principe ethnique ou linguistique). Les représentants québécois seront irrémédiablement divisés. Les conflits seront nombreux et basés sur les questions de langue et de culture. En ce qui concerne le soi-disant veto québécois, il sera cosmétique puisque *double,* c'est-à-dire soumis à la volonté majoritaire de *tous* les sénateurs.

La remise en question du projet d'un Québec se voulant un peuple englobant toutes ses composantes, nonobstant leurs origines, ne s'arrête pas là. Comment expliquera-t-on aux citoyens québécois dont la langue maternelle n'est ni le français ni l'anglais[2], qu'ils ne pourront jamais représenter leur province au Sénat ? Et dire que c'est le nationalisme québécois que l'on accuse d'être tribaliste et ethniciste ! En effet, après une telle réforme, il deviendra par trop périlleux d'allouer un des *cinq* sièges restant à un sénateur non francophone. En faisant des principes ethniques et linguistiques le mode de représentation privilégié au Sénat, on exclura tout un pan de la population québécoise. Et ce sera l'existence-même d'une double majorité francophone-anglophone – efficace ou non – qui rendra l'«identité linguistique» d'un sénateur décisive. Si

---

2. Prenant en compte l'hypothèse que le Québec réservera un siège à un sénateur anglo-québécois.

le gouvernement de Robert Bourassa tenait absolument à acquiescer à l'abandon de ses prérogatives linguistiques, il aurait pu tout au moins exiger un veto québécois et non francophone. Il aurait pu ainsi éviter la minorisation dont les sénateurs franco-québécois seront éventuellement victimes de la part des sénateurs francophones hors du Québec, de même que l'exclusion des non-francophones du processus de nomination de ses sénateurs.

La clause Canada

Nonobstant ces considérations, le nouveau Sénat risque de sombrer rapidement dans le ridicule et les luttes intergroupes. Non seulement, il reste encore à s'entendre sur ses règles de fonctionnement, mais les doubles majorités hommes/femmes et autochtones/non-autochtones auxquelles l'entente ouvre la porte, ne tiendront pas le coup face à une *Charte canadienne des droits et libertés* interdisant toute discrimination basée sur le sexe et l'origine nationale ou raciale. En fait, seule la discrimination basée sur la langue y est permise, puisque non interdite ! Imaginons un peu l'effet que cela aura, et envisageons la réaction des sénateurs autochtones et des sénatrices qui s'empresseront alors d'exiger l'abolition de la double majorité francophones/anglophones...

Cela étant dit, cette institution ne sera fort probablement qu'un écran de fumée, car ce sera à la Cour suprême que se décideront les «vraies choses» via une nouvelle clause Canada incluant, parmi d'autres caractéristiques fondamentales, la société distincte et la dualité linguistique. Encore une fois, la notion de peuple est évacuée et remplacée par une société distincte définie en termes ethnicistes et linguistiques, puisque les non-francophones n'en font pas partie. Nul besoin ici de faire appel aux versions française et anglaise du texte, lesquelles diffèrent sur la façon de procéder à la nomenclature des éléments constitutifs de cette société. Que l'on utilise ou non le «notamment» en ce qui concerne la «majorité d'expression française», la «culture unique» et la «tradition de droit civil», c'est-à-dire que la définition y soit ou non limitée, la société distincte entrera inévitablement en conflit avec la disposition suivante, soit celle portant sur les minorités de langue officielle.

Cela sera le prix à payer pour cette division sémantique fort importante que la Constitution effectue entre les Québécois de langue française et de langue anglaise. En accordant à ces derniers un statut constitutionnel particulier, et dont le libellé semble de très loin le plus puissant de toute la clause Canada, il est difficile d'entrevoir la survie de la Loi 101.

En effet, il est intéressant de noter que la formule retenue fait appel à «l'engagement (attachement) des *Canadiens* et de leurs *gouvernements* à l'épanouissement et au développement des communautés minoritaires de langue officielle dans tout le pays». Ce libellé est le seul de la clause Canada à faire appel à *tous* les citoyens et gouvernements du Canada. Pendant ce temps, la société distincte n'a droit qu'à la protection de son propre gouvernement, tandis que les autres dispositions (égalité des races, ethnies, sexes, provinces, etc.) bénéficient de l'«attachement» des citoyens canadiens. Cette américanisation de la Constitution, de type *We, the people*, investit les individus d'un rôle qu'ils ne pourront jouer. En fin de compte, seule la responsabilité des législatures pèsera lourd lors des jugements rendus sur toute question liée à la clause Canada.

À ce chapitre, ce sont les minorités anglo-québécoise et francophone hors du Québec qui ont droit à la part royale, puisqu'en principe les nouveaux gouvernements autochtones, de même qu'Ottawa et les législatures provinciales, pourront tous se porter à leur défense. Mais l'important demeure qu'au Québec, les principaux piliers de la Loi 101, soit la langue d'affichage commercial, la francisation des lieux de travail et l'obligation des nouveaux arrivants d'inscrire leurs enfants à l'école française, seront chacun éventuellement (et rapidement) remis en question par des requérants anglophones n'ayant plus qu'à plaider que la Loi 101 constitue un obstacle majeur à leur épanouissement. Dans les faits, la clause Canada sera beaucoup plus qu'un simple outil accessoire soumis au pouvoir discrétionnaire des juges. Elle deviendra l'argument principal invoqué lors des contestations juridiques portant sur la Loi 101.

La langue d'affichage commercial

Lors des contestations précédentes sur les dispositions de la Loi 101 portant sur la langue d'affichage commercial, les requérants ont toujours plaidé la «liberté d'expression» telle que protégée par les chartes canadienne et québécoise. Ils furent bien malheureux, ce jour où le gouvernement Bourassa a choisi, en 1988, de faire appel à la clause dérogatoire de la *Charte canadienne* pour faire adopter la Loi 178, et non pour rétablir l'intégrité d'une Loi 101 beaucoup plus permissive au chapitre de l'affichage. L'important ici est que la «liberté d'expression» (art. 2) incluse dans la *Charte canadienne des droits et libertés* est soumise à la clause dérogatoire (art. 33).

Une fois la nouvelle clause Canada enchâssée, il n'y aura plus nécessité de plaider une «liberté d'expression» aussi précaire. L'engagement à l'épanouissement de la minorité anglo-québécoise suffira sans aucun doute. Rappelons seulement qu'en décembre 1988, la Cour suprême avait déjà statué que les dispositions de la Loi 101 sur la langue d'affichage commercial ne contribuaient en rien à la promotion ou la protection de la langue française au Québec. Avec la clause Canada, s'ajoutera ce que l'on pourrait qualifier d'«obligation de ne pas entraver l'épanouissement de la langue anglaise». Bref, la décision de décembre 1988 risque d'être considérablement renforcée par cette nouvelle considération. D'ailleurs, on peut établir un scénario similaire en ce qui concerne la langue de travail. Non seulement, il deviendra impossible d'étendre les programmes de francisation à des entreprises de moins de 50 employés, mais l'on met ainsi en danger les programmes existants.

L'accès à l'école anglaise

Cette question est relativement plus complexe que la précédente. À l'article 23, la *Charte canadienne* prévoit deux critères d'admission aux écoles anglaises du Québec : a) la langue maternelle des parents, et b) la langue d'instruction des parents. En d'autres termes, si l'un des parents est de langue maternelle anglaise (quelle que soit son origine) *ou* a reçu son instruction primaire en anglais, quelque part au Canada, les enfants peuvent s'inscrire à une école primaire ou secondaire anglaise. Par contre, le Québec n'ayant pas ratifié la nouvelle Constitution de 1982, il fut concédé que le premier critère prévu à l'article 23a. (langue maternelle) n'entrerait en vigueur pour le Québec qu'après autorisation de l'Assemblée nationale (art. 59). En attendant, tout se passe comme si l'article 23a. n'existait pas pour le Québec, et aucun tribunal n'est habilité à lui en imposer l'application[3].

Toutefois, l'article 59 ne protège le Québec que d'une seule chose, soit le libellé *exact* de l'article 23a. (langue maternelle). En invoquant la nouvelle clause Canada, c'est-à-dire en faisant la démonstration que la Loi 101 a provoqué une diminution substantielle des clientèles scolaires anglophones – ce qui est un fait indiscutable – et que cette diminution constitue un obstacle majeur à l'épanouissement de la minorité anglophone, il deviendrait possible de contourner la protection prévue à l'article 59. Les requérants n'auraient alors qu'à plaider en faveur d'une

---

3. L'auteure tient ici à remercier le professeur Michael Mandel, du Osgoode Hall Law School de Toronto, pour ses commentaires utiles.

formule remaniée, dont l'objectif demeurerait l'ouverture des écoles anglaises à des catégories importantes d'immigrants.

Dans l'éventualité où les requérants se montreraient capables de jouer suffisamment avec les chiffres en démontrant que cela ne constituerait qu'une perte négligeable pour le réseau francophone (ou la société distincte), il serait facile à n'importe quel tribunal de statuer en leur faveur.

***

Le nouveau Sénat et la clause Canada résultent d'une combinaison dangereuse et contre-nature du trudeauisme et d'un ethnicisme hérité d'une époque révolue. Ce sera toutefois cette combinaison qui risque, *à très court terme*, d'avoir raison de la vision que nous nous faisions du Québec depuis la Révolution tranquille. En évacuant, la notion de «peuple» ou de «nation», et en y substituant une vision ethniciste, le projet d'une société québécoise globale faisant appel à un concept de citoyenneté et d'appartenance *inclusif* sera mis en veilleuse.

Plus grave encore est le fait qu'en acceptant l'enchâssement d'une myriade de droits collectifs contradictoires et conflictuels, le gouvernement québécois abandonnerait à des institutions fédérales qu'il ne contrôle pas, le pouvoir politique décisionnel *final* sur toutes questions relatives à la langue et à la culture[4] ! Car il ne faut surtout pas oublier que cette méga-clause interprétative qu'est la clause Canada, se retrouverait dans le corps de la Constitution canadienne. Ce que la *Charte des droits* de Pierre Elliott Trudeau n'aura pu faire, la nouvelle clause Canada le fera à sa place.

Ce faisant, le fragile équilibre linguistique dans la grande région montréalaise serait directement menacé. L'effet combiné de l'exode des francophones de Montréal (sujet tabou s'il en est un), et de l'anglicisation des immigrants n'en sera que décuplé. Une fois la Loi 101 vidée de son sens et de sa force déjà toute relative, les immigrants s'angliciseront de plus en plus dans une ville où les francophones seront de moins en moins nombreux et où l'anglais redeviendra la *lingua franca*. Il ne faut pas oublier non plus que le Québec n'obtiendra toujours pas les pouvoirs exclusifs en matière d'immigration. Bref, aucun contrôle réel et final en matières linguistique, culturelle et d'immigration. Voilà pourquoi le projet d'entente constitutionnelle, s'il est enchâssé, assènera un coup fatal à

---

4. Il reste encore à la Cour suprême de statuer sur la définition du mot «culture», cette définition ne se retrouvant nulle part dans le projet d'entente.

ce qui reste du caractère français de Montréal, lequel est déjà fort précaire. Et c'est justement à cause de cette précarité que le projet d'entente fera son travail rapidement et efficacement.

Dans une logique fédéraliste, la seule solution acceptable pour le Québec en ce qui concerne les minorités de langue officielle, demeure encore des «accords de réciprocité» accompagnés d'une compétence provinciale exclusive en matière de langue, de culture et d'immigration. René Lévesque avait fort bien compris le génie que recèle une telle option. Ayant l'avantage de ne pas investir des institutions fédérales de pouvoirs qui sont essentiels pour les provinces, la solution Lévesque visait également à responsabiliser les provinces canadiennes-anglaises quant au traitement des communautés franco-canadiennes.

En évitant le piège d'une médiation dangereuse d'Ottawa, une telle solution aurait coupé l'herbe sous le pied de Trudeau et aurait neutralisé sa stratégie consistant à ériger le gouvernement fédéral en fiduciaire des francophones et anglophones minoritaires. Si les provinces canadiennes-anglaises avaient su mettre de côté leur francophobie, ce «diviser pour régner» de Pierre Trudeau n'aurait tout simplement pas pu fonctionner.

Le projet d'entente du 28 août 1992 est à des années-lumières de la vision de René Lévesque, laquelle était basée sur la prémisse voulant que les «peuples» québécois, canadiens-anglais et même autochtones[5] soient beaucoup plus qu'une simple vue de l'esprit. Cette fois-ci, Robert Bourassa a acquiescé à une vision idéologique, politique et philosophique bâtarde s'inscrivant à l'antithèse de ce qu'est devenu le Québec. En acceptant les offres fédérales du 28 août, le Premier Ministre nous signale clairement qu'à ses yeux seuls les Autochtones du Canada forment de véritables nations et qu'il n'existe pas de peuple québécois dont tous les citoyens sont parties prenantes et dont le français doit constituer la langue commune.

---

5. Le gouvernement Lévesque fut le premier gouvernement au Canada à reconnaître les Autochtones en tant que nations.

La Cour suprême
et le nouvel ordre juridique canadien
Daniel Latouche

DANIEL LATOUCHE est professeur titulaire à l'Institut national de la recherche scientifique. De 1970 à 1987, il a enseigné à l'Université McGill. Il a été conseiller constitutionnel auprès du Premier Ministre du Québec de 1978 à 1980. Il est l'auteur et le co-auteur de plusieurs ouvrages, dont *Allaire, Bélanger, Campeau et les autres* (1991) et *Le virage* (1992).

Au chapitre du partage des pouvoirs, comme à plusieurs autres, un document constitutionnel ne saurait tout prévoir. Tenter d'y arriver ne ferait qu'empirer la situation. Les conflits sont inévitables. Ils sont même souhaitables car ces différences d'opinion, et surtout leur résolution, non seulement poussent le jeu démocratique à donner sa pleine mesure mais de plus elles font avancer les choses en permettant au droit constitutionnel de s'adapter à une réalité changeante.

C'est ici qu'intervient le système juridique dont l'une des fonctions est non seulement d'arbitrer ces conflits, mais de permettre à l'ensemble des acteurs du processus politique, les gouvernements, les groupes et les individus, de coexister pacifiquement tout en s'assurant qu'on ne cesse d'améliorer les règles et les mécanismes qui gouvernent la vie collective.

Voyons ce que l'Accord d'Harrington-Charlottetown dit à ce sujet. Comme cet accord ne concerne plus exclusivement la place du Québec dans le régime fédéral, une telle évaluation doit dépasser la seule perspective québécoise. On doit s'attendre à ce que d'autres considérations que les simples préoccupations québécoises soient reflétées dans le texte.

Les tribunaux et le système judiciaire au Canada

Contrairement à une image fort répandue et à une certaine obsession pour les «tours», celles qui penchent toujours du même côté et les autres, la Cour suprême n'est pas le seul tribunal qui intervient en matière constitutionnelle. Le droit et la jurisprudence sont élaborés au jour le jour grâce à des centaines de décisions dont seul un nombre restreint sont le produit du plus haut tribunal du pays. Il faut certes accorder une grande importance à ce que les propositions du 28 août disent au chapitre de la Cour suprême, mais il faut aussi regarder l'ensemble de l'appareil judiciaire.

Depuis longtemps, le Québec demande que l'on fasse le ménage dans les institutions judiciaires du pays afin de mettre un terme aux dédoublements, aux contradictions et aux incongruités. De plus, le Québec a connu au chapitre des tribunaux spécialisés une certaine effervescence au cours des dernières années, effervescence qu'il aurait bien voulu voir reconnaître dans la Constitution du pays. Finalement, l'importance qu'a prise au Québec la notion de droits collectifs – et les contestations qu'a connues cette notion – a conduit plusieurs juristes à demander que le système judiciaire québécois acquiert non seulement une plus grande autonomie et une plus grande cohérence, mais qu'il puisse s'appuyer sur un document constitutionnel propre au Québec, ce qui confirmerait la souveraineté juridique du Québec, du moins dans les sphères de sa compétence.

Que retrouve-t-on à ce sujet dans l'accord du 28 août ? Rien. Les offres fédérales passent complètement sous silence le système judiciaire canadien pour se concentrer uniquement sur la Cour suprême. Il est simplement fait état en appendice que la question de la nomination des juges a été discutée, mais qu'on a décidé de ne pas «en poursuivre l'étude». Pourtant, il s'agit là non seulement d'une demande traditionnelle du Québec, mais d'une situation que Gil Rémillard a par le passé qualifiée «d'embarrassante». En effet, c'est Ottawa qui continue de nommer les juges des tribunaux les plus importants.

On aurait pu s'attendre tout au moins à ce que cette question fasse l'objet d'un accord politique au même titre que les forêts. Après tout, la question de la nomination des juges n'est pas d'une grande complexité et n'implique aucun régime de compensation financière.

La souveraineté juridique du Québec

Au moment des négociations constitutionnelles de 1978-1979, Ottawa et Québec étaient tombés d'accord sur l'utilité de «québéciser» les questions relatives au mariage, au divorce et aux faillites personnelles. La négociation avait pris dix minutes et seul le contexte politique de l'époque avait empêché que l'on procède au moins à cet amendement.

Ces questions sont souvent revenues à l'avant-scène depuis et bon nombre de comités les ont montrées du doigt comme étant précisément le genre de compétences susceptibles d'être «retournées» aux provinces.

On constate maintenant que l'unanimité n'existe plus et ces trois sujets se retrouvent dans les limbes constitutionnelles, c'est-à-dire dans ce groupe de questions qui «ont été discutées», mais dont on a décidé «de ne pas poursuivre l'étude». Qu'est-ce qui a bien pu se produire pour que des questions en apparence non controversées et sur lesquelles Ottawa et Québec, Pierre Trudeau et René Lévesque se sont toujours entendus disparaissent ainsi du tableau.

Si on suppose que Québec a continué de demander ces pouvoirs – ce qui n'est pas du tout certain – et que Québec et Ottawa avaient tout intérêt à gonfler le nombre de domaines législatifs sur lesquels il y avait entente de dévolution en faveur du Québec, alors on comprend mal pourquoi le divorce et le mariage n'auraient pas été inclus dans la liste s'il y avait eu accord à leur sujet.

C'est donc que d'autres provinces ou que les Autochtones ont émis des réserves assez sérieuses pour que ces questions soient exclues de l'entente. Cette opposition et le fait que le front commun Québec-Ottawa n'ait pas réussi à la surmonter sont révélateurs de la position d'extrême faiblesse dans laquelle Québec s'est retrouvé lors de ces ultimes séances de négociation.

Mais peu importe les raisons, les résultats sont là. Au chapitre de l'autonomie et du développement de son système juridique, Québec n'a rien obtenu. Il a même perdu passablement de points par rapport à ce qu'il avait acquis depuis Meech.

De fait, cette interprétation est à ce point impensable et déprimante qu'il faut envisager une autre explication. Une entente de principe serait effectivement intervenue et elle inclurait les pêches intérieures, un autre «pouvoir» qu'Ottawa est prêt depuis longtemps à laisser aller aux provinces. On a simplement choisi de le garder en réserve pour une autre ronde de négociations. Dans un tel cas, trois nouvelles ententes permettraient de démontrer que le processus de négociation est bien engagé et que les sceptiques n'ont qu'à se rhabiller.

La Cour suprême

Reste la Cour suprême comme telle. Depuis 30 ans, les juristes, les spécialistes et même les partis politiques ont dépensé beaucoup d'énergie et fait preuve de passablement d'imagination pour remodeler la Cour suprême afin d'en faire une institution plus efficace et surtout plus légitime. L'objectif est d'en finir une fois pour toutes avec ces allusions à un passé qui penche. Ce remodelage est d'autant plus important que la complexité et l'imprécision volontaire des changements que l'on veut apporter à la Constitution vont requérir énormément de doigté et de compétence juridique. Sur ce point, tout le monde est d'accord.

Or que disent les propositions du 28 août ? Pas grand chose et beaucoup de choses à la fois. L'article 17 indique d'abord que la Constitution devrait faire mention de la Cour suprême qui serait ainsi reconnue comme la « cour générale d'appel du pays ». En apparence, il n'y a là rien de bien surprenant. Mais cela veut aussi dire qu'on abandonne définitivement toute idée de se donner un tribunal constitutionnel spécialisé. L'article suivant prévoit que la Cour sera composée de neuf membres, dont trois devront être inscrits au Barreau du Québec et donc être familiers avec le droit civil. Cela reprend la proposition de Meech, mais il s'agit d'une proposition inférieure à celle du premier ministre Trudeau en 1978 (4 sur 11) et à la suggestion du rapport Pepin-Robarts (5 sur 11).

Le chiffre de trois sur neuf est intéressant à plus d'un titre. Tout d'abord, il officialise définitivement le statut du Québec comme minorité juridique et il cantonne notre différence au Code civil, code civil qui est lui-même de moins en moins différent de la *Common law*. Ensuite, il confirme de nouveau le besoin de protection des Québécois tout en reconnaissant que les juges canadiens de la Cour sont soit incapables de comprendre les causes impliquant le droit civil, soit animés de mauvaises intentions à l'égard de l'autre tradition juridique.

Le caractère ethnique et tribaliste de cette clause surprend, surtout qu'elle s'applique à la justice et au droit. Il est cependant tout à fait conforme à la tendance ethniciste de l'ensemble du document et aux mentions qu'on y retrouve du Québec. Est-ce un effet du hasard, mais chacune des trois présences du Québec dans ce document est associée tantôt à des caractéristiques ethniques (une société distincte par sa langue, sa culture et son Code civil), tantôt à des quotas (de députés ou de juges). Rarement une Constitution n'aura-t-elle compris autant de béquilles.

Vient ensuite un article, que l'on trouvait aussi dans Meech, prévoyant que le gouvernement fédéral nommera les juges à partir de listes soumises par les provinces et les territoires. Contrairement à ce qu'on laisse souvent entendre, rien n'assure que les juges de tradition civiliste, ceux qu'on appelle à tort les « juges du Québec » seront nommés à partir de listes soumises par le gouvernement du Québec. En effet, si le gouvernement fédéral est insatisfait du choix que lui propose le gouvernement du Québec, rien ne l'empêche de nommer des juges dont le nom se trouvera sur une liste soumise par l'Ontario ou l'Île-du-Prince-Édouard. Il s'agit pour l'instant d'un recul crucial par rapport à Meech qui au moins précisait que c'est le gouvernement du Québec qui présentait sa liste de noms au gouvernement fédéral. Il semble qu'Ottawa et les autres provinces ont été convaincus par les arguments du professeur Stephen Scott, celui-là même qui a suggéré que l'aviation canadienne pilonne les barrages d'Hydro-Québec, et qui, en des temps moins militaires, avait proposé d'abolir cette clause puisqu'elle donnait un avantage indu au Québec (dans *L'adhésion du Québec à l'Accord du Lac Meech*, Montréal, Éditions Thémis, 1988).

De plus, le gouvernement fédéral se réserve cette fois le droit de nommer des juges intérimaires s'il n'apprécie pas les noms qui lui sont soumis par les provinces. Or il n'y a rien de plus permanent que de telles nominations. De toute évidence, le gouvernement fédéral a voulu se prémunir contre un éventuel gouvernement du Parti québécois, ou contre tout autre gouvernement provincial qu'il jugerait inacceptable, en annonçant à l'avance qu'il ne nommera pas des juges trop favorables aux droits des provinces. Richard Nixon et Ronald Reagan auraient bien aimé cette disposition.

Il est un autre changement important par rapport à Meech et qui n'a guère retenu l'attention des spécialistes, c'est celui des modifications éventuelles à la Cour suprême. L'entente de 1987 exigeait le consentement unanime des provinces pour que l'on modifie les dispositions relatives à la Cour suprême. C'était aussi le cas pour le statut monarchique du Canada, les pouvoirs du Sénat, le principe de la représentation proportionnelle, etc. Cette disposition est là depuis 1982. Ce ne sera plus entièrement le cas pour la Cour suprême.

Assez curieusement, il n'est pas fait mention spécifiquement de cette disposition au premier paragraphe de l'article 57, celui qui précise les conditions par lesquelles il sera possible dans l'avenir de modifier les institutions dites « nationales ». Le Sénat et la Chambre des communes sont encore du nombre et un nouvel article prévoit les conditions de création de nouvelles provinces, mais pas un mot sur la Cour suprême. Est-ce un simple oubli ? Est-ce le signal que la Cour suprême n'est plus une institution « nationale » et qu'on pourra la modifier à sa guise ?

La réponse se trouve au deuxième paragraphe de cet article où l'on apprend que pour ce qui est du processus de nomination des juges, l'unanimité ne sera plus requise. Elle continuera cependant de l'être pour ce qui est de l'enchâssement, de la vocation et de la composition de la Cour. Ainsi donc le Québec pourra accepter toute proposition de changement quant à « son » nombre de juges. Il n'est cependant pas question de veto pour ce qui est du processus de consultation des provinces. De toute évidence, on nous informe que d'autres changements s'en viennent en ce qui concerne la Cour suprême, changements qui pourraient se faire sans le consentement du Québec.

L'article suivant apporte aussi un autre élément de réponse. Cet article 20 annonce qu'il y aura un accord politique précisant la place des Autochtones dans le fonctionnement de la Cour suprême. Comme dans le cas de toutes les références à ces fameux accords politiques, on ne nous dit pas si un accord a été effectivement conclu et est gardé secret, ou s'il reste à négocier. On nous annonce cependant qu'éventuellement on discutera de la possibilité de donner aux Autochtones une représentation à la Cour suprême ou même que la Cour suprême des Autochtones, le Conseil des Aînés, soit associée aux délibérations de l'autre Cour suprême, celle des deux autres ordres de gouvernement. En attendant, les provinces devront consulter et vraisemblablement inclure des Autochtones sur leurs listes de noms soumises au gouvernement fédéral qui continue aussi de se réserver le droit de nommer directement des Autochtones à la Cour suprême après consultation des peuples autochtones.

Ces portes ouvertes sur d'éventuelles modifications à la Cour sont fort intéressantes. À moins d'être accompagnée d'une augmentation du nombre de juges de tradition civiliste, toute nomination additionnelle à la Cour suprême, d'un ou de plusieurs juges autochtones, ne pourra se faire qu'en entraînant une réduction du pourcentage de juges civilistes. S'il est un plancher qui risque de sauter rapidement, c'est bien celui des trois juges sur neuf. Trois juges sur douze serait un pourcentage plus réaliste et certainement conforme au pourcentage magique de 25 % qui est celui de la représentation assurée du Québec à la Chambre des communes. Peut-être choisira-t-on de forcer les provinces à inclure au moins un Autochtone sur leur liste de candidats et on comprend maintenant pourquoi Ottawa s'est réservé le dernier mot en matière de nomination, entre autres par le mécanisme des juges temporaires. Il veut pouvoir nommer des représentants autochtones à la Cour suprême.

Il n'y a rien à redire à cette arrivée des Autochtones au sommet de la hiérarchie judiciaire du pays. Dans la mesure où on les reconnaît comme un des trois ordres de gouvernement, il est normal et même essentiel qu'on les retrouve partout dans les institutions du pays. Il en découle de cette reconnaissance qu'il est impératif que l'on refasse au pays un visage institutionnel qui tienne compte de cette réalité. Le contraire frôlerait l'indécence.

Cette « arrivée » en masse des Autochtones appelle cependant quelques réflexions non pas sur l'à-propos d'une telle reconnaissance juridique, mais sur ce qu'elle nous apprend du régime politique canadien.

Notons tout d'abord que ce chambardement prouve hors de tout doute qu'il est possible et même relativement facile de faire un grand ménage dans les institutions politiques canadiennes. Il aura suffi de quelques jours pour créer un troisième ordre de gouvernement au Canada. Ce n'est pas rien. Quand on pense aux difficultés qui sont sans cesse évoquées lorsque vient le temps de demander que l'on refasse ces institutions pour refléter la présence du Québec, il y a de quoi sourire.

Deuxièmement, les gains faits par les Autochtones au chapitre de la Cour suprême, des gains sur lesquels leurs demandes n'étaient pas à ce point insistantes, correspondent à peu près aux espoirs que le Québec a toujours eus pour lui-même à ce chapitre. Dorénavant sur le plan juridique, il sera relativement facile de répondre à la question *What does Québec want ? What the Natives got* ! À ce sujet, l'un des exercices les plus révélateurs consiste à relire les propositions fédérales en lisant le mot Québec à chaque fois qu'on y trouve celui de peuples aborigènes.

Finalement, on doit se poser des questions sur certains emprunts à l'apartheid judiciaire que l'on retrouve, en germe tout au moins, dans ces articles sur la Cour suprême et dans plusieurs autres disséminés ici et là dans l'accord du 28 août. L'idée de reconnaître officiellement la Cour des Aînés autochtone comme un tribunal suprême fonctionnant en parallèle et ayant le droit d'être consulté par la Cour suprême des Blancs a des relents de paternalisme et de *separate but equal* et crée un malaise certain.

Sans un non, c'est le déclin du Québec

Pierre-Paul Proulx[1]

PIERRE-PAUL PROULX est professeur titulaire au Département de sciences économiques de l'Université de Montréal. Il préside l'Institut des villes internationales et est l'auteur de nombreux ouvrages et articles, notamment sur le libre-échange nord-américain.

Un certain nombre de principes de base et d'attentes sous-tendent notre réaction au *Rapport du consensus sur la Constitution* du 28 août 1992 à Charlottetown. Les voici présentés en guise de question.

– La stabilité politique et la sécurité culturelle, essentielles au développement du Québec, sont-elles assurées si l'on accepte de négocier sur la base de l'entente de Charlottetown du 28 août 1992 ? **NON.**

– La prospérité de l'économie du Québec et son dynamisme dans l'économie nord-américaine sont-ils assurés si l'on accepte de négocier sur la base de l'entente de Charlottetown du 28 août 1992 ? **NON.**

– Négocier sur la base de cette entente va-t-il contribuer à enrayer le dédoublement inutile des programmes gouvernementaux et permettre au secteur public de contribuer pleinement et efficacement au développement du Québec ? **NON.**

Nous prétendons, au contraire, qu'accepter ce Rapport, dont un tiers environ reste à négocier, nous promet non pas la fin des discussions constitutionnelles, comme bon nombre le souhaiteraient, mais un contexte durant lequel les énergies de beaucoup de Québécois et Québécoises seront occupées à poursuivre la discussion du partage des compétences entre les gouvernements du Québec et du Canada. On ne peut accepter de perdre encore notre temps à tergiverser surtout dans les années de mondialisation, d'intégration économique et de concurrence féroce qui nous attendent.

Les débats constitutionnels interminables des dernières années ont fait ressortir l'existence de *deux conceptions de la Constitution cana-*

---

1. L'auteur remercie Marie-Josée Labelle, assistante de recherche, pour sa collaboration.

dienne, comme le souligne d'ailleurs Simeon[2]. Une des questions fondamentales où se manifestent ces deux visions concerne l'aménagement constitutionnel visant à refléter et représenter les relations entre les francophones et les anglophones. Ainsi, il y a l'approche qui reconnaît le Québec comme société distincte majoritairement francophone contenant un réseau d'institutions à caractère économique et social spécifiques à l'intérieur duquel cette majorité peut se réaliser. La Constitution, selon ce modèle, doit refléter le partenariat entre deux groupes linguistiques. L'autre approche, de plus en plus rejetée au Québec, consiste à dire que les francophones sont autant représentés au niveau fédéral qu'au niveau provincial. Cette approche est accompagnée de l'importance donnée à la *Charte des droits et libertés*, c'est-à-dire aux droits individuels. Il n'y a aucun doute que la proposition de Charlottetown s'inspire largement de la deuxième approche d'où l'importance de dire **NON** aux propositions fédérales. On le voit bien, notamment, dans la disposition faisant état de « l'attachement des Canadiens et de leurs gouvernements à l'épanouissement et au développement des communautés minoritaires... »[3], noyant la notion de société distincte (droits collectifs) dans une clause Canada qui sera interprétée avec un souci particulier pour les minorités, dont la « minorité » anglophone au Québec.

Un deuxième aspect fondamental qui suscite et alimente le débat sur la nature du fédéralisme canadien se trouve dans les deux conceptions suivantes : une, centralisatrice, c'est-à-dire la primauté du fédéral sur les gouvernements provinciaux ; l'autre, qu'on pourrait appeler une vision du bas vers le haut qui donne aux provinces un rôle égal et aussi important que celui du gouvernement fédéral. La première vision, centralisatrice, domine fortement les propositions constitutionnelles de Charlottetown. Cette vision, le Québec lui a dit **NON** depuis 30 ans, pourquoi y acquiescer aujourd'hui ? En effet, la mondialisation et l'intégration économique qu'imposent les changements technologiques, les nouvelles stratégies industrielles et les accords bilatéraux, régionaux et multilatéraux poussent vert le haut, c'est-à-dire au niveau international certains pouvoirs et simultanément poussent vers le bas d'autres pouvoirs, entre autres, à la lumière du principe de subsidiarité d'où de nouveaux rôles pour les gouvernements locaux et régionaux. L'esprit de l'entente de Charlottetown reflète surtout l'approche vers le haut d'où :

---

2. Richard Simeon, "Meech Lake and Shifting Conceptions of Canadian Federalism", *Canadian Public Policy*, supplément, n° XIV, septembre 1988, p. 8-24.
3. *Rapport du consensus sur la Constitution*, article 1 d).

centralisation à Ottawa, déconcentration et non décentralisation de pouvoirs, et négociation perpétuelle. **NON** ce n'est pas acceptable.

Il aurait été préférable de faire un diagnostic plus complet des effets de l'intégration économique. Cette réflexion aurait donné lieu à un partage des compétences permettant un ensemble canadien plus fort parce qu'assis sur le dynamisme de chacune des régions. Il n'est pas indiqué pour le Québec de négocier dans ce cadre dépassé et simpliste du monde moderne.

Il existe dans le Rapport nombre de points qui demeurent inacceptables et dont la portée n'a visiblement pas été correctement évaluée dans le contexte économique de mondialisation et de localisation évoqué ci-haut. Voyons pourquoi il faut dire **NON**.

Dans un premier temps, la clause Canada (article 1 du Rapport) définit de façon réductionniste la société distincte étant donné l'interdépendance inévitable entre langue, culture francophone et développement économique. Il aurait été désirable qu'on accepte pour la société québécoise, la définition proposée pour les Autochtones où l'on fait état, notamment, «de préserver leurs langues, leurs cultures, leurs économies, leurs identités, leurs institutions et leurs traditions» (article 41 a) du Rapport).

D'autre part, un des aspects les plus inquiétants concerne les inégalités économiques et le développement régional que l'on traite dans les articles 36 et 121 de la *Loi constitutionnelle*. En effet, nul besoin d'être économiste pour comprendre que la mobilité des biens, services, capitaux et de l'information, réalité qu'on ne peut qu'accepter dans le monde d'aujourd'hui et de demain, a comme conséquence de réduire les inégalités économiques (entre autres par le déplacement des populations pour les possibilités d'emploi, mécanisme plus acceptable aux anglophones qu'aux francophones). Ce n'est cependant pas la fin de l'histoire car, à l'inverse, la mobilité peut augmenter les disparités régionales car certaines villes et régions partent gagnantes étant donné leurs ressources. Nos travaux indiquent que l'effet net de l'article sur la mobilité sera *d'augmenter les inégalités* dans l'ensemble du Canada. Cela confirme *un rôle grandissant au gouvernement fédéral* lequel, selon l'article 36 de la Loi de 1982 que l'on veut renforcer dans les propositions, doit «promouvoir l'égalité des chances et le développement économique dans tout le pays». Nous voilà donc partis vers un rôle grandissant du gouvernement fédéral dans le développement régional. Notons, cependant, que faire du développement régional, c'est s'occuper d'éducation, de formation, de recherche et développement, d'infrastructures, etc., via la voie fiscale ou les subventions visant divers dossiers tels les forêts, les mines, le tourisme, les affaires municipales, etc. En somme, accepter de négocier à partir des propositions qui préparent un rôle des plus important au gouvernement fédéral, *c'est défaire le partage des compétences qu'on prétend élaborer dans les propositions.* En effet, au nom du développement régional, le gouvernement fédéral s'ouvre une porte pour s'ingérer dans nombre de domaines de compétence provinciale. **NON** merci.

Et ce n'est pas tout. Concernant les futurs accords politiques nombreux qui encadreraient les interminables négociations sur le développement régional, on propose aux premiers ministres, par exemple, de négocier des principes selon lesquels le Québec serait habilité à œuvrer afin de réduire les disparités sur son territoire et au sein de celui-ci *exclusivement.* Cet article repose sur une vision dépassée du développement régional car la réalité nécessite que l'on favorise la mise en place de réseaux impliquant des entreprises et des gouvernements de l'extérieur pour voir au développement de chaque région du pays. L'intégration économique oblige les acteurs économiques à œuvrer sur les plans interprovincial et international afin de développer leur région. Et cela serait mieux fait via Ottawa ? **NON.**

Toujours à l'article 5 des propositions, on aborde la délicate question de la péréquation. En effet, si le projet constitutionnel ne reflétait pas la vision dépassée évoquée plus haut, il serait opportun de proposer des améliorations quant à cette disposition. Il serait vraisemblablement avantageux de tenir compte des disparités dans les coûts interrégionaux afin que le gouvernement du Canada réalise le souhait «d'assurer les services publics à des niveaux de qualité et *de fiscalité sensiblement comparables*» (article 5 du Rapport, paragraphe 36 (2) de la Loi de 1982). Certains travaux récents indiquent que la répartition interprovinciale des paiements de péréquation serait différente selon cette approche.

Autre sujet épineux : le pouvoir fédéral de dépenser. Il faut bien comprendre qu'accepter ces offres c'est reconnaître *pour la première fois le pouvoir fédéral de dépenser* dans des champs de compétence provinciale exclusive. De plus, il suffit d'examiner l'article 28 du récent Rapport concernant la création d'emplois pour comprendre que le gouvernement fédéral se donne une autre porte ouverte pour œuvrer dans nombre de domaines de compétence provinciale.

Comment va-t-on s'assurer que le pouvoir de dépenser ne «fausse pas les priorités provinciales» tel qu'énoncé à l'article 25 c) du Rapport alors que l'on sait très bien que le gouvernement fédéral, en mettant de l'avant des programmes, crée une demande qui dure après qu'il se soit retiré.

En ce qui concerne l'immigration, la question est de savoir comment on peut avoir une politique des ressources humaines cohérente et intégrée portant sur la natalité, la formation, la mobilité, etc., en acceptant de négocier périodiquement les dossiers de l'immigration avec le gouvernement. De plus en plus, et partout au Québec, on favorise et demande la décentralisation dans plusieurs domaines de la politique des ressources humaines dont le perfectionnement de la main-d'œuvre. Veut-on alors, comme la proposition 28 du Rapport le laisse entendre, une troisième présence dans ce domaine via l'assurance-chômage ? Et comment concevoir un régime efficace de soutien et de sécurité du revenu qui, par surcroît, doit être intégré au régime fiscal provincial, si on laisse une bonne part de son financement aux décisions changeantes du gouvernement fédéral concernant l'assurance-chômage ? Toujours pour la main-d'œuvre, lorsqu'au paragraphe 2 de l'article 28 du Rapport on propose que «les assemblées législatives provinciales devraient pouvoir *limiter* les dépenses fédérales», cela démontre encore une vision des choses qui n'est pas très fonctionnelle. Ne serait-il pas mieux de *moduler, d'adapter* au lieu de bêtement *limiter* les dépenses publiques dans divers domaines. On aura de la misère à coordonner la main gauche avec la main droite si on négocie sur la base de ces propositions. De plus, l'expression faisant référence à des «ententes intergouvernementales *justiciables*» (toujours à la proposition 28 du Rapport) reflète le modèle américain qui utilise davantage la voie judiciaire que la voie politique.

Pour ce qui est de la *culture*, on limite encore la compétence de la province *exclusivement* à son territoire. Encore une fois **NON** à cette vieille vision car encore il faut fonctionner en réseaux internes et externes afin de promouvoir la culture au Québec.

En lisant l'article 14 des propositions concernant les institutions on se demande comment on va mettre en application la répartition des questions selon qu'elles touchent ou non de «façon importante à la langue ou à la culture française», alors que la culture et le développement économique sont si intimement reliés. Il y a nombre de mesures économiques qui ont une incidence linguistique et culturelle directe. On n'a qu'à penser, par exemple, au niveau de collaboration patronale et syndicale élevée, que l'on observe au Québec, phénomène que l'on ne peut dissocier de la culture.

On constate, à la lecture de la section VI, des propositions qui restent à négocier. Il est surprenant de trouver dans cette liste de sujets à négocier le mariage et le divorce, domaines que le Québec veut rapatrier depuis longtemps. Bien plus inquiétant est la présence dans les sujets à négocier, l'article 92 a) sur l'exportation de ressources naturelles, pourtant si chère à notre Premier Ministre actuel. Il nous apparaît inacceptable de remettre à plus tard les dossiers mariage et divorce, exportation de ressources naturelles et en plus, la mise en œuvre de traités internationaux, domaines si importants pour le développement économique du Québec. Le Québec va-t-il pouvoir œuvrer véritablement dans la sphère du développement international ou en resterons-nous aux «affaires internationales» ? S'agit-il d'une question peu importante que nos négociateurs actuels ont eu raison de remettre aux calendes grecques ou entre les mains de la Cour suprême du Canada ? **NON.**

Enfin, pour un ensemble de raisons qui portent davantage sur l'anémie de notre économie que sur le débat constitutionnel, le réflexe de plusieurs est d'accepter ces offres. Mais il va falloir beaucoup d'énergie pour les rendre acceptables. Accepter ces propositions, c'est se retrouver, de toute façon, devant de longues et interminables discussions. Doit-on accepter de se mettre à table pour s'attarder au trou de la serrure et à la couleur de la porte alors que la charpente de l'ensemble de la Constitution (élément non négociable à l'avenir) s'édifie selon un modèle que le Québec a toujours rejeté ?

Le texte définitif, dans son architecture fondamentale, ne correspond pas aux attentes du Québec et ne reflète pas bien le nouveau contexte de développement économique dans lequel les acteurs économiques vont maintenant évoluer. Si nous avons le développement du Québec à cœur, nous ne pouvons alors en rester à l'incohérence et au manque flagrant de clarté que nous lègue ce projet d'entente. Dans la partie peut-être la plus importante du siècle qui s'engage, il est inacceptable que l'entraîneur en chef (Ottawa) et l'entraîneur adjoint (Québec) ne s'entendent même pas sur les règles du jeu face à une concurrence qui s'annonce féroce. **NON** au déclin du Québec, **NON** à ces propositions.

L'Accord d'Ottawa-Charlottetown et la réconciliation des aspirations nationales au Canada

Guy Laforest

> **GUY LAFOREST** est professeur agrégé au Département de science politique de l'Université Laval. Il a publié de nombreux ouvrages, dont *Le Québec et la restructuration du Canada* (1991) et *Trudeau et la fin d'un rêve canadien* (1992).

Le talon d'Achille du système politique canadien, particulièrement depuis sa métamorphose de 1982, tient à son incapacité ou à son refus de faire une place significative aux conceptions québécoises du fédéralisme, à la façon dont une bonne majorité de Québécois se définissent eux-mêmes en tant que peuple ; en définitive, les institutions du Canada ferment les yeux devant les aspirations nationales de la société distincte québécoise. L'entente d'Ottawa-Charlottetown, à laquelle Robert Bourassa et le gouvernement du Québec ont donné leur consentement, reste prisonnière de ce problème fondamental. Telle est la thèse que j'entends développer.

Rien n'illustre mieux le blocage canadien devant le fait national québécois que l'article 28 du *Rapport du consensus sur la Constitution,* le texte «définitif» (dans l'attente des documents juridiques) de l'entente d'Ottawa-Charlottetown. L'article 28 stipule que la formation et le perfectionnement de la main-d'œuvre devraient être reconnus à l'article 92 de la Constitution comme une sphère de compétence provinciale exclusive. Pourtant, quelques paragraphes plus bas, on trouve des phrases qui en disent long sur le véritable sens de ce que l'on appelle communément la ronde du Canada :

> Il conviendrait d'inclure dans une disposition constitutionnelle prévoyant que le gouvernement fédéral continuera à jouer un rôle dans l'établissement d'objectifs nationaux pour les aspects nationaux du perfectionnement de la main-d'œuvre. On établirait les objectifs nationaux en matière de main-d'œuvre au moyen d'un processus qui pourrait être énoncé dans la Constitution, y compris l'obligation d'en saisir le

Parlement pour qu'il en débatte. Les facteurs à prendre en compte dans l'établissement des objectifs nationaux pourraient englober des points comme la situation économique du pays, les besoins du marché du travail national, les tendances internationales dans le domaine de la main-d'œuvre et l'évolution de la situation économique internationale[1].

Ces références à l'identité nationale canadienne, aux normes, caractéristiques, objectifs et standards «nationaux» du Canada, sont omniprésentes dans les propositions fédérales de renouvellement du fédéralisme et dans les documents issus des négociations constitutionnelles multilatérales depuis l'automne 1991. Il fut un temps dans notre histoire où les représentants et négociateurs québécois auraient exigé, et obtenu, que l'on substitue le mot «fédéral» au mot «national» chaque fois qu'il est question de la nature et des institutions du Canada. On se rappellera que les choses se passèrent exactement de cette façon lors du congrès de fondation du Nouveau parti démocratique en 1961, à l'orée de la Révolution tranquille. Le regretté sénateur Eugene Forsey, partisan lucide de l'intégration nationale canadienne, s'en formalisa au point de quitter le parti pour se rapprocher quelques années plus tard de Pierre Elliott Trudeau. S'il était encore parmi nous, le sénateur Forsey aurait accueilli avec joie l'acceptation, par Robert Bourassa et Gil Rémillard, de la symbolique d'une seule et unique communauté nationale canadienne.

Pourtant, le consensus québécois de l'après-lac Meech, représenté par les rapports Allaire et Bélanger-Campeau, n'autorisait nullement les dirigeants du gouvernement québécois à appuyer la rhétorique du nationalisme canadien. Bien au contraire. Dans ses pages centrales, le rapport de la Commission Bélanger-Campeau note que la *Loi constitutionnelle de 1982* a «acquis au Canada une force politique de cohésion nationale inconnue auparavant», contribuant ainsi à renforcer certaines visions politiques de la fédération et la perception d'une identité nationale canadienne difficilement conciliables avec la reconnaissance effective et l'expression politique de l'identité distincte du Québec[2]». Le rapport poursuit son analyse en identifiant les éléments de ces visions et perceptions nationales canadiennes : l'égalité de tous les citoyens et l'unicité

---

1. *Rapport du consensus sur la Constitution.* Charlottetown, 28 août 1992, article 28, p. 11.

2. *L'avenir politique et constitutionnel du Québec.* Rapport de la Commission sur l'avenir politique et constitutionnel du Québec, Québec, Secrétariat de la Commission, 1991, p. 38, 41.

de leur société, l'égalité des cultures et des origines culturelles au Canada, de même que l'égalité des dix provinces. Cette triple pulsion égalitaire, qui exige la plus parfaite symétrie dans les rapports entre les individus et les groupes au sein de la «nation canadienne» expliquait, aux yeux des signataires du rapport, le choc des visions, des aspirations et des identités nationales entre le Québec et le Canada.

Le rapport de la Commission Bélanger-Campeau, et la Loi 150 qui en découle directement, donnaient au gouvernement de Robert Bourassa le mandat de concilier de telles visions et aspirations nationales, à l'intérieur ou à l'extérieur de l'expérience fédérale canadienne. Charles Taylor, éminent professeur de philosophie politique à l'Université McGill, résume de la façon suivante le consensus québécois de l'après-lac Meech :

> Avec l'échec de Meech, on a senti un déclic. Cela peut être expliqué assez facilement. Dorénavant, les Québécois n'accepteront plus de vivre dans une structure qui ne reconnaît pas pleinement leurs objectifs nationaux[3].

J'ai la conviction profonde que la majorité des citoyens de notre société sont prêts à concilier, comme Brian Mulroney les y invite, les exigences du nationalisme québécois et celles du nationalisme canadien. Par ailleurs, je suis heureux d'apprendre que Brian Mulroney endosse le principe d'une telle synthèse. Le malheur pour le Premier Ministre du Canada, c'est que l'on ne retrouve rien de tel dans l'entente d'Ottawa-Charlottetown. Non seulement les textes juridiques pourraient ne pas être disponibles avant la tenue du référendum, ce qui est déjà en soi scandaleux, mais en plus il n'y a aucune référence directe, explicite, dans le *Rapport du consensus sur la Constitution*, à l'existence d'un peuple distinct, d'une communauté nationale spécifique sur le territoire du Québec. De ce point de vue, la machine de propagande d'Ottawa tourne à vide.

Dans la foulée d'André Laurendeau, il y a beaucoup de gens au Québec qui ont cru et qui continuent de croire à la réconciliation du nationalisme québécois et du patriotisme – ou du nationalisme – canadien. Échaudés par l'expérience de 1980 et les promesses de renouvellement formulées par Pierre Elliott Trudeau, ces gens-là sont toutefois en droit

---

3. Charles Taylor. «Shared and Divergent Values», dans Ronald Watts et Douglas Brown, *Options for a New Canada,* Toronto, University of Toronto Press, 1991, p. 65.

d'exiger ce qu'André Laurendeau et ses disciples, comme Claude Ryan, ont toujours demandé : la reconnaissance explicite de la dualité culturelle et de la dualité des sociétés et des peuples – et donc plus que la dualité des langues –, de même que des pouvoirs particuliers permettant au Québec de se réaliser pleinement compte tenu de la situation qui est la sienne en Amérique. Le vrai test pour évaluer l'entente d'Ottawa-Charlottetown ne consiste pas à la comparer avec le «beau risque» du gouvernement de René Lévesque, épuisé par dix ans de pouvoir, par l'échec du référendum de 1980 et rempli d'amertume dans la foulée de la défaite cuisante que Pierre Elliott Trudeau venait de lui infliger dans l'opération du rapatriement de la Constitution.

S'inspirant d'André Laurendeau, le sénateur Gérald Beaudoin écrivit naguère que le fédéralisme est conciliable avec l'enracinement de plus d'une culture, que le fédéralisme peut également accommoder plus d'un nationalisme. Après avoir sillonné le pays pendant des années lors de cette belle aventure que fut la Commission royale d'enquête sur le bilinguisme et le biculturalisme, André Laurendeau aurait applaudi selon moi à l'idée d'accepter le principe du pluralisme national.

Ne trouve-t-on pas une telle ouverture au pluralisme national, une telle générosité devant les aspirations nationales d'autrui, dans l'entente du 28 août ? Je suis bien obligé de répondre par l'affirmative à cette question. Malheureusement, cette ouverture et cette générosité ne s'expriment pas à l'égard du Québec, elles ne touchent pas aux rapports entre les Québécois et la fédération canadienne. De tels gestes et sentiments ne visent que les nations et peuples autochtones. Je suis bien conscient de toucher ici à une corde sensible, peut-être même au problème fondamental du système politique canadien. On me permettra de prendre quelques précautions pour l'aborder.

Si le Canada se présentait au monde entier en tant que fédération multinationale, capable de reconnaître les aspirations du Québec et celles des Autochtones, capable aussi d'accepter le principe de l'asymétrie dans les responsabilités des uns et des autres, je pense qu'une telle proposition devrait être examinée sérieusement par les Québécois. Si l'expérience canadienne échoue, quoiqu'il arrive, le Québec n'aura par ailleurs pas d'autre choix que celui de la générosité et de la compréhension à l'égard des aspirations et des angoisses identitaires des peuples autochtones et de ceux qui persisteront à se définir comme des Canadiens d'abord. Ce qui fait la force d'un concept comme celui de société distincte, c'est justement qu'il est suffisamment malléable et ouvert sur l'avenir pour accueillir le principe du pluralisme national. Si l'expérience canadienne s'avère porteuse d'une leçon pour le Québec, c'est bien celle du caractère catastrophique de toute tentative d'imposition d'une identité nationale à des gens qui se reconnaissent volontairement d'autres origines, d'autres enracinements particuliers.

L'entente d'Ottawa-Charlottetown démontre clairement que le système politique canadien est suffisamment flexible pour faire de la place aux aspirations nationales des peuples autochtones. On y parle abondamment du droit inhérent des peuples autochtones à l'autonomie gouvernementale, de leurs langues, cultures, terres, identités et justes demandes. L'article 60 de l'entente garantit aux Autochtones le droit de consentir à toute réforme constitutionnelle ultérieure les concernant. L'article 40, quant à lui, procure aux Autochtones un mécanisme de protection pour assurer que les modifications concernant le partage des pouvoirs ne portent pas atteinte à leurs droits. La clause Canada, qui énumère les caractéristiques fondamentales du pays, spécifie dans une de ses sous-sections que rien dans son contenu, y compris la reconnaissance octroyée au Québec en tant que société distincte, ne porte atteinte aux droits ancestraux ou issus de traités des peuples autochtones. Les Canadiens s'honorent en voulant que leur pays soit le premier en Amérique à vouloir rectifier dans sa loi fondamentale et dans ses institutions les torts et les injustices causés aux peuples autochtones, qui sont encore placés sous tutelle et qui vivent dans des conditions dégradantes.

Pourtant, le régime politique et les mêmes citoyens du Canada qui sont prêts à bouleverser le fonctionnement de leurs institutions, continuent à être insensibles aux aspirations nationales des Québécois. L'abcès qu'il faut crever à tout prix lors du référendum du 26 octobre, il est là. Il faut voter non pour en finir avec ce que Christian Dufour appelle le mal canadien, le blocage qui empêche le Canada de confronter directement le problème de l'existence d'un sentiment national qui n'est pas canadien au Québec[4].

Depuis 1960, le Canada s'est restructuré à maintes reprises, la plupart du temps à la suite d'initiatives québécoises. Quand la ville de Montréal s'est transformée en poudrière linguistique au tournant des années 60, le Canada a répondu par une politique de bilinguisme officiel *from coast to coast*. Lorsque le Québec, après les efforts d'André Laurendeau, a demandé l'acceptation du principe de la dualité des cultures et des

4. Christian Dufour. «Le mal canadien», dans Louis Balthazar, Guy Laforest et Vincent Lemieux, *Le Québec et la restructuration du Canada 1980-1992. Enjeux et perspectives*, Sillery, Les Éditions du Septentrion, 1991, p. 114.

sociétés distinctes, Pierre Elliott Trudeau répliqua par l'imposition d'une politique de multiculturalisme. De 1960 jusqu'à nos jours, les gouvernements québécois ont souhaité obtenir de nouveaux pouvoirs pour que nous puissions nous épanouir en Amérique. En guise de récompense, nos dirigeants et notre société ont obtenu la *Loi constitutionnelle de 1982,* dont la *Charte des droits et libertés* réduit les pouvoirs de l'Assemblée nationale dans les domaines de la langue et de l'éducation, et l'entente d'Ottawa-Charlottetown qui place toute une série d'obstacles sur la route de l'abandon, par le gouvernement fédéral, de ses interventions dans les champs de compétence exclusive des provinces. Enfin, vient de succéder à la ronde du Québec, celle de l'Accord du lac Meech qui donnait à la clause de la société distincte une position stratégique privilégiée dans l'interprétation de l'ensemble de la Constitution, une ronde du Canada qui dilue la société distincte tout en faisant preuve de la plus grande générosité à l'égard des peuples autochtones. Il est tout simplement attristant de constater que le Canada s'est arrêté trop tôt sur la route de la reconnaissance du pluralisme national.

Ce mal canadien est parfaitement illustré par la juxtaposition des campagnes référendaires. Le Québec avait annoncé qu'il prendrait une décision sur son avenir en tant que communauté nationale autonome, dans une référendum qui se tiendrait au plus tard le 26 octobre 1992. Une fois de plus, le Canada récupère le dynamisme québécois, en tenant un référendum «national canadien», où la même question est posée à tous les Canadiens de tous les coins du pays, le 26 octobre.

Sur le plan de la réconciliation des aspirations nationales au Canada, l'entente d'Ottawa-Charlottetown, pourtant ouverte à une philosophie du pluralisme dans les rapports entre les peuples, demeure profondément insatisfaisante pour moi, dans la mesure où elle ne reconnaît pas cette appartenance nationale québécoise qui représente un pôle important de mon identité personnelle. Je ne puis y souscrire.

Des offres constitutionnelles inacceptables

Rodrigue Tremblay, Ph. D.

RODRIGUE TREMBLAY est professeur de sciences économiques à l'Université de Montréal. Il a été ministre de l'Industrie et du commerce du gouvernement du Québec, 1976-1979. Il est l'auteur de *Macro-économique moderne, Théories et réalités* (1992).

La stratégie risquée de la « chaise vide »

Après le rejet de l'Accord du lac Meech, le 23 juin 1990, le premier ministre du Québec, Robert Bourassa, avait annoncé solennellement que c'était « la position de mon gouvernement de négocier dorénavant à 2 et non pas à 11, de négocier avec le gouvernement canadien, qui représente l'ensemble de la population du Canada – négociations bilatérales entre le gouvernement du Québec et le gouvernement fédéral ».

C'était là une stratégie de la « chaise vide » fort risquée et fort imprudente car, en l'absence de demandes constitutionnelles explicites et bien articulées, elle risquait de marginaliser le Québec dans les futures négociations constitutionnelles, en laissant à d'autres le soin d'en définir l'ordre du jour. En effet, le vide ne dure pas en politique, car il est vite comblé. Et comme l'expérience l'a bien démontré, ce furent les premiers ministres des provinces anglophones, avec Clyde Wells de Terre-Neuve et Bob Rae de l'Ontario à leur tête, et les chefs autochtones dirigés par Ovide Mercredi, qui occupèrent le vide laissé par le Québec.

On a une idée des résultats désastreux qui découlèrent de l'absence du Québec, quand on considère que dans les offres de modifications constitutionnelles des 22 et 28 août 1992, le Québec est mentionné explicitement 5 fois, tandis que les Autochtones sont mentionnés 75 fois. Le principe de l'égalité absolue des provinces, cher au premier ministre terre-neuvien Clyde Wells, est mentionné 6 fois. De plus, même si la nation québécoise et le peuple québécois ne sont mentionnés nulle part, on y fait cependant une référence à trois occasions à la nation « métisse ».

Cette ronde 1990-1992 de négociations constitutionnelles fut véritablement la ronde des provinces anglophones et des Autochtones. Ce sont eux qui remplacèrent le Québec en tant que centre des principales préoccupations constitutionnelles et politiques.

Ces préoccupations devaient d'ailleurs aboutir à un accord constitutionnel anglo-canadien, le 7 juillet 1992, lequel comportait des principes de base tout à fait conformes aux intérêts des petites provinces anglophones et des Autochtones. Ces principes étaient l'égalité politique absolue des provinces, la consécration du pouvoir fédéral de dépenser dans les champs de compétence «exclusive» des provinces, et le droit inhérent des Autochtones à se constituer en un troisième ordre autonome de gouvernement.

Dès juillet 1992, par conséquent, les jeux étaient déjà faits et cela, sans la participation officielle active du Québec. De telle sorte que lorsque le premier ministre Robert Bourassa décida de changer de stratégie et d'aller négocier à 17 à la fin de juillet 1992, il s'asseyait à une table où le menu avait déjà été décidé. Et comme il arrivait à cette table les mains vides, sans un projet constitutionnel cohérent pour le Québec, il dut se contenter de proposer des ajustements à ce qui avait déjà été décidé. Tous les principes constitutionnels déjà retenus demeurèrent.

Cette stratégie dite de la «chaise vide» allait s'effondrer deux ans plus tard, quand le premier ministre canadien, Brian Mulroney, et divers premiers ministres provinciaux anglophones, dont Bob Rae de l'Ontario, placèrent Robert Bourassa devant l'alternative, ou bien de venir négocier à 17 l'entente du 7 juillet, ou bien de renoncer à recevoir des offres constitutionnelles valables d'Ottawa. Le 28 juillet 1992, Robert Bourassa acceptait de participer en catastrophe à des négociations constitutionnelles multilatérales, et non bilatérales, sur la base de l'entente constitutionnelle que les 16 représentants des gouvernements à majorité anglophone s'étaient donnés le 7 juillet 1992.

Une Constitution du Canada anglais, par le Canada anglais et pour le Canada anglais

Le 7 juillet 1992, le gouvernement fédéral, les gouvernements des neuf provinces à majorité anglophone, les deux représentants des Territoires du Yukon et du Nord-Ouest, et les quatre représentants des Autochtones se sont entendus à 16 sur un texte constitutionnel. Le gouvernement du Québec n'était pas représenté officiellement à ces négociations.

Il faut dire que les provinces anglophones et les représentants autochtones s'étaient bien servis dans l'entente constitutionnelle du 7 juillet, et cela en grande partie aux dépens du Québec. En échange de quelques concessions symboliques consenties au Québec au sujet de son statut partiel et balisé de « société distincte » et concernant un meilleur encadrement de la division des pouvoirs déjà contenue dans l'*Acte de l'Amérique du Nord britannique*, ils avaient décidé de :

a) créer un *Sénat canadien élu* dans lequel les représentants du Québec chutaient de 24 à 8 (ce chiffre allait être ramené à 6 dans l'entente des 22 et 28 août 1992) ;

b) consacrer le principe de l'*égalité politique absolue des provinces*, et non pas seulement leur égalité juridique, aux dépens du principe de l'égalité des deux peuples fondateurs et de la dualité linguistique ;

c) consacrer le principe que le gouvernement fédéral avait le droit de légiférer et de dépenser dans les champs de compétences exclusivement réservées aux gouvernements provinciaux ;

d) consacrer le principe que les 630 peuplades autochtones au Canada, dont 11 au Québec, avaient un droit inhérent à constituer un troisième ordre autonome de gouvernement ;

e) enchâsser dans la Constitution une charte sociale visant à constitutionnaliser l'État-providence et l'interventionnisme étatique ;

f) élargir les obligations du gouvernement fédéral au-delà de l'engagement constitutionnel actuel de fournir des services publics « sensiblement comparables » dans toutes les provinces par des paiements de péréquation, pour constitutionnaliser l'obligation de « mettre en place des *infrastructures économiques* de nature nationale sensiblement comparables dans chaque province et territoire, et pour faire en sorte que les *niveaux de taxation* dans chaque province soient sensiblement comparables » ;

g) accepter que le gouvernement fédéral et les gouvernements provinciaux contribuent aux coûts occasionnés par la création et le fonctionnement des nouveaux gouvernements autochtones autonomes, tout en ne réduisant pas les dépenses présentement engagées en faveur des Autochtones.

Tous ces principes et objectifs contenus dans l'entente constitutionnelle du Canada anglais en date du 7 juillet 1992, se retrouvent dans l'entente constitutionnelle provisoire des 22 et 28 août 1992.

Les différences entre l'entente constitutionnelle des 22 et 28 août et l'entente anglo-canadienne du 7 juillet 1992 sont mineures. Ainsi, le nombre de sénateurs en provenance du Québec ne passe plus de 24 à 8, mais plutôt de 24 à 6, en échange de 18 députés additionnels chacun pour le Québec et l'Ontario, 4 pour la Colombie-Britannique et 2 pour l'Alberta. De plus, de 25,4% qu'il est maintenant, le niveau de députation québécoise à la Chambre des communes ne pourra être inférieur à 25%, même si le principe de la représentation selon la population doit être appliqué dès le recensement de 1996.

L'inacceptabilité des principes de la réforme constitutionnelle proposée

L'entente constitutionnelle provisoire du 22 et 28 août 1992 constitue des offres constitutionnelles que les petites provinces anglophones et les représentants autochtones se sont faites à eux-mêmes. *Il ne s'agit nullement d'offres constitutionnelles faites au Québec.* Le premier ministre Robert Bourassa est arrivé sur le tard dans ces négociations constitutionnelles. En ne participant pas aux négociations constitutionnelles dès le début, et en ne produisant ni un livre vert ni un livre blanc sur les demandes constitutionnelles du Québec (le rapport Allaire était un document du Parti libéral du Québec et non pas du gouvernement), il a mis le Québec à la remorque constitutionnelle du Canada anglais. Il a alors gravement manqué à ses responsabilités et à son mandat de représenter les intérêts supérieurs du Québec. Et, par conséquent, Robert Bourassa a placé le Québec dans une situation de grande vulnérabilité constitutionnelle et politique.

En effet, les offres constitutionnelles reposent sur quatre principes fondamentaux qui sont inacceptables pour le Québec. Ces principes sont les suivants.

1. *Le principe de l'égalité politique absolue et non pas seulement juridique des provinces,* quelque soit leur population, et la négation par le fait même du principe de l'égalité des deux peuples fondateurs et du caractère binational du Canada. Avec ces offres constitutionnelles, si elles étaient acceptées, le principe de la dualité canadienne sera chose du passé.

La dualité linguistique est aussi appelée à disparaître, puisque le Québec comptera moins de 10% des représentants au nouveau Sénat canadien, et peut-être moins de 8% quand les deux territoires deviendront des provinces et quand les Autochtones nommeront les sénateurs que leur garantirait la nouvelle Constitution canadienne amendée.

Loin d'abolir le Sénat canadien, comme il l'avait lui-même proposé, le premier ministre du Québec, Robert Bourassa, a accepté que le Québec soit réduit à un niveau d'insignifiance politique dans une des deux institutions politiques centrales du gouvernement canadien.

144

2. *Le principe du droit nouveau accordé au gouvernement fédéral de s'immiscer et de dépenser dans les champs de compétence exclusivement provinciale,* moyennant accords pour que les objectifs fédéraux soient réalisés et les normes fédérales appliquées.

Dans le passé, le gouvernement fédéral a violé à plusieurs reprises l'esprit et la lettre de la Constitution canadienne en se servant de son pouvoir de dépenser pour envahir les champs de compétence «exclusive» des provinces. Dans le projet de modifications constitutionnelles, le gouvernement central accepte de mettre fin à six de ces violations (dans les forêts, les mines, le tourisme, les affaires municipales et urbaines, le logement et les loisirs), par des ententes bilatérales de cinq ans justiciables, établissant les conditions de ce retrait, et il y ajoute un septième retrait, soit dans celui de la formation de la main-d'œuvre.

Le gouvernement fédéral se retirerait aussi partiellement d'un autre domaine, celui de la culture par le truchement d'ententes administratives bilatérales dans ce cas-là. Par contre, et contrairement à l'Accord du lac Meech de juin 1987, le gouvernement fédéral ne serait plus tenu de conclure des ententes bilatérales justiciables dans le domaine clé de l'immigration.

Le pouvoir d'intervention du gouvernement fédéral dans les champs de compétence «exclusive» des provinces serait donc constitutionnalisé, tout en étant désormais encadré par des ententes qui ne pourraient être modifiées unilatéralement, mais qui devraient être renouvelées à tous les cinq ans.

Il faut donc en conclure qu'avec les offres constitutionnelles, à l'exception peut-être de la formation de la main-d'œuvre, le Québec n'obtiendrait aucun nouveau pouvoir législatif permanent. Tout au plus aura-t-il gagné que les interventions fédérales dans les champs de compétence exclusive des provinces soient mieux «encadrées», et qu'il y ait un retrait du gouvernement fédéral dans sept domaines qui étaient considérés comme étant déjà de compétence provinciale exclusive.

S'agit-il d'un progrès réel pour le Québec ? On voudrait plutôt remplacer le transfert formel de pouvoirs fédéraux aux provinces par un meilleur encadrement des interventions fédérales futures dans les compétences provinciales. À défaut d'une véritable décentralisation politique, les offres de modifications constitutionnelles proposent plutôt des mécanismes de déconcentration administrative.

Force nous est donc de conclure qu'il n'y a pas de pouvoir politique nouveau et permanent pour le gouvernement du Québec dans les offres de modifications constitutionnelles, sauf l'inscription plus ou moins symbolique que la formation de la main-d'œuvre serait dorénavant inscrite comme pouvoir «exclusif» des provinces à l'article 92 de l'*AANB*. Le gouvernement fédéral demeurerait cependant présent dans ce domaine en établissant des objectifs pan-canadiens et en administrant l'assurance-chômage et les programmes de création d'emplois.

Quand on considère que le rapport Allaire du Parti libéral du Québec, endossé et approuvé par Robert Bourassa, proposait que le Québec exerce sa pleine souveraineté dans 11 domaines de compétence provinciale occupés par le gouvernement fédéral, et dans 11 autres domaines à compétence partagée ou à compétence fédérale, le rapatriement d'un demi-nouveau pouvoir par le Québec et la récupération de 6 domaines qui lui appartenaient déjà apparaîtront comme très peu.

Même le rapport Beaudoin-Dobbie publié en mars 1992, et rédigé dans une perspective fédérale, allait beaucoup plus loin dans le partage des pouvoirs avec le Québec. On concédait au Québec, par exemple, le droit exclusif de légiférer en matière de culture. Le rapport Beaudoin-Dobbie proposait, en plus, que non seulement la formation de la main-d'œuvre, mais aussi la politique familiale, le développement régional, l'énergie, en plus des forêts, des mines, du tourisme, des affaires urbaines, du logement et des loisirs, soient du ressort exclusif des provinces. Il reconnaissait de plus que «la santé, l'éducation et les services sociaux relevaient de la compétence des provinces».

Le rapport Beaudoin-Dobbie identifiait donc 11 secteurs à transférer au Québec, progrès par rapport aux 7 secteurs déjà proposés par le gouvernement Mulroney en septembre 1991.

C'est une indication de l'échec retentissant du gouvernement Bourassa au chapitre du rapatriement des pouvoirs qu'il ne fut même pas capable d'obtenir ce qu'un rapport fédéral officiel lui concédait en mars 1992. Il en est resté à ce que proposait le gouvernement fédéral le 24 septembre 1991. Ou bien le gouvernement Bourassa était mal préparé ou bien il a très mal négocié.

3. *Le principe de la création de ghettos territoriaux raciaux et fermés pour les Autochtones, calqués sur le modèle des ghettos raciaux en Afrique du Sud.*

En créant des micro-républiques autonomes pour les Autochtones, dotées d'organes législatifs habilités à «contrôler leur développement en tant que peuples selon leurs propres valeurs et priorités et d'assurer l'intégrité de leurs sociétés», les offres constitutionnelles proposent de créer un troisième ordre de gouvernement territorial qui pourra discriminer selon la race et l'ethnie.

Cela entre directement en contradiction avec la disposition dans la même Constitution que «les Canadiens sont attachés à l'égalité raciale et ethnique», laquelle est proposée comme principe démocratique fondamental. Cela est aussi carrément en contradiction avec la *Charte canadienne des droits et libertés,* laquelle garantit le droit de tout citoyen «de se déplacer dans tout le pays et d'établir leur résidence dans toute province», et qui établit que tous les citoyens «sont égaux devant la loi et ont droit à la même protection de la loi, indépendamment de toute distinction fondée sur la race, l'origine nationale ou ethnique, la couleur, la religion, l'âge ou le sexe».

Ce n'est pas rendre un service aux Autochtones de continuer de les enfermer dans des ghettos raciaux, coupés de l'environnement social, économique et politique canadien. L'échec de cette approche sectariste et raciste a été bien démontré depuis plusieurs siècles.

Par contre, le gouvernement Bourassa accepte en pratique de remettre en cause l'intégrité territoriale et politique du Québec, en souscrivant à la création de territoires autonomes qui seront indépendants des lois du Québec. La seule protection contenue dans les offres tient à une obligation qu'auraient ces gouvernements autonomes de ne pas adopter de loi qui soit «incompatible avec les lois essentielles au maintien de la paix, de l'ordre et du bon gouvernement au Canada», selon la phraséologie contenue dans l'article 91 de l'*Acte de l'Amérique du Nord britannique.*

4. *La négation du principe du droit à l'autodétermination du peuple québécois.*

Ni la nation québécoise, ni le peuple québécois ne sont mentionnés dans les offres constitutionnelles. Tout au plus mentionne-t-on que «le Québec forme au sein du Canada une société distincte, comprenant notamment (*which includes*) une majorité d'expression française, une culture qui est unique (*sic*) et une tradition de droit civil». Nulle part ne fait-on allusion au droit inaliénable des Québécois à l'autodétermination politique et à l'autonomie politique.

Le *Rapport du Comité constitutionnel du Parti libéral du Québec* (rapport Allaire) du 28 janvier 1991, lequel a servi de politique constitutionnelle au gouvernement du Québec à défaut d'un livre blanc gouvernemental, proposait «le remplacement de l'actuelle Constitution canadienne par une nouvelle Constitution intégrant le droit pour les parties de s'en retirer suite à un avis raisonnable».

Rappelons que déjà en 1980, le livre beige du Parti libéral du Québec, intitulé «Une nouvelle fédération canadienne», recommandait que la Constitution canadienne «affirme le caractère intangible du territoire provincial». Les offres constitutionnelles auxquelles a souscrit le gouvernement Bourassa soutireraient de grandes parties du territoire québécois à l'application des lois du Parlement du Québec. Après le coup de force constitutionnel de 1982 qui diminuait les prérogatives de l'Assemblée nationale du Québec, on aurait donc en 1992 une deuxième diminution de la portée des lois du Parlement du Québec.

De nombreuses dépenses additionnelles difficiles à chiffrer, mais que l'on peut néanmoins identifier, découleraient de l'adoption des offres constitutionnelles soumises à l'attention de la population le 26 octobre 1992. Ces dépenses additionnelles seraient à la fois supportées par le gouvernement canadien et par les gouvernements provinciaux, dont celui du Québec.

Premièrement, la principale source de dépenses additionnelles viendrait de la nouvelle formule constitutionnalisée pour les transferts financiers entre le gouvernement fédéral et les provinces. En effet, la péréquation n'aurait plus comme seul objectif d'assurer des services publics comparables d'une province à l'autre, mais elle devrait être augmentée pour la «mise en place d'infrastructures économiques de nature nationale sensiblement comparables dans chaque province et territoire», et pour assurer «des niveaux de fiscalité sensiblement comparables» dans chaque province.

Si cette nouvelle disposition est interprétée à la lettre, cela signifierait que les contribuables des provinces les plus riches devraient payer plusieurs milliards de dollars en impôts additionnels, lesquels seraient transférés aux provinces les plus pauvres, afin d'égaliser les niveaux de taxation et les infrastructures économiques (ports, aéroports, routes, etc.). Déjà, le gouvernement fédéral transfère un montant global annuel d'environ 10 à 12 milliards de dollars des trois provinces les plus riches (l'Ontario, la Colombie-Britannique et l'Alberta) vers les six provinces anglo-canadiennes les plus pauvres (Terre-Neuve, la Nouvelle-Écosse, le Nouveau-Brunswick, l'Île-du-Prince-Édouard, le Manitoba et la Saskatchewan). Les comptes fédéraux au Québec ont eu tendance à s'équilibrer au cours des dernières années. Puisque le gouvernement fédéral est déjà fortement endetté, tant au pays qu'à l'étranger, et que son déficit budgétaire annuel continue de dépasser les 30 milliards de dollars, un tel alourdissement des transferts financiers risque d'élever le taux de la fiscalité au Canada et de ralentir la croissance économique, en rendant l'économie canadienne moins concurrentielle.

Deuxièmement, la création d'un nombre très grand, mais indéterminé de gouvernements autochtones autonomes, doit se faire sans entraîner «aucune réduction des dépenses actuellement engagées par les gouvernements au profit des Indiens et des Inuit». Par contre, les offres constitutionnelles précisent bien que les gouvernements fédéral et provinciaux devront s'engager «à fournir aux gouvernements autochtones les ressources financières et autres [...] pour les aider à diriger leurs propres affaires».

En fait, on appliquerait aux gouvernements autochtones autonomes l'inverse du principe du *No taxation without representation* qui servit de slogan au Boston Tea Party de 1773 aux États-Unis. Le nouveau principe serait plutôt celui du *Representation without taxation*. Ce seraient les contribuables à l'extérieur de ces enclaves territoriales autonomes qui devraient payer pour leur fonctionnement. Déjà le ministère fédéral des Affaires indiennes a un budget annuel qui dépasse 5 milliards de dollars. Les offres constitutionnelles ne précisent nullement combien de milliards additionnels seraient requis pour financer les nouveaux gouvernements autochtones autonomes.

Troisièmement, la création d'un nouveau Sénat canadien, plutôt que son abolition, de même que l'expansion du nombre de députés à la Chambre des communes, sont susceptibles de gonfler les frais de fonctionnement du Parlement fédéral. En effet, même si le Sénat actuel compte 104 membres (à l'exclusion des sénateurs exceptionnels nommés en 1990) et que le nombre de sénateurs dans le nouveau Sénat élu oscillera entre 62 et 82, selon le nombre de sénateurs accordés aux nouvelles provinces et aux Autochtones, les responsabilités politiques et législatives de ces sénateurs seront considérablement accrues. Un alourdissement du personnel d'encadrement sera inévitable.

À la Chambre des communes, le nombre des députés passerait soudainement de 295 à 337, avec l'addition de 42 députés. Cependant, dès le recensement de 1996, de nouveaux députés seraient octroyés aux provinces dont la population se sera accrue, sans diminuer le nombre de députés consentis aux provinces. Il faut donc s'attendre à ce que la Chambre des communes compte bientôt 345 députés.

Le Canada comptera alors une structure politique centrale qui ressemblera au Sénat américain (100 sénateurs) et à la Chambre des Représentants aux États-Unis (435 représentants). La structure gouvernementale centrale au Canada sera presque aussi lourde que celle des États-Unis, mais pour un pays qui est dix fois plus petit.

Quelle serait la place du Québec dans cette structure gouvernementale ? Avec 6 sénateurs et 93 députés, le Québec compterait 99 représentants à Ottawa. Cependant, dès 1996, la Chambre des communes comptera pour sûr au moins 345 députés, tandis que le nombre de séna-teurs pourrait éventuellement grimper jusqu'à 82 avec l'arrivée de deux nouvelles provinces et la nomination hypothétique et encore en nombre indéterminé de sénateurs autochtones, probablement à raison de un par province. À ce moment, la représentation québécoise totale à Ottawa (sénateurs et députés) tomberait en bas de 25% et atteindrait 23,2% (99/427), alors que le Québec compte aujourd'hui 25,3% de la population canadienne.

De toute évidence, le premier ministre du Québec, Robert Bourassa, a commis une grave imprudence en laissant les petites provinces anglo-phones et les représentants autochtones monopoliser les négociations constitutionnelles de 1990 à 1992, et en se présentant les mains vides aux négociations constitutionnelles à 17 du mois d'août 1992. Et quand il dut en catastrophe abandonner cette stratégie, deux ans après l'avoir annon-cée solennellement, les jeux étaient déjà faits, et il fut forcé de se rallier aux grands principes que l'Accord constitutionnel anglo-canadien du 7 juillet 1992 avait arrêtés.

Or, ces principes sont inacceptables pour le Québec, parce qu'ils reflètent les priorités des petites provinces anglophones et celles des groupes autochtones au Canada, au détriment des revendications histori-ques du Québec. Loin de faire du Québec une société distincte libre de ses choix, les offres constitutionnelles proposées font du Québec une dépendance administrative du gouvernement fédéral. Elles réduisent jus-qu'à l'insignifiance la place du Québec et de la francophonie dans le futur Sénat canadien élu. Elles ouvrent une boîte de Pandore en établissant des gouvernements autochtones autonomes et exclusifs fondés sur la race et l'ethnie. Elles remettent en cause le droit inaliénable du Québec à l'auto-détermination. Et, finalement, ces offres constitutionnelles coûteraient très cher à mettre en place, alourdissant ainsi le fardeau fiscal des contri-buables et des compagnies, et réduisant la compétitivité de l'économie canadienne.

Par conséquent, parce que ces principes de réforme constitutionnelle sont inacceptables, et parce que le gouvernement Bourassa n'a pas bien défendu les intérêts supérieurs du Québec, il faut voter NON à ces offres constitutionnelles.

CONCLUSION

Le Québec se lance, en cet automne de 1992, dans une aventure référendaire dont les enjeux sont fondamentaux pour son avenir. Ce référendum, le deuxième auquel sont conviés les Québécois en moins d'une génération, sera une occasion pour eux de porter un jugement sur l'Accord adopté à Charlottetown le 28 août dernier et d'orienter ainsi l'avenir du Québec et du Canada.

L'ambition des spécialistes qui ont participé à la rédaction du présent ouvrage était de faire une analyse de l'Accord de Charlottetown sous tous ses aspects et d'identifier les divers problèmes qu'il soulève pour le Québec. Même si les promoteurs de l'Accord de Charlottetown privent la population de textes juridiques et faussent ainsi le jeu démocratique, nous avons cru bon de procéder à une étude en profondeur de cet accord pour éclairer la population dans son choix du 26 octobre prochain.

Comme le révèlent les diverses contributions au présent ouvrage, l'Accord de Charlottetown est un simulacre d'offres de nouveau partenariat constitutionnel au Québec, du fait de son caractère inachevé, provisoire et ajuridique. Il n'est certainement pas non plus une offre de partenariat constitutionnel liant formellement le gouvernement du Canada et les provinces, comme l'exige la *Loi sur le processus de détermination de l'avenir politique et constitutionnel du Québec*, comme l'affirment deux constitutionnalistes réputés, dont nous reproduisons en annexe les avis juridiques. Si cette offre est irrecevable au plan de la forme, elle l'est davantage encore sur le fond, puisqu'elle ne satisfait aucunement les revendications traditionnelles formulées par le Québec depuis plus de 30 ans. Elle n'est pas une réponse adéquate au «beau risque» de René Lévesque, elle ne respecte plus aucune des cinq conditions posées par Gil Rémillard en 1986 et traduites dans l'Accord du lac Meech et ne vient qu'avaliser une entente conclue par le reste du Canada le 7 juillet contenant un projet d'édification d'une nation canadienne dans laquelle le Québec serait symboliquement une société distincte, mais véritablement une province comme les autres.

L'Accord de Charlottetown est aussi susceptible d'entraîner le Québec dans une dynamique de centralisation des pouvoirs vers le gouvernement central et de marginalisation du Québec dans les institutions fédérales. L'absence de rapatriement véritable des pouvoirs à Québec, la soumission des compétences prétendues nouvelles du Québec à la négociation d'ententes intergouvernementales précaires et l'exercice d'un pouvoir fédéral de dépenser consolidé par la Constitution dans tous les domaines de compétence provinciale exclusive sont des éléments qui vont inévitablement affaiblir le Québec et son Assemblée nationale. Même si certains prétendent qu'un tel affaiblissement est susceptible d'être compensé par la présence des Québécois dans les institutions fédérales, il est permis de constater que la présence du Québec dans ces institutions fédérales, et particulièrement au Sénat, risque de diminuer au fur et à mesure que les pouvoirs de ces institutions augmenteront.

Ce consensus apparent de Charlottetown sur la Constitution est une menace sérieuse pour l'avenir du Québec, qui pourrait se voir privé des outils essentiels à son développement politique, économique, social et culturel : il s'agit au demeurant d'un consensus qui verrouille ce développement et ferme la porte à toute revendication nouvelle du Québec.

Les plaidoyers des
libéraux dissidents

Le droit de savoir*

Jean Allaire

JEAN ALLAIRE est président de la Commission juridique du Parti libéral du Québec.

Vous savez tous que je suis opposé aux offres présentées par le reste du Canada. Il serait plus facile pour moi de me joindre à l'actuel concert d'apparente unanimité.

Rien ne me surprend de cette manifestation d'apparente unité. J'ai investi 36 ans de ma vie dans le PLQ, je connais toutes les règles de la vie partisane, et aussi tous ses artifices, y compris les manifestations de fausse unité.

J'aimerais bien participer à cette célébration annonciatrice d'un Canada nouveau. Croyez-moi, il est plus exigeant de venir ici et de vous communiquer ce que ma conscience me dicte de faire.

J'aimerais bien, comme les membres du caucus libéral, pouvoir applaudir devant la conclusion d'une entente qui apporterait la paix constitutionnelle et la stabilité politique. Or je crois que ces offres ne portent en elles, ni la paix, ni la stabilité. [...]

Pour qu'il y ait stabilité, il faudrait qu'il y ait consensus. Observez la profondeur des déchirements entre nous.

Ce que je fais aujourd'hui, je le fais surtout pour tous ceux qui samedi rallieront la ligne du Parti parce que la position du chef ne leur laisse que peu de choix. Sans partager la décision du chef, ils rallient la ligne du Parti mais acceptent très mal qu'une décision aussi capitale pour l'avenir du Parti et pour l'avenir du Québec n'ait laissé aucune place pour les débats et l'expression de leur point de vue. Je comprends leur désarroi, je partage toute leur déception. [...]

L'intervention d'aujourd'hui est la première du genre que je fais depuis mon entrée au Parti libéral du Québec en 1956.

J'ai attendu quelques jours, en dépit de multiples et pressantes demandes de différents membres pour une réaction plus rapide.

---

* Extraits parus dans *Le Devoir*, 28 août 1992, p. 13.

Les documents écrits n'étaient pas disponibles relativement à l'entente «provisoire» des premiers ministres du Canada, et j'ai pris ensuite le temps qu'il fallait pour y réfléchir et évaluer la situation.

Je me dois de donner tous les éclaircissements possibles aux militants et au Parti, suite à leur confiance manifestée depuis très longtemps.

Le Parti a demandé au soussigné, en mars 1990, d'aller en première ligne et d'effectuer un travail complexe pour le Parti et les membres avec un groupe de personnes choisies.

Depuis mars 1991, les événements ont fait que j'ai été mêlé de près à toute l'évolution du dossier constitutionnel. La présente intervention complète en quelque sorte le travail qu'on m'avait demandé d'accomplir.

On nous demande un véritable reniement

Ce n'est pas vrai que soudainement, tout ce que les membres ont décidé, à leur congrès de mars 1991, ne devient plus vrai. Quequens personnes ont changé en quelques jours la décision et le sens de cette décision des militants qui avait pris plusieurs mois à mûrir.

Comment se fait-il qu'en une seule journée, un petit groupe de personnes du Québec puisse changer d'idée si soudainement, et ne pas réussir à obtenir de nouveaux pouvoirs, idée maîtresse du rapport Allaire? La raison est simple: tout s'est fait sur la base de l'entente antérieure des premiers ministres du 7 juillet 1992, qui a été tant décriée au Québec.

Effectivement, le reste du Canada est à refaire un autre Canada, à leur goût, selon leurs désirs et à leur image, c'est-à-dire très centralisé. Le reste du Canada avait son agenda, auquel nous avons subordonné le nôtre, encore une fois.

Il n'y a pas de nouveaux pouvoirs, mais seulement un certain nombre de cessation d'empiétements illégaux par le fédéral dans des pouvoirs exclusifs des gouvernements provinciaux depuis 1867.

Très curieusement, cela se fait au moment où le gouvernement fédéral n'a plus d'argent pour continuer cette invasion, mais ceci après avoir créé des appétits que le Québec devra maintenant satisfaire lui-même. [...]

De façon unilatérale, le gouvernement fédéral a forcé le gouvernement provincial à hausser ses propres taxes et celles des municipalités, ce qui entraîne une instabilité fiscale de nature à miner la confiance des investisseurs et à défavoriser la croissance économique. [...]

Dans certains autres domaines, comme la santé par exemple, le fédéral a décidé de diminuer unilatéralement les transferts de fonds, ce qui nous force à réviser entièrement notre système, avec le fédéral qui nous met les bois dans les roues en nous forçant à respecter leurs normes dites «nationales».

Cela devient un non-sens que d'être obligés de continuer avec des structures qui devraient être changées, parce que l'on force le Québec à respecter lesdites normes «nationales» dans la santé, en les menaçant même de couper des transferts de fonds dans d'autres domaines que la santé. Ceci se nomme «chantage économique».

La même situation va se perpétuer suite à la présente entente, et nous continuerons donc de nous déchirer dans des querelles continuelles de chiffres, et sur les calculs des compensations raisonnables pour tout retrait d'un programme fédéral. Loin de faire l'unité nationale, nous perpétuerons des intrigues administratives, des querelles de chiffres et de juridictions.

Toutes ces querelles aboutiront finalement devant la Cour suprême du Canada, que certains malins appellent la Tour de Pise légale canadienne, vu qu'elle penche habituellement du côté d'Ottawa depuis 1956. [...]

Ceci s'explique en bonne partie, puisqu'il faut le dire franchement, au fait que nos négociateurs se sont présentés devant les 10, et après les 17 représentants du reste du Canada, après avoir abandonné en chemin, à peu près tous leurs arguments de négociation, ce qui ne se fait pas évidemment lorsque l'on traite d'un problème aussi important que l'avenir du Québec et de sa société. Surtout quand on sait que cette Constitution ne sera pas retouchée de sitôt après tout ce qui s'est passé.

Au mieux, nous avons fait du surplace, et avons essayé d'éviter le pire, en ce qui a trait au Sénat et aux Autochtones, mais tout ceci ne constitue pas des gains pour le Québec, qui a dû s'essouffler à courir après non plus Meech, mais l'essence de Meech.

Et il ne faut jamais oublier que Meech constituait les offres les plus modestes que le Québec ait jamais soumises dans ses négociations depuis 30 ans !

La viabilité d'un Québec indépendant

La question économique dans toutes les discussions est extrêmement importante pour tous les Québécois et les Canadiens.

Pendant des mois, nous avons pu lire tous les maux dont le Québec serait affligé s'il devenait souverain, sans aucune mention des inconvénients que cela pourrait causer au reste du Canada, ce qui est une position irréaliste.

Cette espèce de terrorisme économique a été entretenue de l'extérieur du Québec par toutes sortes d'articles n'ayant qu'un seul but : terroriser le Québec en lui annonçant l'apocalypse, et ce, à quelques exceptions près.

L'Institut C.D. Howe et l'Université Fraser de Colombie-Britannique, entre autres, ont été beaucoup plus objectives à ce sujet.

Cependant, la grande majorité des arguments venant de l'extérieur et même utilisés par certaines personnes ou certains groupements du Québec, ne parlaient que de la situation désastreuse où nous nous trouverions au Québec en cas de souveraineté.

C'est évident que la langue et la culture, par exemple, ne peuvent exister s'il n'y a pas d'économie valable. [...]

Placés devant une décision à prendre, qui pourrait les amener à choisir entre le Canada et le Québec, tous les membres du Parti et les Québécois se doivent de connaître la situation économique du Québec et du Canada.

On a essayé de terroriser les gens en leur disant que s'ils ne restaient pas avec le Canada, ils seraient placés dans une situation économique impossible.

Or, nous sommes déjà dans une situation impossible ou catastrophique à l'heure actuelle, le Canada étant à toutes fins utiles en état de faillite technique.

Depuis un an et demi, beaucoup de personnes m'ont posé la question suivante : «Qu'est-ce que le Québec aurait à gagner s'il était seul ou s'il faisait partie d'une confédération avec une structure confédérale, telle que prévue au programme du Parti libéral du Québec ? En cas d'absence ou d'insuffisance d'offres, il paraît qu'il serait tellement dangereux de se séparer du Canada, qu'il vaut mieux, pour notre sécurité, rester avec le Canada.»

On voit donc que le débat sur la question économique, tel que présenté est biaisé, et ne permet pas aux gens de pouvoir comparer entre les coûts réels de transition au cas où le Québec voudrait faire cavalier seul, et la situation économique canadienne actuelle. [...]

Un rapport occulté sur la souveraineté

Le rapport de la Commission parlementaire à l'Assemblée nationale sur la souveraineté n'a pas été publié, mais est terminé depuis quelque temps. Il y a eu une information sérieuse selon laquelle un ou plusieurs experts qui ont été entendus devant cette commission de l'Assemblée nationale, auraient déclaré à peu près la même chose.

Je crois même savoir qu'un expert de Toronto, spécialisé en évaluation de cotes de crédit de compagnies, de municipalités, de gouvernements et de pays, aurait expliqué que durant la première année de souveraineté, et peut-être la deuxième, la cote de crédit du gouvernement du Québec pourrait baisser légèrement, pour revenir par la suite au même niveau, vu qu'à son avis, Québec se tirerait très bien d'affaires par la suite.

Cependant, vu qu'on n'a traité que du seul cas du retrait du Québec de la fédération actuelle, j'ai cru bon de m'informer de la situation actuelle du Canada du point de vue économique, afin de pouvoir comparer les deux situations.

La situation économique du Canada est catastrophique. Donc, les gens du Québec se retrouvent en quelque sorte placés devant une situation où il faut peut-être choisir entre deux maux, et il y a lieu de savoir le mieux possible, quel est le plus grand.

Ayant constaté que dans les deux cas, il y a certains risques à prendre, la question qui se pose tout naturellement par la suite est la suivante : «Risques pour risques, est-ce que l'on continue avec le Canada, dont la situation empire à chaque jour et où nous nous ferons imposer des décisions économiques par une majorité qui vient de décider quelle sorte de Canada centralisé elle veut ? Ou devons-nous essayer de nous en sortir nous-mêmes, alors que de plus en plus, on dit que le commerce n'a plus de frontières, dans un régime de libre-échange, en essayant de redresser notre propre situation, par nos propres moyens, pour rencontrer la compétitivité internationale ?»

L'autre question posée constamment est la suivante : «Pourquoi parler de Constitution alors que l'économie va si mal ?» La Constitution en effet prévoit quelle sorte de pouvoirs nous pouvons exercer par nous-mêmes, sans intrusion du gouvernement central, et quels sont les leviers économiques dont le Québec peut et doit disposer pour prendre les décisions qui s'imposent pour redresser son économie. [...]

La réponse est donnée effectivement depuis plusieurs mois, en pièces détachées, par plusieurs experts, et de plus en plus maintenant par des hommes d'affaires.

Dans le passé, les revendications de pouvoirs du Québec étaient plutôt d'ordre politique, mais elles sont maintenant d'ordre économique à cause notamment des problèmes suivants :

1) déficit énorme, incontrôlé et incontrôlable, et qui fait du Canada un pays en faillite technique ;

2) compétitivité réduite ;

3) péréquation et dépenses du fédéral qui sont telles, qu'on ne peut plus se payer le même train de vie qu'auparavant à cause des taxes imposées pour les payer ;

4) politiques économiques décidées par le gouvernement central, qui sont les mêmes partout plutôt que d'être des politiques régionales ;

5) il n'y a plus de possibilité pour le gouvernement central de créer la richesse, et il y a éloignement entre Ottawa centralisé et les entreprises régionales où se crée maintenant effectivement la richesse ;

6) pas de limitation au pouvoir de dépenser de l'argent que le gouvernement central n'a plus ;

7) obstination du reste du Canada à tout centraliser, alors que le gouvernement n'est plus créateur de richesses mais de dettes ce qui devrait amener, d'après les experts, une dévolution importante et nécessaire des pouvoirs, ce qu'on se refuse de faire.

Aucun nouveau transfert de pouvoir

Au vu des perspectives économiques très sombres du Canada, le Québec a-t-il intérêt à demeurer dans la confédération canadienne ou à la quitter de façon à gérer son propre avenir ?

Les offres qui nous sont faites ne contiennent pas de véritable transfert de nouveaux pouvoirs.

Pourtant, c'est là l'essentiel des revendications traditionnelles du Québec depuis plus de 30 ans.

C'est là l'essentiel du programme officiel du Parti libéral du Québec adopté en mars 1991.

Les offres provisoires sont peu précises, et, si on juge par le passé, la phraséologie légale sera encore moins acceptable.

Nous devons rejeter ces offres qui ne répondent pas aux demandes réitérées du Québec. Quant aux nouveaux pouvoirs que nous pourrions obtenir par ententes administratives négociées avec le gouvernement fédéral, imaginons un instant les péripéties des négociations pour chaque entente et chaque renouvellement d'entente, vu la bataille homérique qui a dû être faite pour aller chercher l'essentiel de Meech, et qui était en fait le minimum demandé par Québec. [...]

C'était peut-être la dernière occasion pour le Québec d'exiger de nouveaux pouvoirs, vu l'évolution démographique du Québec.

Le reste du Canada et le Québec pensent d'une façon profondément différente et qui nous semble irréconciliable.

On veut de plus en plus centraliser à Ottawa, tandis qu'au Québec, nous voulons avoir de plus en plus d'autonomie et de pouvoirs effectifs pour décider de notre propre destin.

Le reste du Canada et le Québec épuisent leurs forces à se quereller et sont tous deux malheureux.

Pourquoi ne pas avoir le courage de trouver un système où le Québec et le Canada se réaliseront pleinement, sans se déchirer et se disputer continuellement, tout en protégeant l'espace économique canadien ? [...]

En l'absence d'offres acceptables, nous devrions nous diriger vers la solution alternative de l'article 2 b) 2 du programme du Parti libéral du Québec de mars 1991, c'est-à-dire des deux pays souverains, protégeant l'espace économique canadien dans une structure de nature confédérale.

Enfin, il faudrait trouver pour le référendum québécois la question pouvant rallier la grande majorité des Québécois, afin de réaliser une union au-dessus de la mêlée des intérêts des partis politiques. [...]

Je répéterai que ce n'est pas un objectif d'avoir raison, mais que j'ai le droit comme citoyen et comme membre actif d'un parti de poser les questions suivantes :

1) Pourquoi le gouvernement a-t-il fait la déclaration qu'il a faite au lendemain de Meech ?

2) Pourquoi avons-nous enclenché un processus qui, en passant par la Commission Bélanger-Campeau et la Commission sur l'accessibilité à la souveraineté, nous a conduit à une Loi 150 qui suppose pour vraiment se prononcer, si nous n'avions pas l'intention de respecter l'intégrité de la démarche ?

3) J'aimerais dire que si tout cela était de la frime, de la ruse politicienne et que nous ne cherchions pas vraiment de nouveaux pou-

voirs et un nouveau contrat, alors nous avons réussi ! Nous n'aurons pas de nouveaux pouvoirs, ni le fédéralisme renouvelé tel que nous l'entendions.

Si, au contraire, nous étions sérieux comme parti et comme gouvernement et que nous souhaitions cette troisième voie que constituait notre programme, alors nous avons échoué.

En conclusion, la question n'est pas de savoir si Jean Allaire va démissionner. La question est de savoir ce qu'en pense le peuple québécois. La seule façon de le savoir, c'est de lui transmettre objectivement toute l'information.

Ceux qui s'esquintent à trouver des stratégies – pour vendre quoi que ce soit – devraient dorénavant se contenter d'informer pour que les Québécois choisissent plutôt que d'acheter.

À moins que le Parti libéral ne m'expulse, je resterai donc pour défendre cette idée. Après tout, je suis entré il y a 36 ans pour combattre ce que nous appelions la Grande Noirceur !

L'entente du 28 août:
des libéraux disent non

par des membres de la Commission Jeunesse et des membres dissidents du Parti libéral du Québec

Depuis 125 ans, les différents gouvernements québécois qui se sont succédé ont défendu une vision cohérente de la place du Québec dans la fédération canadienne sans qu'aucun d'entre eux n'ait vu ses demandes s'inscrire dans le texte constitutionnel. Par son histoire et parce qu'il a toujours travaillé à l'avancement du Québec, le Parti libéral du Québec a une responsabilité historique dans le dénouement de l'impasse constitutionnelle. C'est face à cette responsabilité que notre formation politique s'était donné une plate-forme constitutionnelle comprenant la garantie d'un résultat.

Le programme constitutionnel du Parti libéral du Québec adopté en mars 1991 par les militants libéraux exprimait l'ensemble des revendications du Québec en matière constitutionnelle, en plus de les actualiser. Il reflétait également la vision qu'ont les Québécois du fédéralisme canadien. Depuis cette prise de position, nos partenaires canadiens ont tenté de formuler des offres au Québec. En ce sens, la ronde Canada, sous la responsabilité du gouvernement fédéral, devait conduire à des modifications profondes de notre régime politique. S'il est accepté, le résultat de cette ronde de négociations sera définitif. Dans la démarche entreprise avec l'Accord du lac Meech, on prévoyait d'autres négociations constitutionnelles une fois que le Québec aurait réintégré la «famille constitutionnelle». Par contre, cette fois-ci les demandes de chacun étaient sur la table. Une fois cette ronde constitutionnelle terminée, il ne faudra donc plus espérer de nouvelles négociations pour revoir en profondeur la Constitution en fonction des demandes du Québec, et ceci compte tenu du processus et de la tendance hautement centralisatrice présente ailleurs au Canada.

Avec l'entente survenue le 28 août et la conclusion de la ronde Canada, nous arrivons aujourd'hui à l'heure des choix. En ce sens, les décisions que nous prendrons comme peuple devront reposer sur un éclairage historique, puisqu'elles nous engageront pour plusieurs décennies. Au fil des ans, les différents gouvernements du Québec ont défendu les mêmes orientations en matière de négociations constitutionnelles. Ces positions traditionnelles, que reprenait le programme constitutionnel du Parti libéral du Québec, offrent un éclairage essentiel sur les volontés historiques du Québec. Il est donc fondamental de rappeler les positions traditionnelles du gouvernement du Québec et de les comparer aux résultats de la ronde Canada.

Ces positions, qu'ont tour à tour défendues nos dirigeants, se résument en cinq points. En premier lieu, le Québec défend depuis 1867 une vision dualiste de la fédération canadienne, une vision qu'ont articulé tous les gouvernements libéraux selon laquelle le Québec est le foyer d'un peuple distinct, d'une société distincte. Deuxièmement, la Constitution de 1867 est un pacte entre États et toute modification à ce pacte doit être avalisée par les parties contractantes. Sur un autre plan, dans le système fédéral canadien, le Québec a toujours demandé le respect de l'étanchéité des compétences. En d'autres termes, chaque État doit demeurer souverain dans les champs de compétences que lui confie la Constitution. De plus, toujours au chapitre du partage des pouvoirs, le gouvernement du Québec a sans cesse réclamé une décentralisation pour permettre aux Québécois de disposer d'un maximum de leviers de développement. Cette volonté d'autonomie est d'autant plus présente depuis la Révolution tranquille alors que le gouvernement libéral de Jean Lesage entreprit des réformes par lesquelles le Québec devenait présent dans un nombre croissant de secteurs. Finalement, les Québécois ont accepté de jouer le «jeu canadien» dans la mesure où ils disposaient d'une influence certaine au sein des institutions fédérales, de sorte qu'ils ne puissent être marginalisés. Par ailleurs, d'autres sujets, qui ne sont pas issus des demandes du Québec, font partie de l'entente du 28 août et leur impact doit être évalué. C'est notamment le cas de la question autochtone.

On nous donne aujourd'hui en tant que peuple le difficile mandat de décider de l'avenir du Québec sur la base de l'entente conclue le 28 août dernier à Charlottetown entre les 11 premiers ministres, les 4 représentants des peuples autochtones et les représentants de deux territoires. La fragilité de ce consensus, on le voit maintenant, rend notre tâche encore plus difficile. On ne semble pas s'entendre sur le contenu précis de l'entente. Il y a eu très peu d'interprétations du texte définitif, et celles qu'on en a faites sont trop divergentes pour permettre aux Québécois de prendre une décision éclairée. On constate maintenant que nos réserves quant à l'absence de textes officiels s'avèrent malheureusement fondées alors que le discours officiel n'est pas toujours corroboré par le contenu de l'entente. Les mêmes craintes continuent de s'appliquer avant la publication des textes juridiques qui, on le sait, peuvent constituer de nouvelles embûches à la ratification d'amendements constitutionnels.

On ne peut accepter de laisser passer l'échéance référendaire, qui devait être l'étape décisive, ni d'engager l'avenir du Québec sans une clarification des enjeux constitutionnels. Fonder notre avenir sur des bases aussi peu solides serait une erreur à laquelle nous ne voulons ni ne pouvons être associés.

L'autonomie politique du Québec

Le plus important pilier de notre programme constitutionnel, le nouveau partage des pouvoirs devant mener à une plus grande autonomie politique du Québec, demeure un élément primordial et incontournable des attentes du Québec face à l'entente du 28 août. Les raisons qui ont poussé le Parti libéral du Québec à mettre tant d'emphase et d'importance sur le partage des pouvoirs sont de deux ordres. Tout d'abord, nous avons la conviction qu'il faut récupérer tous les pouvoirs, tous les champs de compétence, qui puissent nous permettre de maîtriser notre destin à titre de société distincte au sein du Canada. Si le droit de veto et la clause de la société distincte sont le cadre de référence de notre autonomie politique, la récupération des pouvoirs essentiels à notre développement se veut le moyen d'action concret pour donner substance à cette autonomie.

L'autre objectif qui nous guide est celui d'atteindre la plus grande efficacité possible dans la gestion et la livraison des services gouvernementaux. Avec une économie ralentie par les emprunts gouvernementaux et d'énormes pressions sur les finances publiques à tous les niveaux de gouvernement, il nous semble évident que le Canada ne peut plus se permettre le gaspillage qu'entraînent les chevauchements et les dédoublements de pouvoirs.

Pour déterminer les champs de compétence qu'il était souhaitable pour le Québec de récupérer, nous avons pris comme guides les revendications traditionnelles du Québec au cours des 40 dernières années, mais surtout un principe simple, moderne et résolument efficace : celui de la subsidiarité.

L'utilisation du principe de subsidiarité visait à arriver à une entente empreinte d'efficacité et de pragmatisme dans la division des pouvoirs. Ce principe stipule qu'il faut confier au gouvernement central seulement les juridictions où il est le mieux qualifié pour livrer des services de manière efficace. C'est le cas des domaines où les implications dépassent les frontières du Québec (le transport interprovincial, la défense nationale, etc.) ou encore des juridictions pour lesquelles des économies d'échelle substantielles peuvent être accomplies par la mise en commun des responsabilités (politiques commerciales, monétaires, diplomatiques, etc.)

L'évolution de la Communauté économique européenne (CEE) est d'ailleurs fondée sur ce même principe. Dans les mots de Valéry Giscard D'Estaing, il s'agit «de ne confier aux institutions communautaires que les seules compétences qui sont nécessaires pour mener à bien des tâches qui ne pourront pas être réalisées de façon plus satisfaisante par les États membres pris isolément». Dans le cas du Québec, qui se doit de détenir le contrôle sur les leviers de développement qui rendent compte de sa spécificité, cette logique moderne et efficace de la répartition des tâches gouvernementales s'avère la voie à suivre.

Peu de progrès réels

Le contenu de l'entente du 28 août ne laisse entrevoir que des gains mitigés et incertains pour le Québec dans l'application du principe de la subsidiarité et dans l'élimination des chevauchements. En comparaison de l'ordre constitutionnel existant avant le début de cette ronde de négociations, le partage des pouvoirs proposé n'est que marginalement bénéfique au Québec, considérant que de nouvelles conditions sont maintenant rattachées au libre exercice de nos compétences reconnues.

Dans un premier temps, l'entente du 28 août offre de transférer au Québec par ententes administratives, avec une protection constitutionnelle pour cinq ans, la juridiction exclusive en matière de ressources forestières et minières, de tourisme, d'habitation, de loisirs et d'affaires municipales. Pourtant, il s'agit d'autant de domaines où la compétence exclusive du Québec est explicitement reconnue par la Constitution de 1867. Si la Constitution originale, celle-là même qui fonde l'adhésion du Québec au Canada, avait été respectée dès le départ, il ne se serait jamais avéré nécessaire d'inclure de pareilles dispositions dans l'entente du 28 août. En dépit de cela, aujourd'hui, on nous présente cela comme d'importants pas en avant pour le Québec.

Qui plus est, si la Constitution de 1867 avait été respectée, un nombre important de compétences que cette entente ne reconnaît pas spécifiquement au Québec n'auraient pas eu besoin de l'être. C'est le cas des secteurs de l'énergie et des autres ressources naturelles, de la santé et des services sociaux, de l'éducation, de la langue, de la recherche et du développement, de l'aide aux famillles et de nombreux secteurs de la politique industrielle qui, dans la Constitution de 1867, furent reconnus, explicitement ou implicitement, de compétence provinciale exclusive. Par nombre de méthodes, notamment le pouvoir de taxation, le pouvoir de dépenser, le pouvoir déclaratoire et le pouvoir résiduaire, le gouvernement fédéral, avec l'assentiment de la Cour suprême, s'est approprié au cours des ans des pans entiers de ces juridictions, ce qui nous a conduit aux multiples dédoublements et chevauchements de pouvoirs que nous connaissons aujourd'hui.

Partage des pouvoirs : un statu quo remodelé

Dans l'entente du 28 août, plusieurs compétences exclusives que notre programme constitutionnel avait jugé essentielles à notre développement et à une interprétation bien comprise de la subsidiarité ne nous sont pas transférées : agriculture, assurance-chômage, communications, environnement, sécurité publique et sécurité du revenu. Ainsi, au-delà des six juridictions nous «appartenant» déjà que cet accord nous reconnaît, on ne retrouve que l'immigration (qui reste une compétence partagée et qui nous était déjà acquise dans les faits à la suite d'ententes administratives longuement et laborieusement négociées) et la formation de la main-d'œuvre. Quant à la culture, les télécommunications et le développement régional, il semble évident que le gouvernement fédéral reprend encore d'une main ce qu'il nous offre de l'autre.

En matière de développement régional, alors que notre programme demandait au gouvernement fédéral de s'en retirer complètement, le processus convenu est nettement insatisfaisant. L'entente confirme les prérogatives des deux paliers de gouvernement. De plus, l'arrangement intervenu au chapitre des télécommunications, contrairement à ce que l'on aurait souhaité, n'est que strictement administratif.

En effet, les transferts de juridiction vers le Québec contenus dans cette entente sont liés à tant de conditions et soumis à un processus si complexe et aléatoire que les Québécois sont en droit de s'interroger sur la volonté réelle du gouvernement fédéral et du reste du Canada d'aller de l'avant avec ce partage des pouvoirs. Si le gouvernement fédéral avait vraiment l'intention de céder ces compétences au Québec, s'efforcerait-il avec tant d'acharnement pour en rendre le transfert difficile, réversible et incomplet ? En vertu de cet accord, presque tout transfert de pouvoir, entre autres dans le cas des compétences déjà reconnues explicitement comme de juridiction québécoise, devra être précédé d'une négociation en règle entre gouvernements. Quand on voit les résultats obtenus suite à cette ronde de négociation où le gouvernement du Québec a usé de la stratégie dite du «couteau sur la gorge», on peut s'interroger sur la possibilité de conclure des ententes satisfaisantes une fois passée l'échéance du référendum. Une fois cette négocation conclue, après ce qui pourrait fort bien s'avérer un processus long, ardu et incertain, l'entente finale ne jouirait au demeurant que d'une protection constitutionnelle pour cinq ans.

Main-d'œuvre : un transfert incomplet

Pour ce qui est du domaine de la main-d'œuvre, une revendication clé du Québec, le gouvernement fédéral se réserve la juridiction sur la sécurité du revenu et les services connexes fournis dans le cadre du régime d'assurance-chômage, les programmes de création d'emploi, ainsi que les objectifs et les normes nationales en matière de perfectionnement de la main-d'œuvre. De fait, le gouvernement central ne s'engage qu'à faire en sorte qu'une province puisse limiter le pouvoir de dépenser du fédéral dans le cas des seuls programmes de formation de la main-d'œuvre ainsi qu'à rationaliser la gestion de certains programmes reliés à l'assurance-chômage. Sur la base de ces propositions, on estime que la majeure partie des coûteux dédoublements de pouvoirs restera en place dans le domaine de la main-d'œuvre, et que la confusion qui en découle persistera car les facteurs à prendre en considération lors de l'établissement des normes nationales sont tellement larges et diversifiés que les normes et objectifs nationaux pourront englober presque n'importe quoi.

Culture : le statu quo en pratique

Avec la langue, la culture est sans doute le domaine qui rejoint le plus la vision que les Québécois ont de leur caractère distinct. À cet égard, ils désirent voir le gouvernement du Québec prendre seul en charge les politiques en cette matière. Malgré cela, le texte définitif de l'entente du 28 août stipule que «les provinces devraient avoir la compétence exclusive sur les questions culturelles sur leur territoire [...] (alors que) le gouvernement fédéral continuerait d'avoir des responsabilités touchant les questions culturelles canadiennes». Il s'agit là d'un parfait exemple de la conception qu'a Ottawa de la notion d'exclusivité. Puisque le gouvernement fédéral entend continuer à s'occuper des «institutions culturelles nationales» et des subventions aux organismes culturels, on doit déduire qu'on nous offre un statu quo dans un format qui n'a de l'exclusivité que l'apparence. En effet, puisque le gouvernement fédéral intervient principalement par le biais de ses institutions, le maintien de ces institutions et des subventions de celles-ci consacre la continuité des pratiques actuelles.

La constitutionnalisation d'un fédéralisme dominateur

En outre, aucun de ces soi-disant transferts de pouvoirs n'est limpide. Tout transfert qui puisse se faire vers le Québec ne jouira d'une protection constitutionnelle, provisoire au demeurant, qu'à la suite d'un long et pénible exercice de négociation bilatérale, un exercice aussi incertain qu'ardu. Là où cela pose davantage problème, c'est lorsqu'on fait le pari que ce mécanisme suffira à enclencher un irréversible processus de transfert graduel, un processus qu'on dit être facilité par le fait qu'il se fera hors de l'atmosphère surchauffée des négociations constitutionnelles multilatérales. Voilà qui est faire une lecture plutôt curieuse de la dynamique fédérale-provinciale des 30 dernières années. En effet, faire ce pari revient à croire que nous obtiendrons plus facilement dans l'avenir une manifestation de bonne volonté que même le «couteau sur la gorge» et la menace d'éclatement du pays n'ont suffi à soutirer du présent gouvernement fédéral, pourtant l'un des plus sensibles aux revendications du Québec de l'histoire de la fédération canadienne.

Pour ce qui est du pouvoir de dépenser, notre programme constitutionnel, fondé sur les revendications traditionnelles du Québec, proposait de mettre fin une fois pour toutes à cette pratique qui n'a jamais cessé de réduire l'autonomie politique du Québec. Cette entente, pourtant, ne fait que stipuler que si le Québec choisit de ne pas participer «à un nouveau programme cofinancé mis sur pied par le gouvernement fédéral dans un domaine de compétence provinciale exclusive», le gouvernement fédéral lui versera une juste compensation à la condition qu'il mette sur pied un programme qui soit «compatible avec les objectifs nationaux». Autrement dit, bien que le gouvernement fédéral reconnaisse enfin son empiétement de nos compétences exclusives, il ne s'engage à y renoncer qu'à la seule condition que le Québec agisse selon des objectifs édictés par le gouvernement fédéral, faute de quoi les Québécois seront privés d'une juste compensation financière tirée à même leurs propres impôts.

Non seulement peut-on douter que ces dispositions s'avèrent suffisantes pour nous protéger d'empiétements futurs (car le gouvernement fédéral a tout récemment usé de lois à caractère environnemental pour envahir des responsabilités québécoises essentielles en matière de développement économique et régional), mais cette modeste limitation du pouvoir de dépenser ne nous compense nullement pour les multiples empiétements dont nous avons hérité.

Le déclin de la vision dualiste

La reconnaissance par nos partenaires du fait que le Québec constitue une société distincte fut un élément majeur de l'Accord du lac Meech. Nous cherchions, par cette clause, à affirmer clairement le rôle particulier que le Québec joue dans l'ensemble canadien. Nous voulions que la loi fondamentale du pays fasse, dans les textes et dans les faits, une place à l'identité du Québec dans le Canada.

Pendant 30 ans, le Québec a cherché à obtenir du Canada une reconnaissance à la fois toute simple mais combien fondamentale de sa spécificité. Cette reconnaissance de la réalité canadienne, nous avons demandé à ce qu'elle prenne la forme d'un instrument qui vienne consacrer en termes juridiques que le Québec est un peuple fondateur du Canada, qu'il est intimement lié à son histoire, son évolution et à la personnalité que projette le Canada sur la scène internationale. Mais le reste du Canada, incapable de reconnaître notre particularité, nous concède les mots « société distincte » tout en reniant les aspirations qui ont donné naissance au concept.

Pour nous, Québécois, la notion de la société distincte signifiait la consécration d'une indéfectible volonté d'affirmer, au Québec et au sein du Canada, une manière d'être et un cadre de vie distincts qui constituent l'héritage historique du Québec et l'expression vivante de ses aspirations les plus profondes. Le Canada anglais, pourtant, nous offre une définition technique, réduite à des caractéristiques limitées, dont la valeur juridique est réduite et comprise au sein d'une clause Canada qui affirme les fondements de l'identité d'un pays uniforme où les Québécois qui l'ont bâti ont peine à se reconnaître, encore plus à s'affirmer.

Que veut dire la société distincte quand elle est associée à la dualité linguistique, à l'égalité des provinces, au multiculturalisme, au Sénat Triple-E, à un fédéralisme aussi foncièrement dominateur ? La société distincte telle qu'on l'a définie, encadrée et circonscrite ne permet plus aux Québécois d'espérer réaliser ce pourquoi elle avait été revendiquée au départ : disposer de la souplesse et de la « marge de manœuvre » dont nous avons besoin pour protéger la différence qui nous tient à cœur, la guider et la promouvoir. Si ce n'était pas assez, on voit même que des incongruités se glissent dans la traduction. En effet, alors que la version française utilise le mot « notamment » qui n'est pas limitatif, la version anglaise utilise une formulation qui a un sens beaucoup plus limitatif.

Société distincte et sécurité culturelle

Cette entente s'avère à cet égard insuffisante pour garantir l'autonomie politique et la sécurité culturelle et linguistique que revendique le Québec depuis si longtemps. En effet, le gouvernement du Québec exprime dans cette entente son « attachement » au développement et à l'épanouissement des communautés linguistiques minoritaires. Il est d'autant plus inquiétant de voir cette clause ressurgir que le gouvernement du Québec avait obtenu du gouvernement fédéral qu'elle soit modifiée à titre de condition préalable au retour du Premier Ministre québécois aux tables de négociations multilatérales. Là, comme ailleurs, il faut convenir que même les promesses les plus formelles n'ont pas pu résister au rouleau compresseur de la négociaton à 17. De plus, dans la version anglaise du texte définitif, on ne parle plus d'attachement mais bien de *commitment*, un terme beaucoup plus fort qui est plutôt associé à l'engagement plutôt qu'à l'attachement. Deux interprétations s'affrontent donc et nous ne pouvons à ce moment présumer du résultat de ce débat, ce sera donc à la Cour suprême de trancher. Alors qu'en 1987, on pouvait présenter la clause interprétative contenue dans l'Accord du lac Meech comme étant un gain majeur nous permettant d'espérer la mise sur pied d'un fédéralisme asymétrique, cette fois nous ne pouvons même pas assurer aux Québécois que cette clause ne constitue pas une menace pour les lois linguistiques dont le Québec s'est doté afin de se prémunir contre les tendances naturelles du continent qui poussent la langue et la culture d'ici vers la marginalisation.

Droit de veto : la fin d'un pacte entre deux nations

Pour être confortable avec l'évolution du Canada, pour préserver et promouvoir sa société distincte dans le respect de son autonomie, le Québec a toujours tenu, à titre de peuple fondateur et de pilier de la dualité canadienne, à disposer d'un droit de veto sur la réforme des institutions fédérales. À toutes les fois où il s'est retrouvé au pouvoir, le Parti libéral a maintenu cette ligne et s'est effectivement assuré qu'aucune modification fondamentale des institutions nationales ne puisse avoir lieu sans son consentement. Il a su conserver et user du droit de veto du Québec.

Le droit de veto se veut un élément fondamental pour éviter notre marginalisation dans le système fédéral. En effet, un droit de veto peut être utile pour le Québec s'il nous met à l'abri des changements que d'autres voudraient nous imposer et qui mettraient en danger notre autonomie, nos intérêts et notre emprise sur le devenir de notre société. Il doit être un instrument du pouvoir politique qui nous permet de jouer un rôle actif et respecté dans l'évolution de la fédération.

Or, les provinces anglophones nous offrent de rétablir le droit de veto du Québec dans la seule mesure où elles en obtiennent un également, et conditionnel à l'appui à un Sénat égal. Cette réforme étant complétée, nous pouvons être assurés que nul au Canada anglais ne voudra renouveler l'expérience de la révision constitutionnelle dans un avenir prévisible. De fait, le seul aspect de la réforme constitutionnelle où le droit de veto du Québec aurait pu s'appliquer avant la fin du présent millénaire touche la création de nouvelles provinces. L'accord du 28 août précise cependant que, dorénavant, le veto des provinces ne s'appliquera pas à ce chapitre et qu'une loi du Parlement fédéral sera suffisante pour créer de nouvelles provinces.

Certes, on fait état d'un veto *de facto* sur la création de nouvelles provinces découlant du droit de veto que nous conservons sur la formule d'amendement. On peut tout de même présumer qu'une fois une nouvelle province créée, les pressions ne cesseraient de s'intensifier sur le Québec pour que soient octroyés à cette nouvelle province ses six sénateurs ainsi que sa participation à la formule d'amendement, afin de ne pas avoir de provinces «de seconde classe».

Par ailleurs, il importe de noter que le veto québécois ne s'applique qu'aux réformes fondamentales des institutions fédérales. Ce veto touche donc les modifications à la composition de la Cour suprême, ce qui comprend la garantie des trois juges québécois, mais pas le fait qu'ils soient nommés à partir d'une liste soumise par le Québec.

L'égalité des provinces dans une institution centrale

Au Québec, comme ailleurs au Canada, tous se sont rendus à l'évidence, depuis l'échec de l'Accord du lac Meech, qu'il existe des failles importantes dans la structure politique canadienne. Les Québécois furent les premiers à déceler dans l'actuel mécanisme d'équilibre des pouvoirs de décision du gouvernement central des caractéristiques qui rendent le système incapable de confronter les défis majeurs qui attendent le Canada. Pour dénouer l'impasse et moderniser la fédération canadienne, nous avons proposé une décentralisation importante dans le partage des pouvoirs pour conférer au Québec une plus grande autonomie politique. Cela étant dit, nous voulions encore améliorer le fonctionnement des structures du gouvernement central si nous voulions tous gérer efficacement les responsabilités communes.

Historiquement, la réforme du Sénat n'a jamais tenu une grande importance au Québec, ni pour la population ni pour le Parti libéral. Cependant, cette question s'est avérée être primordiale pour les politiciens de l'Ouest du pays et de Terre-Neuve, qui voient dans le Sénat une façon de remédier à leur aliénation politique et de se prémunir contre des initiatives malavisées du gouvernement fédéral en diminuant l'influence du Canada central, et donc du Québec.

En proposant un Sénat Triple-E, bon nombre de provinces canadiennes plus petites veulent s'assurer d'un mécanisme par lequel le gouvernement fédéral ne pourra plus ignorer impunément les intérêts de leur gouvernement. Nul besoin de préciser que cette préoccupation est partagée par les Québécois. Cela dit, nous avons préféré pour notre part revendiquer un partage plus efficace des compétences pour solutionner ce problème. Plusieurs provinces, dans l'Ouest comme dans les Maritimes, ont préféré ignorer les nombreux avantages de cette formule et se sont plutôt entendues sur une formule rendant le Canada plus difficile encore à gouverner.

En vertu des dispositions de l'entente, les Canadiens seront invités d'ici cinq ans à élire dans chaque province six sénateurs à la Chambre haute. Ces derniers, une fois élus, pourront faire échec à certaines législations votées par la Chambre des communes. Pareille réforme aura des conséquences sur le fonctionnement des institutions démocratiques fédérales, sur le rôle du Québec au sein du gouvernement fédéral et sur l'équilibre des régions et provinces qui composent la fédération. Sur tous les plans, ce que représente ce nouveau Sénat ressemble à une inversion parfaite des revendications québécoises. En résumé, ce Sénat sera égal : l'Île-du-Prince-Édouard avec 120 000 habitants aura une représentation égale à celle du Québec avec 7 millions de population.

Certes, on a su faire en sorte que l'institution issue de l'entente du 7 juillet se transforme le 28 août en une chambre d'une efficacité moins grande que ce que demandait les partisans d'un Sénat vraiment Triple-E. Néanmoins, avec réalisme, il faut avouer que le Sénat proposé bénéficiera d'un impact réel sur la dynamique fédérale. D'abord, il aura le rôle de ratifier les nominations aux organismes canadiens. Avec à peine plus de 9 % des sénateurs, peu de Québécois risquent de se voir confier la direction d'organismes importants. Deuxièmement, avec la formule de session conjointe du Sénat et de la Chambre des communes qui est proposée, lorsque la Chambre haute rejettera un projet de loi, son rôle deviendra considérable dans l'éventualité où le gouvernement fédéral est minoritaire ou faiblement majoritaire. En fait, dans notre régime parlementaire, il pourrait disposer de la balance du pouvoir. Enfin, en accordant un veto à double majorité pour les lois touchant la culture et la langue, on rend possible que des francophones hors du Québec viennent contredire la volonté des sénateurs québécois. Les intérêts des Québécois et des francophones hors Québec ne convergeant pas toujours, une telle situation risque de se produire.

Par ailleurs, le processus de sélection des sénateurs dans un nouveau Sénat pose également problème. En effet, des sénateurs élus au suffrage universel auraient vraisemblablement tendance à parler en lieu et place des gouvernements provinciaux. Si l'idée d'élire les sénateurs québécois par l'Assemblée nationale paraît théoriquement intéressante puisque cela pourrait permettre de prolonger ses pouvoirs, dans les faits on constatera une marginalisation évidente de ces derniers. En effet, les autres sénateurs étant vraisemblablement élus par la population et attachés à une formation politique, les affinités seront difficiles à développer entre ceux-ci et ceux du Québec.

Une garantie pour le Québec de disposer d'un minimum de 25 % des sièges à la Chambre des communes ne vient aucunement régler les problèmes que pose la diminution du poids relatif du Québec au Sénat. Dans un premier temps, le Québec détenant depuis un bon moment et pour longtemps un poids équivalent à 25 % de la population canadienne, il ne s'agit donc pas d'un gain. De plus, l'augmentation du nombre de députés québécois est peu significative puisque la représentation du Québec à la Chambre des communes ne passerait que de 25 à 27 %. Par ailleurs, les députés québécois à la Chambre des communes seront tenus de suivre une ligne de parti. À cet égard, l'adoption du projet de loi C-13 cette année et le rapatriement unilatéral de la Constitution en 1982, où dans les deux cas le parti au pouvoir était fortement composé de Québécois, sont des exemples probants où les intérêts supérieurs du Québec n'ont pas été représentés adéquatement à Ottawa.

Avec l'entente du 28 août, le Québec risque de perdre beaucoup de son poids relatif au sein de la fédération. Il risque d'être marginalisé dans les institutions fédérales et il risque de voir s'accentuer davantage la vision de l'égalité des provinces qui s'est développée dans le reste du Canada depuis le rapatriement unilatéral de la Constitution en 1982. De plus en plus, dans la dynamique fédérale et dans le reste du Canada, on considérera le Québec comme une province semblable aux autres.

Les revendications autochtones

Exception faite d'un épisode isolé et malheureux à l'été 1990, mettant en cause les agissements antidémocratiques d'une faction radicale au sein d'une seule communauté autochtone, les relations du Québec avec les Autochtones au cours des 15 dernières années peuvent être qualifiées de positives. Le Québec, de l'avis de tous les experts, offre aux Autochtones un traitement plus généreux que partout ailleurs au Canada et dans le monde.

Près de 15 000 kilomètres carrés de terres leur sont réservées, ce qui est beaucoup plus considérable que dans les autres provinces. Le gouvernement du Québec est le seul au monde à soutenir les langues autochtones. La majorité de ces langues sont encore parlées au Québec, alors que la tendance est nettement à l'inverse dans le reste du Canada. Notre appui en matière d'éducation est également de loin supérieur à ce qui se fait ailleurs au Canada. En 1990-1991, le gouvernement du Québec a accordé plus de 92 millions de dollars pour l'éducation des Autochtones, principalement pour les communautés cris et inuit.

Dans le cadre de la Convention de la Baie James, plus de 11 millions de dollars sont versés à quelque 1 300 familles de piégeurs, pêcheurs et trappeurs cris, inuit et naskapis au seul titre de la sécurité du revenu et ce, depuis 1978. Le Québec est la première province à avoir reconnu le statut d'Amérindien. Dans le cadre d'une étude internationale, les experts ont d'ailleurs placé le Québec au tout premier rang, et de loin, quant à la protection des droits des Autochtones, de même que pour ses efforts financiers pour améliorer les conditions de vie de ces peuples.

Les Autochtones ont fait valoir au cours de cette ronde de négociation leur volonté de voir le principe du droit inhérent à l'autonomie gouvernementale reconnu dans la Constitution. Les Québécois, comme le Parti libéral du Québec, souscrivent aux fondements de ce principe. Pour effacer les séquelles de la dépendance, pour promouvoir leur différence et retrouver dans cette affirmation une dignité certaine, les Autochtones veulent prendre leurs affaires en main. Les Québécois, membres d'une société distincte à part entière, sont certes en mesure de comprendre de pareilles aspirations. L'accord du 28 août laisse cependant sans réponse nombre d'interrogations notamment quant au financement et aux pouvoirs conférés aux gouvernements autochtones.

Le transfert d'une responsabilité politique aux tribunaux

Un autre principe fondamental qui nous guide est celui de la primauté des lois de l'Assemblée nationale. En effet, il serait inconséquent pour le Québec de tenter de dégager une large part d'autonomie face au gouvernement fédéral, pour ensuite perdre cette marge de manœuvre au profit des gouvernements autochtones. Pour permettre aux premières nations du Québec de prendre en main l'avenir de leurs communautés et assurer à leur façon l'épanouissement de leur culture, il est évident que le gouvernement du Québec devra s'engager à négocier un certain transfert de responsabilités. Cet engagement était d'ailleurs effectif bien avant le début de la présente ronde constitutionnelle comme en témoigne la Convention de la Baie James et du Grand Nord québécois. Cette négociation devra s'inspirer d'une forme de subsidiarité qui sera adaptée aux besoins et aux capacités des différentes communautés autochtones.

Toutefois, il apparaît que cette négociation sans entraves n'est pas possible dans le cadre des dispositions de l'entente du 28 août. Non seulement le texte définitif de l'entente du 28 août rend-il la négociation obligatoire, il en précise la finalité et impose aux parties un délai très court, sans quoi notre autonomie politique se verra atteinte au profit de tribunaux qui devront statuer à la lumière d'une jurisprudence inexistante.

Quant au financement de futurs gouvernements autochtones autonomes, rien dans l'entente du 28 août ne laisse présager que les décisions de la Cour suprême pourront faire en sorte que le Québec sera le moindrement à l'abri de nouvelles ponctions financières. Dans l'état actuel des finances publiques, à Québec comme à Ottawa, il s'agit d'une inquiétude supplémentaire aux yeux des Québécois. Personne ne pouvant interpréter les textes aux chapitres des compétences, des terres et des ressources et arrangements économiques et financiers, la judiciabilité de ces questions demeure une crainte pour les Québécois.

Conclusion

Comparée aux revendications traditionnelles du Québec depuis plus de 30 ans, confrontée à la vision que les Québécois ont d'un Canada où ils seraient confortables, mis en parallèle avec les critères qui ont fondé l'adhésion du Québec au pacte confédératif de 1867, l'entente du 28 août ne peut être interprétée autrement que comme étant une amère déception. Cette entente traduit clairement la définition d'un Canada uniformisateur qui marginalise le fait national québécois en le privant de s'affirmer avec dynamisme.

Plus qu'un aménagement juridique, une Constitution se veut le symbole d'un consensus qui consacre le consentement de tous à la légitimité d'une vision d'un pays, ce que l'ordre constitutionnel issu de l'entente du 28 août ne saurait représenter aux yeux des Québécois. Alors que les Québécois ont toujours tenu à ce que leur participation à la fédération soit celle d'un peuple fondateur et un pilier de la dualité canadienne, voilà le Québec considéré comme étant une province comme les autres, égale jusque dans la composition du Sénat. Nous voilà également avec une définition de la société distincte qui est bien en deçà de la façon dont nous la concevons.

Toutes ces concessions furent faites, semble-t-il, afin de récupérer un droit de veto qui, en vertu de l'entente du 28 août, s'avère être le même que la Constitution de 1867 nous a toujours conféré, soit une formule d'amendement qui nécessite l'unanimité des provinces pour procéder à des réformes des institutions centrales. Comment se fait-il que le Québec doive concéder un Sénat égal, une revendication qui date de quelques années, pour récupérer son veto, un droit qui nous était acquis durant 115 ans, de 1867 à 1982 ?

Contrairement aux revendications traditionnelles du Québec, le contenu de cette entente ne respecte ni le principe de l'efficacité ni ceux de la subsidiarité et de l'autonomie politique du Québec. Il élimine très peu les coûteux chevauchements et dédoublements de pouvoirs et ne nous donne pas les outils nécessaires à notre développement, à nos stratégies dans tous les domaines d'importance et à notre sécurité culturelle et linguistique. Bref, ce que nous propose cette entente en matière de partage des pouvoirs est bien loin de répondre aux aspirations légitimes des Québécois, en tant que membres d'une société distincte et en tant que citoyens déjà lourdement taxés.

L'entente nous déçoit particulièrement au chapitre du cœur et de l'essence des revendications québécoises depuis 30 ans, la pierre d'assise de notre programme constitutionnel, les outils avec lesquels il nous faut développer la société québécoise : le partage des pouvoirs. Sur ce point, on s'aperçoit que les dispositions de l'entente du 28 août sur le pouvoir de dépenser du gouvernement fédéral ne nous protègent pas suffisamment des empiétements futurs et ne nous permettent pas de se défaire des empiétements dont nous avons hérités. Le pouvoir final d'ériger les normes fondamentales des grandes politiques publiques reste trop souvent dans les mains du fédéral pour des compétenes que nous revendiquons ou qui devraient déjà nous appartenir.

Pourquoi voter non ?

Si le Canada anglais a dit non en 1990 aux demandes du Québec pour réintégrer la Constitution canadienne, disant ainsi non aux principes de base de la vision québécoise de renouvellement du fédéralisme, ils l'ont fait en toute conscience des impacts politiques et économiques. Mais surtout, cela a été fait pour signifier leur vision du pays. Les Québécois ont maintenant en main un projet de renouvellement qui correspond davantage à la vision du reste du Canada.

Le 26 octobre prochain, les Québécois ont à leur tour le droit de dire NON :

parce que c'est insuffisant et incertain ;

parce que c'est nettement incomplet ;

parce que cette entente donne naissance à de nombreuses mésententes futures ;

parce que le Québec n'est pas une province comme les autres.

Nous croyons qu'un NON confirmera à nos partenaires canadiens que peu importe si notre avenir se dessine dans le fédéralisme canadien ou dans un modèle de souveraineté avec des institutions de nature confédérale, le Québec ne peut accepter de consentir au rôle qui lui est proposé dans l'entente du 28 août.

En 1980, les Québécois ont engagé leur avenir sur une promesse du Premier Ministre du Canada de renouveler le fédéralisme en fonction de leurs aspirations. Ils se sont rendu compte que cela n'arriverait pas lorsque, deux ans plus tard, la Constitution fut rapatriée sans l'accord du Québec. Aujourd'hui, on nous demande d'engager notre futur sur la base d'un accord qui contient la promesse de négocier des ententes dans quelques secteurs. Nous croyons qu'il est utile de tenir compte des leçons de l'histoire.

Les Québécois ont atteint une maturité comme société. Ils ont une responsabilité envers les générations futures, ils ont une responsabilité envers leur histoire, ils ont la responsabilité de dire NON.

Comme libéraux et comme citoyens d'une société qui a confiance en son avenir, nous considérons que cette entente ne représente pas un projet ambitieux pour le Québec. Elle ne rencontre pas notre vision de l'avenir du Québec. C'est pourquoi nous faisons le choix de dire NON.

Annexes

Rapport du consensus sur la Constitution

CHARLOTTETOWN

Le 28 août 1992

Texte définitif

TABLE DES MATIÈRES

AVANT-PROPOS   Page

I.   UNITÉ ET DIVERSITÉ

       A.   LES CITOYENS ET LES COLLECTIVITÉS   1

             1.   La clause Canada
             2.   Les peuples autochtones et la Charte canadienne des
                   droits et libertés
             3.   Les communautés linguistiques au Nouveau-Brunswick

       B.   L'UNION SOCIALE ET ÉCONOMIQUE DU CANADA   2

             4.   L'union sociale et économique
             5.   Les inégalités économiques, la péréquation et le développement
                   régional
             6.   Le marché commun (*)

II.   LES INSTITUTIONS

       A.   LE SÉNAT   4

             7.   Un Sénat élu
             8.   Un Sénat égal
             9.   La représentation des peuples autochtones au Sénat
             10.   Les rapports avec la Chambre des communes
             11.   Catégories de mesures législatives
             12.   Adoption des mesures législatives
             13.   Les projets de loi traitant des recettes et des dépenses
             14.   La double majorité
             15.   La ratification des nominations (*)
             16.   L'admissibilité au Cabinet

       B.   LA COUR SUPRÊME   7

             17.   Inscription dans la Constitution
             18.   La composition
             19.   Les nominations
             20.   Le rôle des Autochtones (*)

       C.   LA CHAMBRE DES COMMUNES   8

             21.   La composition de la Chambre des communes
             22.   La représentation des Autochtones (*)

       D.   LES CONFÉRENCES DES PREMIERS MINISTRES   9

             23.   Inscription dans la Constitution (*)

Page

E.   LA BANQUE DU CANADA   9

     24.   La Banque du Canada

III.   LES RÔLES ET LES RESPONSABILITÉS   9

       25.   Le pouvoir fédéral de dépenser : les nouveaux
             programmes cofinancés
       26.   La protection des ententes intergouvernementales
       27.   L'immigration
       28.   La formation et le perfectionnement de la main-d'oeuvre (*)
       29.   La culture
       30.   Les forêts (*)
       31.   Les mines (*)
       32.   Le tourisme (*)
       33.   Le logement (*)
       34.   Les loisirs (*)
       35.   Les affaires municipales et urbaines (*)
       36.   Le développement régional
       37.   Les télécommunications
       38.   Le pouvoir fédéral de désaveu et de réserve
       39.   Le pouvoir déclaratoire fédéral
       40.   Le mécanisme de protection des Autochtones

IV.   LES PREMIÈRES NATIONS

      A.   LE DROIT INHÉRENT À L'AUTONOMIE GOUVERNEMENTALE   14

           41.   Le droit inhérent à l'autonomie gouvernementale
           42.   Le report de la justiciabilité
           43.   Les questions relatives à la Charte
           44.   Les terres

      B.   LA MÉTHODE D'EXERCICE DU DROIT   16

           45.   L'engagement de négocier
           46.   Le processus de négociation (*)
           47.   La transition juridique et la compatibilité des lois
           48.   Les traités

      C.   QUESTIONS LIÉES À L'EXERCICE DU DROIT   18

           49.   L'égalité d'accès aux droits énoncés à l'article 35
           50.   Le financement (*)
           51.   Les programmes d'action positive
           52.   L'égalité des sexes
           53.   Le processus constitutionnel autochtone futur
           54.   Le paragraphe 91(24) (*)
           55.   Les Métis de l'Alberta/le paragraphe 91(24)
           56.   L'accord relatif à la nation métisse (*)

  Page

V.   LA FORMULE DE MODIFICATION   20

        57.   Les changements aux institutions nationales
        58.   La création de nouvelles provinces
        59.   La compensation dans le cas des modifications
               transférant des compétences
        60.   Le consentement des Autochtones

VI.   AUTRES QUESTIONS   21

NOTA : Les astérisques <u>dans la table des matières</u> dénotent des secteurs à l'égard desquels le consensus est de procéder par la voie d'un accord politique.

AVANT-PROPOS

Le présent document est le fruit d'une série de réunions sur la réforme de la Constitution auxquelles ont participé les gouvernements fédéral, provinciaux et territoriaux et les représentants des peuples autochtones.

Les réunions s'inscrivaient dans le cadre de la Ronde Canada ayant pour objet le renouvellement de la Constitution. Le 24 septembre 1991, le gouvernement fédéral déposait devant le Parlement un ensemble de propositions visant le renouvellement de la fédération canadienne qui s'intitulait : <u>Bâtir ensemble l'avenir du Canada</u>. Un Comité mixte spécial de la Chambre des communes et du Sénat en a alors été saisi et il a entrepris de recueillir les points de vue de la population en se déplaçant dans tout le pays. Le Comité a reçu 3 000 mémoires et entendu les témoignages d'environ 700 personnes.

Au cours de la même période, toutes les provinces et les deux territoires ont institué des tribunes afin de consulter la population au sujet du dossier constitutionnel. Ces tribunes ont permis de recueillir les réactions et les conseils de la population et de présenter des recommandations aux gouvernements. De leur côté, les organisations autochtones nationales et régionales ont procédé à une consultation de la population autochtone.

Une forme de participation innovatrice, c'est-à-dire la série de six conférences nationales qui ont été télévisées de janvier à mars 1992, a permis aux spécialistes, aux groupes de pression et aux citoyens ordinaires de s'exprimer.

Peu avant le dépôt du rapport du Comité mixte spécial sur le renouvellement du Canada, le Premier ministre du Canada a invité les représentants des provinces et des territoires et les dirigeants autochtones à rencontrer le ministre fédéral des Affaires constitutionnelles en vue d'en discuter.

À leur première rencontre, tenue à Ottawa le 12 mars 1992, les participants ont convenu de tenir une série de réunions en vue de dégager un consensus sur un ensemble de modifications constitutionnelles. Il a alors été décidé que les participants mettraient tout en oeuvre pour parvenir à un consensus avant la fin du mois de mai 1992 et qu'aucun gouvernement ne prendrait de mesure unilatérale tant que durerait le processus. Il a ultérieurement été convenu de le poursuivre en juin, puis en juillet.

Afin de faciliter l'exécution de leur tâche, les chefs de délégation ont convenu de créer un comité de coordination composé de hauts fonctionnaires de divers gouvernements et de représentants des quatre associations autochtones. Ce comité a, à son tour, mis sur pied quatre groupes de travail et les a chargés d'élaborer des options et des recommandations qui seraient soumises aux chefs de délégation.

Les recommandations qui figurent dans le rapport du Comité mixte spécial sur le renouvellement du Canada ont servi de point de départ aux discussions, de même que les recommandations des divers organes de consultation mis sur pied par les provinces et les territoires et les consultations tenues avec les peuples autochtones. Durant les réunions multilatérales, l'essentiel des délibérations a porté sur des solutions de rechange ou des modifications aux propositions contenues dans ces divers rapports.

Si l'on comprend la séance initiale d'Ottawa, les chefs de délégation ont eu l'occasion de se réunir durant vingt-sept jours, en plus des réunions du Comité de coordination et des quatre groupes de travail. Le calendrier des réunions a été le suivant :

Le 12 mars	Ottawa
Les 8 et 9 avril	Halifax
Le 14 avril	Ottawa
Les 29 et 30 avril	Edmonton
Les 6 et 7 mai	Saint John
Les 11, 12 et 13 mai	Vancouver
Les 20, 21 et 22 mai	Montréal
Les 26, 27, 28, 29 et 30 mai	Toronto
Les 9, 10 et 11 juin	Ottawa
Les 28 et 29 juin	Ottawa
Le 3 juillet	Toronto
Les 6 et 7 juillet	Ottawa

À la suite de cette série de rencontres, le Premier ministre du Canada a présidé des réunions de premiers ministres auxquelles le gouvernement du Québec a participé à part entière :

Le 4 août	Lac-Harrington
Le 10 août	Lac-Harrington
Les 18, 19, 20, 21 et 22 août	Ottawa
Les 27 et 28 août	Charlottetown

Le soutien administratif et logistique aux réunions a été assuré par le Secrétariat des conférences intergouvernementales canadiennes.

Tout au long des discussions multilatérales, des projets de textes constitutionnels ont été rédigés chaque fois que cela était possible, de manière à éviter toute incertitude ou ambiguïté. En particulier, un projet de texte juridique mis à jour en permanence a servi de base à la discussion des questions intéressant les peuples autochtones. Ces projets de texte pourront servir de fondement aux résolutions qui seront soumises officiellement au Parlement fédéral et aux assemblées législatives provinciales.

Dans les domaines où le consensus n'a pas été unanime, certains participants ont voulu que leur dissidence soit consignée. Il a été fait mention de ces dissidences dans les comptes rendus des réunions, mais pas dans le présent résumé.

Les astérisques dans le texte qui suit dénotent les éléments à l'égard desquels il a été convenu de procéder par la voie d'un accord politique.

I. UNITÉ ET DIVERSITÉ

A. LES CITOYENS ET LES COLLECTIVITÉS

1. La clause Canada

Il conviendrait d'incorporer en tant qu'article 2 de la Loi constitutionnelle de 1867 une nouvelle clause qui exprimerait les valeurs fondamentales du Canada. Cette disposition Canada guiderait les tribunaux dans leur interprétation de l'ensemble de la Constitution, y compris de la Charte canadienne des droits et libertés.

La Loi constitutionnelle de 1867 est modifiée par insertion, après l'article 1, de ce qui suit :

« 2. (1) Toute interprétation de la Constitution du Canada, notamment de la Charte canadienne des droits et libertés, doit concorder avec les caractéristiques fondamentales suivantes :

a) le fait que le Canada est une démocratie attachée à un régime parlementaire et fédéral ainsi qu'à la primauté du droit;

b) le fait que les peuples autochtones du Canada, qui ont été les premiers gouvernants du territoire, ont le droit de promouvoir leurs langues, leurs cultures et leurs traditions et de veiller à l'intégrité de leur sociétés, et le fait que leurs gouvernements forment un des trois ordres de gouvernement du pays;

c) le fait que le Québec forme au sein du Canada une société distincte, comprenant notamment une majorité d'expression française, une culture qui est unique et une tradition de droit civil;

d) l'attachement des Canadiens et de leurs gouvernements à l'épanouissement et au développement des communautés minoritaires de langue officielle dans tout le pays;

e) le fait que les Canadiens sont attachés à l'égalité raciale et ethnique dans une société qui comprend des citoyens d'origines multiples dont la contribution à l'édification d'un Canada fort reflète sa diversité culturelle et raciale;

f) l'attachement des Canadiens au respect des droits et libertés individuels et collectifs;

g) l'attachement des Canadiens au principe de l'égalité des personnes des deux sexes;

h) le fait que les Canadiens confirment le principe de l'égalité des provinces dans le respect de leur diversité.

(2) La législature et le gouvernement du Québec ont le rôle de protéger et de promouvoir la société distincte.

(3) Le présent article ne porte pas atteinte aux pouvoirs, droits ou privilèges du Parlement ou du gouvernement du Canada, des législatures ou des gouvernements des provinces, ou des corps législatifs ou des gouvernements des peuples autochtones du Canada, y compris à leurs pouvoirs, droits ou privilèges en matière de langue et, il est entendu que le présent article ne porte pas atteinte aux droits, ancestraux ou issus de traités, des peuples autochtones du Canada. »

2. <u>Les peuples autochtones et la Charte canadienne des droits et libertés</u>

Il conviendrait de renforcer la disposition de la Charte touchant les peuples autochtones (l'article 25, la clause de non-dérogation) afin de faire en sorte que la Charte ne porte pas atteinte aux droits — ancestraux, issus de traités ou autres — des peuples autochtones et, en particulier, aux libertés portant sur l'utilisation ou la protection de leurs langues, de leurs cultures ou de leurs traditions.

3. <u>Les communautés linguistiques au Nouveau-Brunswick</u>

Il conviendrait d'ajouter à la <u>Charte canadienne des droits et libertés</u> une modification constitutionnelle distincte qui n'exigerait le consentement que du Parlement du Canada et de l'assemblée législative du Nouveau-Brunswick. Cette modification consacrerait l'égalité des communautés anglophones et francophones du Nouveau-Brunswick, notamment le droit à des institutions d'enseignement distinctes et aux institutions culturelles distinctes nécessaires à leur protection et à leur promotion. Elle porterait également que le rôle de la législature et du gouvernement du Nouveau-Brunswick de protéger et de promouvoir cette égalité est confirmé.

B. L'UNION SOCIALE ET ÉCONOMIQUE DU CANADA

4. <u>L'union sociale et économique</u>

Il conviendrait d'ajouter à la Constitution une nouvelle disposition décrivant l'engagement des gouvernements, du Parlement et des assemblées législatives de la fédération envers le principe de la préservation et du développement de l'union sociale et économique canadienne. Cette nouvelle disposition, intitulée <u>L'union sociale et économique</u>, devrait être rédigée de façon à énoncer une série d'objectifs sous-tendant l'union sociale et l'union économique, respectivement. Elle ne devrait pas être justiciable.

Il conviendrait que les objectifs énoncés dans la disposition sur l'union sociale englobent notamment les points suivants :

- ° fournir dans tout le Canada un système de soins de santé complet, universel, transférable, administré publiquement et accessible;
- ° assurer des services et des avantages sociaux suffisants afin que tous les habitants du Canada aient un accès raisonnable au logement, à l'alimentation et aux autres nécessités fondamentales;
- ° fournir une éducation primaire et secondaire de haute qualité à tous les habitants du Canada et assurer un accès raisonnable à l'enseignement postsecondaire;
- ° protéger les droits d'association et de négociation collective des travailleurs
- ° protéger, préserver et maintenir l'intégrité de l'environnement pour les générations actuelles et futures.

188

Il conviendrait que les objectifs énoncés dans la disposition sur l'union économique englobent notamment les points suivants :

- ° travailler ensemble en vue de renforcer l'union économique canadienne;
- ° assurer la libre circulation des personnes, des biens, des services et des capitaux;
- ° poursuivre l'objectif du plein emploi;
- ° faire en sorte que tous les Canadiens aient un niveau de vie raisonnable;
- ° assurer un développement durable et équitable.

Un mécanisme de surveillance de l'union sociale et économique devrait être arrêté par une conférence des premiers ministres.

Il conviendrait d'inclure dans la Constitution une disposition précisant que l'union sociale et économique ne porte pas atteinte à la Charte canadienne des droits et libertés.

5. Les inégalités économiques, la péréquation et le développement régional

L'article 36 de la Loi constitutionnelle de 1982 engage actuellement le Parlement et le gouvernement du Canada ainsi que les gouvernements et les législatures des provinces à promouvoir l'égalité des chances et le développement économique dans tout le pays et à fournir à tous les Canadiens des services publics sensiblement comparables. Le paragraphe 36(2) engage le gouvernement fédéral envers le principe des paiements de péréquation. Ce paragraphe devrait être ainsi modifié :

Le Parlement et le gouvernement du Canada prennent l'engagement de faire des paiements de péréquation propres à donner aux gouvernements provinciaux des revenus suffisants pour être en mesure d'assurer les services publics à des niveaux de qualité et de fiscalité sensiblement comparables.

Il conviendrait d'élargir la portée du paragraphe 36(1) de manière à inclure les territoires.

Il faudrait modifier le paragraphe 36(1) de façon à ajouter un engagement permettant la mise en place d'infrastructures économiques de nature nationale sensiblement comparables dans chaque province et territoire.

Il conviendrait d'inclure dans la Constitution l'engagement du gouvernement fédéral à tenir des consultations significatives avec les provinces avant de déposer des projets de loi touchant les paiements de péréquation.

Il conviendrait d'ajouter un nouveau paragraphe 36(3) consacrant l'engagement des gouvernements à promouvoir le développement économique régional afin de réduire les inégalités économiques.

Il est également fait mention du développement régional au point 36 du présent document.

6.   Le marché commun

L'article 121 de la Loi constitutionnelle de 1867 demeurerait inchangé.

Le détail des principes et des engagements relatifs au marché commun canadien est exposé dans l'accord politique du 28 août 1992. Les premiers ministres détermineront la meilleure démarche à adopter pour les mettre en oeuvre à une future conférence des premiers ministres sur l'économie. Ils seraient habilités à créer un organisme indépendant de règlement des différends et à déterminer quels devraient être son rôle, son mandat et sa composition. (*)

II. LES INSTITUTIONS

A. LE SÉNAT

7.   Un Sénat élu

Il conviendrait que la Constitution soit modifiée de façon que les sénateurs soient élus, soit par la population des provinces ou territoires du Canada, soit par les députés des assemblées législatives des provinces et territoires.

Il conviendrait que les élections au Sénat soient régies par la législation fédérale, sous réserve de dispositions constitutionnelles portant que les élections doivent avoir lieu au même moment que les élections à la Chambre des communes et d'autres dispositions constitutionnelles portant sur l'éligibilité et le mandat des sénateurs. En outre, la législation fédérale serait suffisamment souple pour permettre aux provinces et aux territoires de favoriser l'égalité des sexes dans la composition du Sénat.

Il conviendrait d'accélérer les choses afin que les élections au Sénat aient lieu le plus tôt possible et, si cela est faisable, au même moment que les prochaines élections à la Chambre des communes.

8.   Un Sénat égal

Le Sénat devrait comprendre à l'origine 62 sénateurs et se composer de six sénateurs de chaque province et d'un sénateur de chaque territoire.

9.   La représentation des peuples autochtones au Sénat

Il conviendrait que la représentation autochtone au Sénat soit garantie dans la Constitution. Les sièges autochtones au Sénat devraient s'ajouter aux sièges provinciaux et territoriaux, et non pas être tirés des sièges alloués aux provinces ou aux territoires.

Il conviendrait que les sénateurs autochtones aient les mêmes rôles et pouvoirs que les autres sénateurs, en plus d'un pouvoir possible de double majorité relativement à certaines questions touchant de façon importante les peuples autochtones. Ces questions et les autres détails de la représentation autochtone au Sénat (nombre, répartition, méthode de sélection) seront discutés plus à fond par les gouvernements et les représentants des peuples autochtones au début de l'automne 1992. (*)

10. **Les rapports avec la Chambre des communes**

Le Sénat ne devrait pas pouvoir censurer le gouvernement. Autrement dit, la défaite d'un projet de loi gouvernemental au Sénat n'entraînera pas la démission du gouvernement.

11. **Catégories de mesures législatives**

Il devrait y avoir quatre catégories de mesures législatives :

1) les projets de loi traitant des recettes et des dépenses (les «projets de loi de crédits»);

2) les projets de loi touchant de façon importante à la langue ou à la culture française;

3) les projets de loi supposant des changements d'orientation fondamentaux du régime fiscal directement liés aux ressources naturelles;

4) les mesures législatives ordinaires (tout projet de loi n'entrant pas dans l'une des trois catégories précédentes).

La classification initiale des projets de loi devrait être faite par la personne qui parraine le projet de loi. Sauf dans le cas des mesures législatives touchant de façon importante la langue ou la culture française (voir point 14), c'est le président de la Chambre des communes, qui, après avoir consulté le président du Sénat, devrait décider s'il y a lieu ou non d'accepter un appel.

12. **Adoption des mesures législatives**

La Constitution devrait obliger le Sénat à expédier tout projet de loi adopté par la Chambre des communes dans un délai de trente jours de séance de cette dernière, à l'exception des projets de loi traitant des recettes et des dépenses.

Les projets de loi traitant des recettes et des dépenses seraient assujettis à un veto suspensif de 30 jours civils. Un projet de loi rejeté ou modifié par le Sénat au cours de cette période pourrait être adopté de nouveau au moyen d'un vote majoritaire de la Chambre des communes tenu sur résolution.

Les projets de loi touchant de façon importante à la langue ou à la culture française devraient être adoptés par une majorité des sénateurs participant au vote et par une majorité des sénateurs francophones participant au vote. La Chambre des communes ne pourrait passer outre au rejet d'un projet de loi de cette catégorie au Sénat.

Les projets de loi supposant des changements d'orientation fondamentaux du régime fiscal liés directement aux ressources naturelles seraient rejetés si une majorité des sénateurs exprimant leur voix votaient contre. La Chambre des communes ne pourrait passer outre au veto du Sénat. La définition précise de cette catégorie de mesures législatives reste à déterminer.

Le rejet ou la modification d'un projet de loi ordinaire par le Sénat déclencherait un processus de séance mixte du Sénat et de la Chambre des communes. Un vote à la majorité simple en séance mixte déciderait du sort du projet de loi.

Il conviendrait que le Sénat ait les pouvoirs énoncés dans le présent rapport. Le rôle actuel du Sénat à l'égard de l'approbation des modifications constitutionnelles ne serait pas changé. Sous réserve des modalités du présent rapport, les pouvoirs et les procédures du Sénat devraient faire pendant à ceux de la Chambre des communes.

Le Sénat devrait continuer d'avoir la capacité de présenter des projets de loi, à l'exception des projets de loi de crédits.

Le rejet ou la modification par la Chambre des communes d'un projet de loi d'initiative sénatoriale déclencherait automatiquement une séance mixte.

La Chambre des communes devrait être tenue de se prononcer dans un délai raisonnable sur un projet de loi approuvé par le Sénat.

13. **Les projets de loi traitant des recettes et des dépenses**

Pour préserver les traditions parlementaires du Canada, il conviendrait que le Sénat ne puisse pas bloquer le cheminement normal des mesures législatives touchant la fiscalité, les emprunts et les affectations de crédits.

Il conviendrait de définir les projets de loi traitant des recettes et des dépenses («projets de loi de crédits») comme ceux portant uniquement sur les emprunts, la collecte de revenus, les affectations de crédits et les questions afférentes. Cette définition devrait exclure les changements d'orientation fondamentaux du régime fiscal (comme la taxe sur les produits et services et le Programme énergétique national).

14. **La double majorité**

Il devrait incomber à l'auteur d'un projet de loi d'indiquer s'il touche de façon importante à la langue ou à la culture française. Il conviendrait que l'on puisse appeler de cette indication au président du Sénat en vertu de règles qui seraient établies par le Sénat, et que celles-ci assurent une protection suffisante aux francophones.

Aux fins du vote à la double majorité, il conviendrait que les sénateurs soient tenus de déclarer, au moment d'accéder au Sénat, s'ils sont francophones. Tout processus de contestation de ces déclarations devrait être prévu dans les règles du Sénat.

15. **La ratification des nominations**

Il conviendrait que la Constitution précise que le Sénat devra ratifier la nomination du gouverneur de la Banque du Canada.

Il conviendrait aussi de modifier la Constitution de façon à conférer au Sénat un nouveau pouvoir de ratifier d'autres nominations importantes faites par le gouvernement fédéral.

Le Sénat devrait être tenu de traiter toute nomination proposée dans un délai de trente jours de séance de la Chambre des communes.

Il conviendrait d'énoncer dans une loi fédérale, plutôt que dans la Constitution, les nominations qui devraient être ratifiées par le Sénat, y compris celles des dirigeants des institutions culturelles nationales et des dirigeants des commissions et organismes de réglementation fédéraux. L'engagement du gouvernement à déposer une telle loi devrait être consigné dans un accord politique. (*)

Une nomination soumise pour ratification serait rejetée si une majorité des sénateurs exprimant leur voix votaient contre.

16. L'admissibilité au Cabinet

Les sénateurs ne devraient pas être admissibles au poste de ministre au sein du Cabinet fédéral.

B. LA COUR SUPRÊME

17. Inscription dans la Constitution

Il conviendrait que la Cour suprême soit inscrite dans la Constitution en tant que cour générale d'appel pour le Canada.

18. La composition

Il conviendrait d'inscrire dans la Constitution les dispositions actuelles de la Loi sur la Cour suprême, qui précisent que la Cour suprême se compose de neuf juges, dont trois doivent avoir été reçus au barreau du Québec (barreau de droit civil).

19. Les nominations

La Constitution devrait obliger le gouvernement fédéral à nommer les juges à partir de listes soumises par les gouvernements des provinces et des territoires. Il conviendrait de prévoir dans la Constitution la nomination de juges intérimaires si une liste n'est pas soumise dans les délais voulus ou si aucun candidat n'est acceptable.

20. Le rôle des Autochtones

Il ne conviendrait pas de modifier la structure de la Cour suprême durant l'actuelle ronde de discussions constitutionnelles. Le rôle des peuples autochtones à l'égard de la Cour suprême devrait être consigné dans un accord politique et figurer à l'ordre du jour d'une future conférence des premiers ministres sur les questions intéressant les Autochtones. (*)

Il conviendrait que les gouvernements provinciaux et territoriaux mettent sur pied un processus raisonnable pour la consultation des représentants des peuples autochtones du Canada lors de l'établissement des listes de candidats en vue de pourvoir aux vacances à la Cour suprême. (*)

Les groupes autochtones conserveraient le droit de faire des suggestions au gouvernement fédéral au sujet des candidats aux postes vacants à la Cour suprême. (*)

Le gouvernement fédéral devrait examiner, en consultation avec les groupes autochtones, la proposition voulant qu'un Conseil des aînés autochtones soit autorisé à présenter des observations à la Cour suprême lorsqu'elle entend des litiges portant sur des questions autochtones. (*)

C. LA CHAMBRE DES COMMUNES

21. La composition de la Chambre des communes

Il conviendrait de rajuster la composition de la Chambre des communes de façon à mieux refléter le principe de la représentation proportionnelle à la population. Dans un premier temps, le nombre des sièges de la Chambre devrait notamment être porté à 337 au moment où la réforme du Sénat entrerait en vigueur. Le Québec et l'Ontario recevraient chacun 18 sièges supplémentaires, la Colombie-Britannique quatre sièges supplémentaires et l'Alberta deux sièges supplémentaires, les limites des circonscriptions étant établies à partir des résultats du recensement de 1991.

On procéderait à un autre remaniement dans l'ensemble du Canada après le recensement de 1996 de manière qu'aux prochaines élections, aucune province n'ait moins que 95 p. 100 des sièges qu'elle recevrait en vertu d'une stricte représentation proportionnelle à la population. Par conséquent, la Colombie-Britannique et l'Ontario recevraient chacun trois sièges supplémentaires et l'Alberta deux sièges supplémentaires. Suite à ce rajustement spécial, aucune province et aucun territoire ne perdra de sièges et une province ou un territoire qui respecte déjà entièrement le principe de la représentation proportionnelle à la population n'aura pas moins de sièges que le nombre de sièges auquel lui donnera droit sa part de la population canadienne selon le recensement de 1996.

Le remaniement fondé sur le recensement de 1996 et tous ceux qui suivront devraient être régis par les dispositions constitutionnelles suivantes :

a) Le Québec aura la garantie de ne pas avoir moins de 25 p. 100 des sièges à la Chambre des communes;

b) L'alinéa 41(b) de la Loi constitutionnelle de 1982, concernant le "plancher fixe" continuera de s'appliquer;

c) L'article 51A de la Loi constitutionnelle de 1867, concernant le "plancher ascendant", sera abrogé;

d) En vertu d'une nouvelle disposition, aucune province ne pourra avoir aux Communes moins de sièges qu'une autre province de population moindre, sous réserve de la disposition au point a) ci-dessus;

e) La disposition actuelle qui affecte deux sièges aux Territoires du Nord-Ouest et un siège au Yukon sera maintenue.

Il conviendrait d'élaborer une formule permanente et de rajuster l'article 51 de la Loi constitutionnelle de 1867 de façon à respecter l'évolution démographique tout en tenant compte des principes préconisés par la Commission royale sur la réforme électorale et le financement des partis.

22. La représentation des Autochtones

Il conviendrait que le Parlement fédéral poursuive l'étude de la question de la représentation autochtone à la Chambre des communes, en consultation avec les représentants des peuples autochtones du Canada, après avoir reçu le rapport final du comité de la Chambre des communes qui étudie les recommandations de la Commission royale sur la réforme électorale et le financement des partis. (*)

D. LES CONFÉRENCES DES PREMIERS MINISTRES

23. Inscription dans la Constitution

Il conviendrait d'ajouter à la Constitution une disposition exigeant que le Premier ministre convoque une conférence des premiers ministres au moins une fois l'an. L'ordre du jour de ces conférences ne devrait pas être précisé dans la Constitution.

Il conviendrait que les dirigeants des gouvernements territoriaux soient invités à participer à toute conférence des premiers ministres convoquée en vertu de cette disposition constitutionnelle. Il faudrait de plus que les représentants des peuples autochtones du Canada soient invités à participer aux discussions sur toute question figurant à l'ordre du jour d'une conférence des premiers ministres intéressant directement les peuples autochtones. Cette disposition devrait être insérée dans un accord politique. (*)

Le rôle et les responsabilités des premiers ministres à l'égard du pouvoir fédéral de dépenser sont exposés au point 25 du présent document.

E. LA BANQUE DU CANADA

24. La Banque du Canada

La question de la Banque du Canada a été discutée et le consensus a été de ne pas examiner plus avant au cours de la ronde actuelle, sauf pour le consensus intervenu en ce qui concerne le rôle du Sénat dans la ratification de la nomination du gouverneur de la Banque.

III. LES RÔLES ET LES RESPONSABILITÉS

25. Le pouvoir fédéral de dépenser : les nouveaux programmes cofinancés

Il conviendrait d'ajouter à la Constitution une disposition prévoyant que le gouvernement du Canada fournira une juste compensation au gouvernement d'une province qui choisit de ne pas participer à un nouveau programme cofinancé mis sur pied par le gouvernement fédéral dans un domaine de compétence provinciale exclusive si cette province met en oeuvre un programme ou une initiative compatible avec les objectifs nationaux.

Il conviendrait d'élaborer un cadre devant guider l'exercice du pouvoir fédéral de dépenser dans des sphères de compétence provinciale exclusive. Une fois arrêté, ce cadre pourrait devenir une entente multilatérale qui serait protégée dans la Constitution grâce au mécanisme prévu au point 26 du présent document. Ce cadre ferait en sorte que lorsque le pouvoir fédéral de dépenser est exercé dans une sphère de compétence provinciale exclusive :

a)   il contribue à la réalisation d'objectifs nationaux;

b)   il réduise les chevauchements et le double emploi;

c)   il ne fausse pas les priorités provinciales et les respecte; et

d)   il assure le traitement égal des provinces, tout en reconnaissant leur situation et leurs besoins particuliers.

Il conviendrait que les premiers ministres soient tenus par la Constitution d'instituer un tel cadre à une future conférence des premiers ministres. Une fois qu'il sera établi, les premiers ministres joueraient un rôle dans l'examen annuel des résultats obtenus par rapport aux objectifs qui y sont énoncés.

Il conviendrait d'ajouter (un paragraphe 106A(3)) une disposition garantissant que l'article qui limite le pouvoir de dépenser ne porte aucunement atteinte aux engagements du Parlement et du gouvernement du Canada énoncés à l'article 36 de la Loi constitutionnelle de 1982.

26.   La protection des ententes intergouvernementales

Il conviendrait de modifier la Constitution afin de prévoir un mécanisme assurant la protection d'ententes désignées intervenues entre les gouvernements contre tout changement unilatéral. Cela interviendrait lorsque le Parlement et la ou les assemblées législatives provinciales adoptent des lois approuvant l'entente.

Ce mécanisme pourrait être invoqué pour une période d'au plus cinq ans, avec possibilité de reconduction par l'adoption de mesures législatives semblables par le Parlement et par les assemblées législatives concernées. Il conviendrait que les gouvernements autochtones, une fois établis, puissent se prévaloir de ce mécanisme. Cette disposition devrait servir à protéger les ententes bilatérales et multilatérales qui interviennent entre les gouvernements fédéral, provinciaux et territoriaux et les gouvernements des peuples autochtones. Tout gouvernement négociant une entente devrait être traité sur le même pied que tout autre gouvernement qui en a déjà conclu une, en tenant compte de la situation et des besoins particuliers de chacun.

Les gouvernements ont l'intention d'appliquer ce mécanisme aux futures ententes concernant le Régime d'assistance publique du Canada. (*)

27.   L'immigration

Il conviendrait d'ajouter à la Constitution une nouvelle disposition engageant le gouvernement du Canada à négocier avec les provinces des ententes en matière d'immigration.

La Constitution devrait obliger le gouvernement fédéral à négocier et à conclure dans un délai raisonnable avec toute province qui en fait la demande une entente en matière d'immigration. Tout gouvernement négociant une entente devrait être traité sur le même pied que tout autre gouvernement qui en a déjà conclu une, en tenant compte de la situation et des besoins particuliers de chacun.

28.   La formation et le perfectionnement de la main-d'oeuvre

Le paragraphe 91(2A) de la Loi constitutionnelle de 1867, où est affirmée la compétence fédérale exclusive à l'égard de l'assurance-chômage, ne devrait pas être modifié. Le gouvernement fédéral devrait conserver sa compétence exclusive à l'égard du soutien du revenu et des services connexes qu'il fournit dans le cadre du régime d'assurance-chômage. Le pouvoir fédéral d'engager des dépenses dans des programmes de création d'emplois devrait être protégé au moyen d'une disposition constitutionnelle ou d'un accord politique. (*)

La formation et le perfectionnement de la main-d'oeuvre devraient être reconnus à l'article 92 de la Constitution comme une sphère de compétence provinciale exclusive. Les assemblées législatives provinciales devraient pouvoir limiter les dépenses fédérales directement liées à la formation et au perfectionnement de la main-d'oeuvre. On se servirait pour cela d'ententes intergouvernementales justiciables adaptées à la situation particulière de chaque province.

À la demande d'une province, le gouvernement fédéral serait tenu de se retirer partiellement ou totalement du champ des activités de formation et de perfectionnement de la main-d'oeuvre, à l'exception de l'assurance-chômage. Le gouvernement fédéral serait tenu de négocier et de conclure des ententes visant à offrir une juste compensation aux provinces lui demandant de se retirer d'un champ d'activité.

Le gouvernement du Canada et le gouvernement de la province demandant le retrait fédéral seraient tenus de conclure une entente dans un délai raisonnable.

Toute province négociant une entente serait traitée, quant aux modalités des accords, sur le même pied que toute autre province ayant déjà conclu une entente, en tenant compte de la situation et des besoins particuliers de chacune.

Les gouvernements fédéral, provinciaux et territoriaux devraient s'engager dans un accord politique à conclure des ententes administratives afin d'améliorer l'efficacité et le service à la clientèle et d'assurer la coordination efficace des activités fédérales en matière d'assurance-chômage et des activités provinciales dans le domaine de l'emploi. (*)

Par mesure de précaution, le gouvernement fédéral devrait être tenu, dans un délai raisonnable, de négocier et de conclure avec toute province qui ne souhaite pas son retrait, une entente visant à maintenir les activités et programmes de formation et de perfectionnement de la main-d'oeuvre du gouvernement fédéral dans cette province. Les territoires devraient aussi pouvoir se prévaloir de cette disposition.

Il conviendrait d'inclure dans une disposition constitutionnelle prévoyant que le gouvernement fédéral continuera à jouer un rôle dans l'établissement d'objectifs nationaux pour les aspects nationaux du perfectionnement de la main-d'oeuvre. On établirait les objectifs nationaux en matière de main-d'oeuvre au moyen d'un processus qui pourrait être énoncé dans la Constitution, y compris l'obligation d'en saisir le Parlement pour qu'il en débatte. Les facteurs à prendre en compte dans l'établissement des objectifs nationaux pourraient englober des points comme la situation économique du pays, les besoins du marché du travail national, les tendances internationales dans le domaine de la main-d'oeuvre et l'évolution de la situation économique internationale. En établissant les objectifs nationaux, le gouvernement fédéral tiendrait compte de la situation et des besoins particuliers des provinces, et on insérerait dans la Constitution ou dans un accord politique une disposition engageant les gouvernements fédéral, provinciaux et territoriaux à appuyer l'élaboration de normes professionnelles communes, en consultation avec les associations d'employeurs et d'employés. (*)

Les provinces ayant négocié une entente visant à limiter le pouvoir fédéral de dépenser devraient être tenues de s'assurer que leurs programmes de perfectionnement de la main-d'oeuvre sont compatibles avec les objectifs nationaux, compte étant tenu de leur situation et de leurs besoins particuliers.

Il conviendrait d'inclure dans un accord politique des considérations concernant les services à fournir au public dans les deux langues officielles et d'en discuter dans le cadre de la négociation des ententes bilatérales. (*)

Les mécanismes exposés au point 40 ci-dessous permettront de tenir compte des préoccupations des Autochtones dans ce domaine.

29. La culture

Les provinces devraient avoir compétence exclusive sur les questions culturelles sur leur propre territoire. Cette compétence devrait être reconnue au moyen d'une modification constitutionnelle explicite reconnaissant également que le gouvernement fédéral continuerait d'avoir des responsabilités touchant les questions culturelles canadiennes. Le gouvernement fédéral devrait conserver sa responsabilité à l'égard des institutions culturelles nationales, y compris à l'égard des subventions et des contributions accordées par celles-ci. Le gouvernement du Canada s'engage à négocier avec les provinces des ententes culturelles qui visent à leur assurer la maîtrise-d'oeuvre de la culture sur leur territoire, et qui s'harmonisent avec les responsabilités fédérales. Ces changements ne devraient pas porter atteinte à la responsabilité fiduciaire fédérale à l'égard des Autochtones. Les dispositions de non-dérogation concernant les peuples autochtones exposées au point 40 s'appliqueront à la culture.

30. Les forêts

Il conviendrait que les forêts soient reconnues comme une sphère de compétence provinciale exclusive au moyen d'une modification explicite de la Constitution.

Il conviendrait que les assemblées législatives provinciales aient le pouvoir de limiter dans leur province les dépenses fédérales liées directement aux forêts.

Le mécanisme retenu serait celui des ententes intergouvernementales bilatérales qui seraient justiciables et tiendraient compte de la situation particulière de chaque province. Ce mécanisme serait celui qui est exposé au point 26 et comprendrait une disposition relative à l'égalité de traitement quant aux modalités. La question du service à fournir au public dans les deux langues officielles devrait aussi être considérée comme un élément possible de ces ententes.

L'entente devrait fixer les conditions de tout retrait fédéral, y compris le niveau et le type des ressources financières devant être transférées. De plus, un accord politique pourrait préciser la forme de la compensation (notamment transferts en espèces et points fiscaux)(*). Sinon, l'entente pourrait exiger que le gouvernement fédéral poursuive ses dépenses dans la province concernée. Les territoires devraient aussi pouvoir se prévaloir de cette disposition. Le gouvernement fédéral serait tenu de négocier et de conclure cette entente dans un délai raisonnable.

Ces changements et ceux qui sont exposés aux points 31, 32, 33, 34 et 35 ne doivent pas porter atteinte à la responsabilité fiduciaire fédérale à l'égard des Autochtones. Les dispositions énoncées au point 40 s'appliqueraient.

31. Les mines

Il conviendrait que les mines soient reconnues comme une sphère de compétence provinciale exclusive au moyen d'une modification explicite de la Constitution et de la négociation d'ententes fédérales-provinciales. Il conviendrait de suivre à cet égard le processus exposé plus haut dans le cas des forêts. (*)

32. **Le tourisme**

Il conviendrait que le tourisme soit reconnu comme une sphère de compétence provinciale exclusive, au moyen d'une modification explicite de la Constitution et de la négociation d'ententes fédérales-provinciales. Il conviendrait de suivre à cet égard le processus exposé plus haut dans le cas des forêts. (*)

33. **Le logement**

Il conviendrait que le logement soit reconnu comme une sphère de compétence provinciale exclusive au moyen d'une modification explicite de la Constitution et de la négociation d'ententes fédérales-provinciales. Il conviendrait de suivre à cet égard le processus exposé plus haut dans le cas des forêts. (*)

34. **Les loisirs**

Il conviendrait que les loisirs soient reconnus comme une sphère de compétence provinciale exclusive au moyen d'une modification explicite de la Constitution et de la négociation d'ententes fédérales-provinciales. Il conviendrait de suivre à cet égard le processus exposé plus haut dans le cas des forêts. (*)

35. **Les affaires municipales et urbaines**

Il conviendrait que les affaires municipales et urbaines soient reconnues comme une sphère de compétence provinciale exclusive au moyen d'une modification explicite de la Constitution et de la négociation d'ententes fédérales-provinciales. Il conviendrait de suivre à cet égard le processus exposé plus haut dans le cas des forêts. (*)

36. **Le développement régional**

Outre l'engagement à l'égard du développement régional qui doit figurer à l'article 36 de la Loi constitutionnelle de 1982 (décrit au point 5 du présent document), il conviendrait d'ajouter à la Constitution une disposition qui obligerait le gouvernement fédéral à négocier des ententes de développement régional à la demande de toute province. Ces ententes pourraient être protégées en vertu des dispositions exposées au point 26 («La protection des ententes intergouvernementales»). Le développement régional ne devrait pas être une sphère de compétence distincte dans la Constitution.

37. **Les télécommunications**

Le gouvernement fédéral devrait s'engager à négocier avec les gouvernements provinciaux des ententes visant à coordonner et à harmoniser les activités de leurs organismes de réglementation respectifs dans ce domaine. Ces ententes pourraient être protégées en vertu du mécanisme exposé au point 26 («la protection des ententes intergouvernementales»).

38. **Le pouvoir fédéral de désaveu et de réserve**

Il conviendrait de révoquer cette disposition de la Constitution. La révocation exige l'unanimité.

39. Le pouvoir déclaratoire fédéral

L'alinéa 92(10)c) de la Loi constitutionnelle de 1867 permet au gouvernement fédéral de déclarer qu'un «ouvrage» est à l'avantage général du Canada et de l'assujettir à la compétence législative du Parlement. Il conviendrait de modifier cette disposition de façon que le pouvoir déclaratoire puisse seulement s'appliquer aux nouveaux ouvrages ou être révoqué dans le cas des déclarations passées, avec le consentement explicite de la ou des provinces où l'ouvrage est situé. Il ne faudrait pas toucher aux déclarations existantes, sauf si toutes les assemblées législatives concernées le désirent.

40. Le mécanisme de protection des Autochtones

Il conviendrait d'adopter une disposition de non-dérogation générale pour assurer que les modifications concernant la répartition des pouvoirs ne porteront pas atteinte aux droits des peuples autochtones, non plus qu'aux pouvoirs et compétences des gouvernements autochtones.

IV. LES PREMIÈRES NATIONS

Nota : Le texte juridique relatif à cette partie comprendra la mention des territoires sauf dans les cas où cela est de toute évidence inapproprié. Les modifications n'auront pas pour effet d'étendre les pouvoirs des assemblées législatives territoriales.

A. LE DROIT INHÉRENT À L'AUTONOMIE GOUVERNEMENTALE

41. Le droit inhérent à l'autonomie gouvernementale

Il conviendrait de modifier la Constitution de façon à reconnaître, dans un nouveau paragraphe 35.1(1) de la Loi constitutionnelle de 1982, que les peuples autochtones du Canada possèdent le droit inhérent à l'autonomie gouvernementale au sein du Canada.

La reconnaissance du droit inhérent à l'autonomie gouvernementale doit être interprétée à la lumière de la reconnaissance des gouvernements autochtones en tant qu'un des trois ordres de gouvernement du Canada.

L'énoncé contextuel qui suit devrait être ajouté à la Constitution :

L'exercice du droit à l'autonomie gouvernementale comprend le pouvoir des organes législatifs dûment constitués des peuples autochtones, chacun dans sa propre sphère de compétence,

    (a)   de préserver leurs langues, leurs cultures, leurs économies, leurs identités, leurs institutions et leurs traditions et de veiller à leur épanouissement, et

    (b)   de développer, de maintenir et de renforcer leurs liens avec leurs terres, leurs eaux et leur environnement afin de déterminer et de contrôler leur développement en tant que peuples selon leurs propres valeurs et priorités et d'assurer l'intégrité de leurs sociétés.

Avant de rendre toute décision définitive sur une question découlant du droit inhérent à l'autonomie gouvernementale, la cour ou le tribunal devrait tenir compte de l'énoncé contextuel mentionné ci-dessus et devrait s'enquérir des efforts déployés pour régler la question par voie de négociations et pourra donner ordre aux parties de prendre les mesures appropriées dans les circonstances pour aboutir à un règlement négocié.

42. Le report de la justiciabilité

Il conviendrait d'inscrire dans la Constitution le droit inhérent à l'autonomie gouvernementale. Toutefois, sa justiciabilité serait retardée pour une période de cinq ans par une mention dans la Constitution et un accord politique. (*)

Le report de l'entrée en vigueur de la justiciabilité devrait être assorti d'une disposition constitutionnelle protégeant les droits des Autochtones.

Ce délai n'aura pas pour effet de faire du droit inhérent un droit conditionnel, et il ne touchera pas les droits existants, ancestraux ou issus de traités.

La question des cours ou tribunaux spéciaux devrait être inscrite à l'ordre du jour de la première conférence des premiers ministres sur les questions constitutionnelles intéressant les Autochtones dont il est question au point 53. (*)

43. Les questions relatives à la Charte

Il conviendrait que la Charte canadienne des droits et libertés s'applique immédiatement aux gouvernements des peuples autochtones.

Il y aurait lieu d'apporter un changement d'ordre technique à la version anglaise des articles 3, 4 et 5 de la Charte canadienne des droits et libertés afin qu'elle corresponde à la version française.

Il conviendrait que les organes législatifs des peuples autochtones puissent se prévaloir de l'article 33 (la disposition de dérogation) à des conditions semblables à celles qui s'appliquent au Parlement et aux assemblées législatives provinciales, mais qui seraient adaptées à la situation des peuples autochtones et de leurs organes législatifs.

44. Les terres

La disposition constitutionnelle relative au droit inhérent et celle qui énonce l'engagement de négocier des ententes foncières ne devraient pas créer de nouveaux droits fonciers ni porter atteinte aux droits fonciers ancestraux ou issus de traités qui existent déjà, sauf s'il en est prévu autrement dans les accords d'autonomie gouvernementale.

B. LA MÉTHODE D'EXERCICE DU DROIT

45. L'engagement de négocier

Il conviendrait que les gouvernements fédéral et provinciaux ainsi que les Indiens, les Inuit et les Métis des diverses régions et communautés du Canada s'engagent dans la Constitution à négocier de bonne foi en vue de conclure des ententes visant à définir plus précisément les rapports entre les gouvernements autochtones et les deux autres ordres de gouvernement. Ces négociations porteraient sur la mise en oeuvre du droit à l'autonomie gouvernementale, y compris les questions de compétence, de terres et de ressources, et d'arrangements économiques et financiers.

46. Le processus de négociation

Un accord politique sur la négociation et la mise en oeuvre

- Il conviendrait d'élaborer un accord politique qui guiderait le processus de négociation sur l'autonomie gouvernementale. (*)

L'accès équitable

- Il conviendrait que tous les peuples autochtones du Canada aient un accès équitable au processus de négociation.

Le mécanisme de déclenchement des négociations

- Il conviendrait que les négociations sur l'autonomie gouvernementale soient engagées par les représentants des peuples autochtones quand ils y seront disposés.

La participation des non-Autochtones aux gouvernements autochtones

- Les ententes sur l'autonomie gouvernementale pourraient prévoir la création d'institutions ouvertes à la participation de tous les habitants de la région visée par l'entente.

La prise en considération des situations particulières

- Il conviendrait que les négociations sur l'autonomie gouvernementale prennent en considération la situation particulière des différents peuples autochtones.

Disposition relative aux ententes

- Les ententes sur l'autonomie gouvernementale devraient être énoncées dans les traités futurs, y compris les ententes réglant des revendications territoriales, ou dans toute modification des traités existants, dont les ententes réglant des revendications territoriales. De plus, les ententes sur l'autonomie gouvernementale pourraient être énoncées dans d'autres ententes qui pourraient comprendre une déclaration selon laquelle les droits des peuples autochtones sont des droits issus de traités au sens du paragraphe 35(1) de la Loi constitutionnelle de 1982.

La ratification des ententes

- Il conviendrait de prévoir un processus d'approbation par les gouvernements et les peuples autochtones des ententes d'autonomie gouvernementales mettant en cause le Parlement, les assemblées législatives des provinces ou territoires compétents, et les organes législatifs des peuples autochtones. Il conviendrait d'énoncer ce principe dans la procédure de ratification des ententes d'autonomie gouvernementale spécifiques.

La clause de non-dérogation

- Il conviendrait d'affirmer explicitement dans la Constitution que l'engagement à négocier ne subordonne pas à la tenue de négociations le droit à l'autonomie gouvernementale, pas plus qu'il ne touche la justiciabilité de ce droit.

Le mécanisme de règlement des différends

- Pour faciliter le processus de négociation, il conviendrait d'établir un mécanisme de règlement des différends faisant appel à la médiation et à l'arbitrage. Les détails de ce mécanisme seraient énoncés dans un accord politique. (*)

47. **La transition juridique et la compatibilité des lois**

Il conviendrait d'assurer au moyen d'une disposition constitutionnelle que les lois fédérales et provinciales continueront de s'appliquer jusqu'à ce qu'elles soient remplacées par des lois adoptées par les gouvernements des peuples autochtones en vertu de leurs compétences.

Il conviendrait d'assurer au moyen d'une disposition constitutionnelle qu'une loi adoptée par un gouvernement autochtone, ou tout autre exercice de sa compétence fondé sur la disposition relative au droit inhérent, ne peut pas être incompatible avec les lois essentielles au maintien de la paix, de l'ordre et du bon gouvernement au Canada. Cependant, cette disposition n'élargirait aucunement les pouvoirs législatifs du Parlement ni ceux des législatures provinciales.

48. **Les traités**

En ce qui concerne les traités avec les peuples autochtones, il conviendrait de modifier la Constitution de la façon suivante :

- Les droits issus de traités seront interprétés d'une manière juste, large et libérale en tenant compte de l'esprit des traités et du contexte dans lequel le traité spécifique a été négocié.

- Le gouvernement du Canada s'engage à instituer, et à y participer de bonne foi, un processus conjoint visant à clarifier ou à mettre en oeuvre les droits issus de traités, ou à corriger les modalités de traités lorsque les parties en conviennent. Les gouvernements des provinces s'engagent aussi, dans leurs sphères de compétence, à participer à ce processus à l'invitation du gouvernement du Canada et des peuples autochtones intéressés, ou lorsque cela est précisé dans un traité.

- Les participants au processus tiendront compte, parmi d'autres facteurs et lorsque cela est à propos, de la perception qu'ont les peuples autochtones de l'esprit et de l'intention des traités. Il sera confirmé que tous les peuples autochtones possédant des droits issus de traités ont également accès au processus.

- Ces modifications n'ont pas pour effet d'étendre les pouvoirs d'un gouvernement ou d'une assemblée législative, ni de porter atteinte aux droits des peuples autochtones non touchés par le traité en question.

C. QUESTIONS LIÉES À L'EXERCICE DU DROIT

49. L'égalité d'accès aux droits énoncés à l'article 35

Il conviendrait de prévoir dans la Constitution que tous les peuples autochtones du Canada peuvent se prévaloir des droits énoncés à l'article 35 de la Loi constitutionnelle de 1982 qui les concernent — droits ancestraux et droits issus de traités.

50. Le financement

Les questions relatives au financement des gouvernements des peuples autochtones devraient être réglées dans un accord politique. Celui-ci engagerait les gouvernements des peuples autochtones à :

- promouvoir l'égalité des chances pour le bien-être de tous les peuples autochtones;

- favoriser le développement économique, social et culturel et les possibilités d'emploi afin de réduire les inégalités des chances entre les peuples autochtones ainsi qu'entre ceux-ci et les autres Canadiens;

- fournir des services publics essentiels de niveau raisonnablement comparable à ceux offerts aux autres Canadiens dans les environs.

Il engagerait également les gouvernements fédéral et provinciaux à l'égard du principe consistant à fournir aux gouvernements autochtones les ressources financières et autres, telles que fonds de terre, pour les aider à diriger leurs propres affaires et à respecter les engagements énumérés ci-dessus, compte tenu des niveaux de services offerts aux autres Canadiens dans les environs et de la capacité des gouvernements des peuples autochtones de prélever les impôts nécessaires sur leurs propres sources de revenu.

La question du financement et celle de son inscription possible dans la Constitution devraient être mises à l'ordre du jour de la première conférence des premiers ministres sur les questions constitutionnelles intéressant les Autochtones dont il est question au point 53. (*)

51. Les programmes d'action positive

La Constitution devrait comprendre une disposition autorisant les gouvernements des peuples autochtones à mettre en oeuvre des programmes d'action positive en faveur des personnes ou des groupes défavorisés aux plans social ou économique ainsi que des programmes favorisant l'épanouissement des langues et des cultures autochtones.

52. **L'égalité des sexes**

Il conviendrait de conserver le paragraphe 35(4) de la Loi constitutionnelle de 1982, qui garantit de façon égale aux personnes des deux sexes les droits existants ancestraux et issus de traités. La question de l'égalité des sexes devrait être inscrite à l'ordre du jour de la première conférence des premiers ministres sur les questions constitutionnelles intéressant les Autochtones dont il est questions au point 53. (*)

53. **Le processus constitutionnel autochtone futur**

Il conviendrait de modifier la Constitution de façon à prévoir la tenue de quatre conférences des premiers ministres sur les questions constitutionnelles intéressant les Autochtones, à compter de 1996 au plus tard, et tous les deux ans par la suite. Ces conférences s'ajouteraient à toutes autres conférences des premiers ministres requises par la Constitution. Leur ordre du jour engloberait des questions mentionnées dans le présent rapport et des questions inscrites à la demande des peuples autochtones.

54. **Le paragraphe 91(24)**

Il est entendu qu'il conviendrait d'ajouter une nouvelle disposition à la Loi constitutionnelle de 1867 pour s'assurer que le paragraphe 91(24) s'applique à tous les peuples autochtones.

La nouvelle disposition n'entraînerait aucune réduction des dépenses actuellement engagées par les gouvernements au profit des Indiens et des Inuit ni ne modifierait les obligations fiduciaires ou découlant de traités du gouvernement fédéral à l'égard des peuples autochtones. Il en serait fait état dans un accord politique (*).

55. **Les Métis de l'Alberta/le paragraphe 91(24)**

Il conviendrait de modifier la Constitution de manière à sauvegarder le pouvoir législatif du gouvernement de l'Alberta à l'égard des Métis et des terres où ceux-ci sont établis. Une entente est intervenue concernant une modification de la Loi sur l'Alberta qui aurait pour effet de protéger dans la Constitution le statut des terres détenues en fief simple par le Métis Settlements General Council en vertu de lettres patentes de l'Alberta.

56. **L'accord relatif à la nation métisse (*)**

Le gouvernement fédéral, les provinces d'Ontario, du Manitoba, de la Saskatchewan, de l'Alberta et de la Colombie-Britannique ainsi que le Ralliement national des Métis ont convenu de conclure un accord exécutoire et justiciable au sujet des questions intéressant la nation métisse. On achève la rédaction technique de cet accord où seront énoncées les obligations des gouvernements fédéral et provinciaux et de la nation métisse.

L'accord engage les gouvernements à négocier : des ententes relatives à l'autonomie gouvernementale; la question des terres et des ressources; le transfert de la partie des programmes et des services aux Autochtones destinés aux Métis; des mécanismes de partage des coûts des institutions, des programmes et des services métis.

Les provinces et le gouvernement fédéral conviennent de ne pas réduire les dépenses déjà consacrées aux Métis et aux autres peuples autochtones par suite de l'accord ou d'une modification au paragraphe 91(24). L'accord définit, à ses propres fins, ce qu'est un Métis et engage les gouvernements à dénombrer et à inscrire les Métis.

V. LA FORMULE DE MODIFICATION

Nota : Tous les changements à la formule de modification qui suivent exigent le consentement unanime du Parlement et des assemblées législatives provinciales.

57. Les changements aux institutions nationales

Les modifications des dispositions de la Constitution touchant le Sénat devraient nécessiter l'accord unanime du Parlement et des assemblées législatives provinciales, une fois que la série actuelle de modifications liées à la réforme du Sénat sera entrée en vigueur. Toutes modifications touchant la Chambre des communes, y compris la garantie au Québec d'avoir au moins 25 pour 100 des sièges de la Chambre des communes, et celles qui peuvent actuellement être apportées en vertu de l'article 42, devraient aussi exiger l'unanimité.

Il conviendrait de modifier les articles 41 et 42 de la Loi constitutionnelle de 1982 de manière que le processus de nomination des juges de la Cour suprême demeure assujetti à la formule générale de modification (7/50). Toutes les autres questions liées à la Cour suprême, y compris sa constitutionnalisation, son rôle en tant que tribunal d'appel et sa composition, exigeraient l'unanimité.

58. La création de nouvelles provinces

Il conviendrait de révoquer les dispositions actuelles de la formule de modification régissant la création de nouvelles provinces et de les remplacer par la disposition antérieure à 1982, qui précise que de nouvelles provinces pourront être créées en vertu d'une loi du Parlement fédéral, après la tenue de consultations avec toutes les provinces existantes à l'occasion d'une conférence des premiers ministres. Les nouvelles provinces ne pourraient intervenir dans la formule de modification sans le consentement unanime de toutes les provinces et du gouvernement fédéral (sauf en ce qui concerne les questions strictement bilatérales ou unilatérales décrites aux articles 38(3), 40, 43, 45 et 46, dans la mesure où ce dernier a un lien avec l'article 43, de la Loi constitutionnelle de 1982. Toute augmentation de la représentation des nouvelles provinces au Sénat exigerait le consentement unanime de toutes les provinces et du gouvernement fédéral. Les territoires qui deviendraient des provinces ne pourraient perdre de sénateurs ou de députés à la Chambre des communes.

La disposition concernant le rattachement aux provinces de tout ou partie des territoires qui figure à l'alinéa 42(1)e) serait abrogée et remplacée par la Loi constitutionnelle de 1871, modifiée de manière à exiger le consentement des territoires.

59. La compensation dans le cas des modifications transférant des compétences

Lorsqu'une modification qui transfère au Parlement des pouvoirs législatifs des assemblées législatives provinciales est apportée en vertu de la formule de modification générale, le Canada devrait fournir une juste compensation à toute province qui choisit de ne pas adhérer à cette modification.

60. Le consentement des Autochtones

Il conviendrait que les Autochtones consentent aux futures modifications constitutionnelles qui font directement mention des peuples autochtones. Les discussions se poursuivent sur le mécanisme d'expression de ce consentement. On vise à convenir de ce mécanisme avant de présenter au Parlement les résolutions formelles ayant pour objet de modifier la Constitution.

VI. AUTRES QUESTIONS

D'autres questions constitutionnelles ont été discutées au cours des réunions multilatérales.

Il a été convenu de ne pas poursuivre l'étude des questions suivantes :

- faillite personnelle et insolvabilité
- propriété intellectuelle
- immunité réciproque
- pêches intérieures
- mariage et divorce
- pouvoir résiduel
- interdélégation de compétence législative
- modifications à la "clause de dérogation"
- Article 96 (nomination des juges)
- Article 125 (taxation des gouvernements fédéral et provinciaux)
- Article 92A (exportation de ressources naturelles)
- exigence d'avis en cas de modification de la législation fédérale touchant les paiements de péréquation
- droits de propriété
- mise en oeuvre des traités internationaux

D'autres questions ont été discutées, mais n'ont pas été résolues définitivement, notamment les suivantes :

- exigences d'avis en cas de modifications de la législation fédérale touchant le financement des programmes établis
- établissement, dans un accord politique, d'un processus officiel de consultations fédérales-provinciales pour la négociation de traités et d'accords internationaux
- Participation des peuples autochtones aux ententes intergouvernementales concernant le partage des pouvoirs
- établissement d'un cadre pour les questions de compensation concernant la formation et le perfectionnement de la main-d'oeuvre
- modifications liées à la réforme du Sénat, y compris les élections partielles
- toutes autres modifications corollaires entraînées par des changements recommandés dans le présent rapport.

Annexe 2
Avis juridique sur le sens des mots « lier formellement » employés à l'article 6 de la *Loi sur le processus de détermination de l'avenir constitutionnel du Québec* (Loi 150), L.Q. 1991, c. 34
Henri Brun

L'article 6 de la Loi 150 se lit comme suit :

> 6. Pour être soumise à l'appréciation de la commission, toute offre d'un nouveau partenariat de nature constitutionnelle faite au gouvernement du Québec doit lier formellement le gouvernement du Canada et les autres provinces.

> 6. *No offer of a new constitutional partnership made to the Gouvernement du Québec may be submitted to the assessment of the committee unless it is formally binding on the Government of Canada and the other provinces.*

Placés dans un texte de nature juridique les mots « lier formellement » réfèrent manifestement à la façon suivant laquelle une obligation juridique peut être engendrée. En l'occurrence, l'article 6 réfère à l'acte ou au type d'actes qui ferait qu'une « offre » constitue une norme contraignante pour « le gouvernement du Canada et les autres provinces » au sens juridique du terme, c'est-à-dire une norme susceptible de recevoir un jour la sanction des tribunaux.

Les dictionnaires, tant les juridiques que les généraux, appuient entièrement cette interprétation. Il en est également ainsi pour le *formally binding* de la version anglaise de l'article 6. Les ouvrages suivants peuvent être consultés à cet égard :

G. CORNU. *Vocabulaire juridique*, 2ᵉ édition, Paris, P.U.F., 1990, p. 366 et 478.

R. ROBERT. *Dictionnaire alphabétique et analogique de la langue française*, Paris, 1972, p. 731 et 991.

The Canadian Law Dictionary, Don Mills, Law and Business Publications, 1980, p. 152.

Black's Law Dictionary, 4ᵉ édition, St-Paul, West Publishing, 1968, p. 213 et 780.

Shorter Oxford English Dictionary, 2ᵉ édition, The Clarendon Press, vol. I, p. 180.

La question est donc de savoir quel acte, quel moule, quelle procédure doit être utilisée pour que des offres de partenariat constitutionnel puissent être considérées comme obligeant le gouvernement fédéral et les autres provinces. Deux hypothèses méritent d'être examinées à cet égard : celle d'une démarche gouvernementale et celle d'une démarche parlementaire. Le fait que l'article 6 vise le gouvernement dans le cas du fédéral et, dans le cas des provinces, vise ces dernières sans plus de précision, n'entraîne pas à notre avis de conséquence à cet égard.

1. L'accord gouvernemental

Le fait que le gouvernement fédéral ou des gouvernements provinciaux se disent d'accord avec une offre n'a à notre point de vue aucun effet juridique. Et il est sans importance que cet accord soit exprimé par écrit plutôt qu'oralement, ou encore par décret du conseil exécutif plutôt que par communiqué du premier ministre. La forme et le niveau d'autorité de l'agrément n'ont pas d'impact.

Il est en effet acquis en droit constitutionnel que les gouvernements ne peuvent pas se lier par simple entente ou accord sur des questions de politiques générales. Or aucune question ne peut être davantage de cette nature d'une politique générale que la décision d'approuver ou non des modifications constitutionnelles. Voir à ce sujet :

BRUN et TREMBLAY. *Droit constitutionnel*, 2ᵉ édition, Montréal, Éditions Yvon Blais, 1990, p. 653, et la jurisprudence qui y est citée.

P. GARANT. *Droit administratif*, 3ᵉ édition, Montréal, Éditions Yvon Blais, vol. I, 1991, p. 430.

Autrement dit, les engagements des gouvernements qui auraient pour effet de restreindre la liberté d'action que requiert l'exercice de leurs responsabilités de gouvernement au nom de l'intérêt public ne les contraignent pas juridiquement. Et l'engagement pris eu égard à des modifications constitutionnelles sont singulièrement de cette nature.

2. L'accord parlementaire

Si le fédéral et les provinces couchaient en forme législative formelle leurs décisions de concourir à des modifications constitutionnelles, il ne fait pas de doute qu'ils seraient liés par ces décisions. La primauté du droit (*rule of law*) est un principe constitutionnel premier et ce principe a pour conséquence que toutes les autorités publiques sont liées par la loi du parlement, tant et aussi longtemps que la loi existe. Seul le parlement, par l'exercice formel de sa fonction législative, pourrait lever cette contrainte, en respectant la forme et manière requises pour changer la loi.

Une résolution d'une assemblée législative (assemblée provinciale ou encore Chambre des communes et Sénat fédéraux) n'a cependant pas cette autorité. Elle n'est pas une loi du parlement et elle ne lie juridiquement ni le fédéral ni le provincial où elle a été adoptée. En réalité elle ne lie que l'assemblée qui l'a adoptée ; elle n'a d'effet qu'à l'intérieur de cette assemblée. Tel est l'état du droit constitutionnel général.

Il en va toutefois autrement à notre avis des résolutions adoptées par une assemblée législative en vertu des articles 38, 41, 42 ou 43 de la *Loi constitutionnelle de 1982* dans le but de parvenir à une modification de la Constitution du Canada. Ces résolutions, à notre avis, lient les niveaux de gouvernements où elles sont adoptées pour la simple raison qu'elles sont la façon expressément prévue par la Constitution suivant laquelle le fédéral ou une province peut se lier quant à une modification de la Constitution. La *Loi constitutionnelle de 1982* a d'ailleurs précisé, au paragraphe 46(2), qu'une telle résolution pouvait être révoquée à tout moment avant la date de la proclamation du gouvernement général faisant naître la modification constitutionnelle. C'est donc dire qu'à défaut d'une telle révocation le fédéral est lié par l'existence de résolutions du Sénat et de la Chambre des communes et que les provinces sont liées par les résolutions votées par leurs assemblées législatives, lorsque ces résolutions se fondent sur les articles 38 s. de la *Loi constitutionnelle de 1982*. Un gouvernement nouvellement élu et une assemblée législative nouvellement formée ne pourraient ainsi ignorer une résolution précédemment votée par l'assemblée, dans le but d'empêcher l'avènement d'une modification constitutionnelle. Il faudrait pour ce faire que la résolution soit formellement révoquée, conformément à ce que requiert implicitement le paragraphe 45(2).

En revanche, et pour les mêmes raisons, une province serait également liée même si elle n'avait pas observé les exigences parlementaires ou législatives qui s'ajouteraient aux exigences de la Constitution, comme c'est apparemment le cas au Manitoba et en Colombie-Britannique.

Conclusion

À notre avis, donc, une offre de nouveau partenariat constitutionnel faite au Québec, comme tout autre projet de modification de la Constitution, ne lie le gouvernement fédéral et les autres provinces que si elle fait l'objet d'une résolution à cet effet du Sénat et de la Chambre des communes dans le premier cas et de l'assemblée législative de la province dans le second cas.

Le 3 septembre 1992

Annexe 3
Avis juridique sur le sens des mots «lier formellement» employés à l'article 6 de la *Loi sur le processus de détermination de l'avenir constitutionnel du Québec* (Loi 150), L.Q. 1991, c. 34

Réal A. Forest

M. Hubert Thibault
Directeur du cabinet
Cabinet du Chef de l'Opposition
Assemblée nationale
Hôtel du Parlement

Par votre lettre du 18 août dernier, vous me faites part de votre désir de m'octroyer un mandat «visant l'obtention d'une opinion juridique sur la portée de l'article 6 de la *Loi sur le processus de détermination de l'avenir politique et constitutionnel du Québec*, L.Q. 1991, c. 34» [ci-après désignée «Loi 150»]. En particulier, vous indiquez qu'il vous apparaît pertinent d'établir la juridiction de la *Commission d'étude sur toute offre d'un nouveau partenariat de nature constitutionnelle* [ci-après désignée «la Commission»] en précisant la portée des mots «doit lier formellement le gouvernement du Canada et les autres provinces».

Depuis cette lettre, les événements se sont en quelque sorte précipités. Les premiers ministres provinciaux et le premier ministre fédéral, réunis une première fois au lac Mousseau du 18 au 22 août 1992 et une seconde fois à Charlottetown du 25 au 28 août en seraient venus à un accord sur les modifications constitutionnelles qu'ils souhaiteraient voir adoptées. Le Premier Ministre du Québec serait partie à cet accord. L'entente serait unanime sur la plupart des points et recueillerait l'appui d'une majorité suffisante de premiers ministres sur d'autres. Les points sur lesquels il y a dissidence, de même que l'identité des dissidents, n'ont pas été officiellement rendus publics, à notre connaissance. Au moment où j'écris ces lignes, le texte officiel de cet accord, ou du procès-verbal dans lequel il est consigné, n'a pas été rendu public.

Une version officieuse en langue anglaise de ce qui est présenté comme un projet révisé datant du 28 août 1992, 14 h 30 a été publiée par le quotidien torontois *The Globe & Mail* dans son édition du 1er septembre 1992. Une version française de ce projet d'accord n'a pas été publiée dans la presse à ce jour, même à titre officieux. Des informations publiées dans la presse au cours des derniers jours laissent entendre que les textes ne seraient pas définitifs, feraient toujours l'objet de discussions et que des divergences apparaîtraient entre les projets de version anglaise et française qui seraient en circulation. (*Le Soleil*, 2 septembre 1992, *La Presse*, 3 septembre 1992, *Le Devoir*, 3 septembre 1992). *La Presse* du 3 septembre 1992 fait état d'une déclaration qui aurait été faite par le ministre de la Justice et des affaires intergouvernementales, M. Gil Rémillard, à l'effet qu'en date du 2 septembre 1992, aucun texte n'était encore définitif pour le gouvernement du Québec.

Dans les circonstances, s'il faut prêter foi à ces informations et si les choses devaient demeurer en l'état, une question préliminaire se pose relativement à l'opinion que vous sollicitez : sommes-nous en présence d'«offres» ? Tant qu'une version officielle de l'accord, signée par ceux qu'elle prétend lier ou leurs mandataires ou autrement reconnue comme authentique par eux, n'aura pas été produite et tant que la Commission n'est pas en mesure de prendre connaissance officiellement du contenu de l'accord ainsi authentifié, on ne peut répondre de façon positive à cette question.

Pour les fins de la présente opinion toutefois, vous avez convenu qu'il faudrait prendre pour hypothèse de travail qu'un accord, auquel auraient souscrit tous les premiers ministres, et dont le contenu serait pour l'essentiel identique à la version officieuse en langue anglaise publiée par le *Globe & Mail* dans son édition du 1er septembre 1992 serait rendu public, et déposé dans les deux langues officielles à l'Assemblée nationale. Le gouvernement du Québec a également annoncé son intention de présenter un projet de loi modifiant des dispositions de la Loi 150 relatives à l'objet du référendum prévu par l'article 1 de cette loi. Pour les fins de la présente opinion, nous devons aussi adopter comme hypothèse de travail que les autres dispositions de cette loi, et en particulier les dispositions relatives au mandat de la *Commission* ne serait pas modifiées.

Section 1 – Les dispositions législatives pertinentes

Dans leur état actuel, les dispositions déterminant le mandat et la compétence de la Commission se lisent ainsi :

Article 5

[Mandat]   La Commission a pour mandat d'apprécier toute offre d'un nouveau partenariat de nature constitutionnelle faite au gouvernement du Québec par le gouvernement du Canada et de formuler à cet égard, des recommandations à l'Assemblée nationale.

[Order of Reference]   *The order of reference of the committee is to assess any offer of a new constitutional partnership made to the Gouvernement du Québec by the Government of Canada and to make recommendations to the National Assembly with regard to the offer.*

Article 6

[Exigences préalables]   Pour être soumise à l'appréciation de la Commission, toute offre d'un nouveau partenariat de nature constitutionnelle faite au gouvernement du Québec doit lier formellement le gouvernement du Canada et les autres provinces.

[Binding Offer]   *No offer of a new constitutional partnership made to the Gouvernement du Québec may be submitted to the assessment of the committee unless it is formally binding on the Government of Canada and the other provinces.*

Quant au mandat de la Commission, il faut signaler qu'il fait pendant à celui de la Commission d'étude des questions afférentes à l'accession du Québec à la souveraineté, cette dernière ayant le mandat *d'analyser* outre les questions qu'indique son nom même, l'offre formelle d'un partenariat *économique* et de formuler à cet égard des recommandations à l'Assemblée nationale dans l'hypothèse où une telle offre serait faite par le gouvernement du Canada. La Commission a, quant à elle, le mandat 1) *d'apprécier* toute *offre* d'un nouveau *partenariat* de nature *constitutionnelle* faite par le *gouvernement du Canada* et 2) de formuler à cet égard des *recommandations* à l'Assemblée nationale.

Toutefois, le législateur a également prévu dans le cas de cette dernière Commission, à la différence de la Commission d'étude des questions afférentes à l'accession du Québec à la souveraineté, pour utiliser une terminologie juridique classique en droit administratif (voir notamment Dussault R. et Borgeat L., *Traité de droit administratif*, Sainte-Foy, P.U.L., 1989, tome 3, 2e éd., p. 255 et s.), une **condition préalable**

objective à sa compétence : pour être soumise à son «appréciation», les offres doivent *lier formellement* le *gouvernement* du Canada et les *autres provinces*. Notons l'interrelation des deux articles : l'offre doit être faite par le *gouvernement* du Canada, mais elle doit lier formellement celui-ci et *les autres provinces*.

Comme le législateur n'est pas censé parler pour ne rien dire, (P.A. Côté, *Interprétation des lois*, Cowansville, Éditions Yvon Blais inc., 1991, 2ᵉ éd., p. 259) il faut donner un effet utile à cette disposition et présumer que ce texte a été adopté délibérément en vue de produire l'effet recherché. Il s'agit bien d'une condition préalable à ce que la Commision puisse exercer le mandat qui lui est conféré par l'article 5 de la Loi. Il reste à déterminer ce qui constitue une offre d'un nouveau partenariat de nature constitutionnelle qui *lierait formellement* le gouvernement du Canada et les autres provinces.

Encore là, il faut présumer que le législateur n'a pas parlé pour ne rien dire : en exigeant qu'une telle offre lie *formellement* ses auteurs, il faut présumer que le législateur entendait spécifier que la Commission n'aurait compétence que pour apprécier des offres qui lieraient leurs auteurs, suivant toutes les formalités requises pour que leur consentement soit valide, et qui seraient contraignantes pour eux. Pour faire une comparaison avec le domaine des relations contractuelles, si le législateur exigeait que pour qu'une offre soit recevable lors d'un appel d'offres, elle doit lier formellement son auteur, il faut entendre, dans le cas d'une personne morale par exemple, que toutes les procédures requises par le droit pour que cette personne morale puisse s'obliger ont été préalablement accomplies.

Par ailleurs, la Loi précise que cette offre doit être faite par le *gouvernement* du Canada, mais qu'elle doit lier celui-ci et *les autres provinces*. On notera les distinctions. Dans notre système juridique d'origine britannique, les mots «le gouvernement» désignent habituellement la Couronne ou Sa Majesté :

"Her Majesty", "the Sovereign", "the Government", "the State", and other similar expressions are in practice used indiscriminately and often interchangeably as encompassed within the general notion of "the Crown". Except in a few situations where the context requires otherwise, references to such terms can therefore be construed as references to the Crown.

Paul Lordon, Q.C., *Crown Law*, Toronto et Vancouver, Butterworths, 1991, p. 13.

(Voir également par comparaison, interprétant l'article 32 de la *Loi constitutionnelle de 1982*, les propos de Me Roger Tassé sur la notion de gouvernement, dans G.A. Beaudoin et E. Ratushny (dir.), *Charte canadienne des droits et libertés*, Montréal, Wilson & Lafleur ltée, 1989, 2e éd., p. 90-91 et *S.D.G.M.R.* c. *Dolphin Delivery Ltd*, [1986]2 R.C.S. 573, p. 598-599 par le Juge McIntyre pour la Cour suprême.)

La formulation retenue par le législateur fait une distinction nette entre la *situation* du Canada et celle des *provinces*. Dans le cas des dernières, le législateur a précisé que les offres devaient lier formellement les *provinces*, et non pas le *gouvernement* de ces provinces comme dans le cas du Canada.

Il existe un principe d'interprétation des lois bien établi à l'effet que le législateur est supposé avoir connu le droit existant au moment où il a édicté une loi. (Pierre Côté, *op. cit.*, p. 325) Or ce droit est constitué de la législation aussi bien provinciale que fédérale (*ibid*) et il nous apparaît qu'il est également constitué de l'ensemble des lois constitutionnelles applicables.

La *Loi constitutionnelle de 1867*, 30 & 31, Vic. c. 3 (R.U) emploie à plusieurs reprises les mots «province» et «Canada» (voir par exemple les articles 3, 4, 5, 6, 7, 9, 12, 58, 102 ss., 107, 108, 109, 110, 116 et 118. La jurisprudence a eu à interpréter ces dispositions et à les réconcilier avec la théorie à la base du droit britannique à l'effet que la Couronne est indivisible et que Sa Majesté, à qui est dévolu le pouvoir exécutif de l'État, possède tous les biens de l'État et tous les pouvoirs exécutifs et législatifs tant pour le Canada dans son ensemble que pour chaque province (voir *La Reine (Canada)* c. *La Reine (Î.-P.-E.)*, [1978] 1 C.F. 533, p. 550 par le Juge en chef Jackett).

La théorie orthodoxe retenue par la jurisprudence fut que du point de vue juridique ni le gouvernement du Canada ni celui des provinces n'existent en tant qu'entités juridiques distinctes, quoique les provinces et le Canada existent en tant qu'entités politiques séparées et quoique des lois particulières exigent également à l'occasion qu'elles soient traitées comme des entités juridiques différentes (voir P. Lordon, *op. cit.*, *supra*, p. 31 ; arrêt *Î.-P.-E.,* précité, p. 554 et s. ; D.W. Mundell "Legal Nature of Federal and Provincial Executive Governments : Some Comments on Transactions Between Them, (1960) 2 *Osgoode Hall L.J.* 56).

Dans le cas précis qui nous occupe, ce sont les dispositions de la *Loi constitutionnelle de 1982* (annexe B, *Loi de 1982 sur le Canada*, 1982,

c. 11 (R.U.), relatives aux modifications constitutionnelles qui doivent servir de toile de fond à l'interprétation de la Loi 150 et qui indiquent que les provinces et le Canada doivent être considérés comme des entités séparées aux fins de cette procédure de modification. Les modalités de la mise en œuvre de la formule d'amendement prévue pour les amendements nécessitant l'accord du Canada et des provinces, que ce soit selon la règle de l'unanimité ou selon la règle 7-50 %, [art. 38, 41, 42] sont telles que l'exécutif provincial ou le gouvernement des provinces n'intervient aucunement dans le processus. En effet, le consentement des provinces est donné par des résolutions des assemblées législatives, et non par des lois de la Législature alors que c'est la situation inverse dans le cas des modifications apportées à la Constitution de la province (art. 45). Quant au Gouverneur général du Canada, «tout en proclamant les modifications autorisées par les deux Chambres fédérales et le nombre requis d'assemblées législatives, [il] ne participe pas à proprement parler à l'adoption des résolutions modificatrices de la Constitution, contrairement à ce qui se passe pour l'adoption des lois fédérales» (Tassé, *op. cit.*, p. 82).

Dans le cadre de la procédure d'amendement constitutionnel prévue aux articles 38, 41, 42 et 43 de la *Loi constitutionnelle de 1982,* **il n'existe qu'une seule façon pour une province de donner son consentement à une proposition d'amendement : par voie de résolution adoptée par l'Assemblée législative.** Le gouvernement de la province, du strict point de vue juridique, ne prend aucunement part au processus.

D'un strict point de vue juridique donc, seule une proposition d'amendement législative lie formellement une province. L'accord donné par le lieutenant-gouverneur en conseil, que ce soit sous forme de décret ou par le biais d'une décision consignée à un procès-verbal, ou *a fortiori* l'accord verbal ou même écrit donné par le Premier Ministre ne lient pas la province.

Si l'on applique un raisonnement strictement juridique à la question qui nous est soumise, et si on lui applique des règles d'interprétation législative normales et courantes, il faut comprendre, distinguant la situation du gouvernement fédéral de celle des provinces, que l'offre de partenariat constitutionnel visée à l'art. 6 de la Loi 150 doit être approuvée par résolution de l'Assemblée législative de la province pour «*lier formellement*» celle-ci, puisqu'en cette matière seule l'Assemblée législative peut parler pour la province. Dans le cas du fédéral également, seules des résolutions votées par le Sénat et la Chambre des communes lient ces institutions aux fins de la procédure de modifications constitutionnelles : mais le législateur s'est estimé satisfait aux articles

5 et 6 de la Loi 150 d'offres qui lieraient formellement le « gouvernement » du Canada.

Y a-t-il des raisons de s'écarter de cette interprétation que commande l'application des règles ordinaires d'interprétation des lois ?

On peut se reporter au contexte historique d'adoption de la Loi 150 pour essayer d'en tirer des éclaircissements :

> Il est admis que, pour interpréter un texte législatif, on peut et même on doit, prendre en considération les informations, fournies par l'histoire générale, concernant le contexte historique dans lequel le texte a été édicté et qu'on peut supposer connues de l'auteur à l'époque d'adoption : [...]
>
> (P.A. Côté, *op cit.*, *supra*, p. 392)
>
> Lorsque l'adoption d'un texte législatif a été précédée d'études menées par une commission qui a fait rapport, il n'est pas contesté que l'on puisse consulter le rapport afin de mettre en lumière les circonstances de fait ou de droit qu'on peut présumer présentes à l'esprit de l'auteur du texte : on pourra invoquer le rapport pour établir la preuve de la situation à réformer (Mischief).
>
> (*Ibid* p. 393)

Le préambule de la Loi 150 indique clairement le contexte historique dans lequel elle a été édictée. En particulier, on y réfère expressément au rapport, aux conclusions et aux recommandations de la Commission sur l'avenir politique et constitutionnel du Québec [ci-après Commission Bélanger-Campeau] ; on y réfère également à l'échec de l'Accord constitutionnel de 1987 visant à permettre au Québec d'adhérer à la *Loi constitutionnelle de 1867*.

Lors de la présention du projet de Loi 150 à l'Assemblée nationale, le Ministre de la Justice et le Ministre délégué aux Affaires intergouvernementales canadiennes, parrain du projet, indiqua clairement que ce projet de loi visait à « traduire en termes législatifs le consensus de la Commission Bélanger-Campeau » et « qu'il reprend essentiellement les conclusions et recommandations de la Commission Bélanger-Campeau [...], ainsi que certains principes fondamentaux qui régissent le fonctionnement de nos institutions politiques démocratiques » (*Débats de l'Assemblée nationale*, p. 9109).

Le rapport de la Commission Bélanger-Campeau fait état des conditions dans lesquelles *l'Accord constitutionnel de 1987*, qui traduisait les termes de l'entente intervenue au lac Meech entre le Québec, Ottawa et les gouvernements des neuf autres provinces, a échoué. Comme l'écrit la Commission :

> Malgré cette entente unanime entre les onze gouvernements, l'Accord n'a pas recueilli le consentement du nombre requis de législatures [sic !] provinciales qui aurait permis sa proclamation et son entrée en vigueur (p. 37).

Le rapport de la Commission évoque les nombreux écueils et difficultés que comporte le processus de modification de la Constitution (p. 57) et la nécessité de prévoir des échéances précises (p. 82). Il n'apporte toutefois pas d'éclaircissements sur les modalités sous lesquelles devraient se présenter ces offres éventuelles pour lier formellement les autres provinces.

Deux autres éléments du contexte historique, politique et juridique nous apparaissent pertinents à l'analyse.

En premier lieu, les difficultés engendrées par la signature d'une entente constitutionnelle ou d'une offre par un gouvernement minoritaire. Au moment de l'adoption de la Loi 150, le législateur n'ignorait pas que le gouvernement du Manitoba n'avait pu donner suite à l'engagement contracté lors de la signature de l'Accord du lac Meech compte tenu de sa position minoritaire en Chambre.

On peut présumer que ces considérations étaient présentes à l'esprit des commissaires et du législateur lorsqu'il a exigé que les offres lient formellement les provinces et non seulement les gouvernements des provinces.

En deuxième lieu, avant même que la Loi 150 ne fut adoptée, la Législature de la Colombie-Britannique avait déjà adopté le *Constitutional Amendment Approval Act*, S.B.C. 1991 (Bill 81), prévoyant que le gouvernement ne pouvait présenter une résolution à l'Assemblée législative autorisant un amendement à la Constitution du Canada à moins qu'un référendum n'ai été tenu au préalable sur la question. La Saskatchewan a suivi le 18 juin 1991 par l'adoption du *Referendum and Plebiscites Act*, S.S. 1990-91, Ch. R-8. 01 permettant au gouvernement de la province de tenir un référendum sur tout sujet jugé d'intérêt public. Les résultats de ce référendum lient le gouvernement lorsque plus de 60 % des voix sont exprimés dans la même direction et qu'au moins 50 % des électeurs inscrits se sont prévalus de leur droit de vote.

L'expérience de l'échec de l'Accord du lac Meech avait également fait ressortir les difficultés que pouvaient susciter les dispositions du règlement de l'Assemblée législative du Manitoba exigeant de référer l'étude d'une résolution d'appui à un amendement constitutionnel à un comité spécial et prévoyant des audiences publiques.

Depuis, l'Alberta a également adopté le *Constitutional Referendum Act*, entré en vigueur le 26 juin 1992, prévoyant qu'un référendum doit précéder le vote sur toute résolution d'appui à un amendement à la Constitution du Canada par l'Assemblée législative.

À la lumière de ce contexte historique général, il n'est pas surprenant que le législateur québécois ait exigé lors de l'adoption de la Loi 150 que des offres «*lient formellement*» les provinces pour que la Commission puisse s'en saisir.

Depuis, le contexte historique a peut-être changé, mais pas la Loi. L'interprétation juridique du texte que nous proposons, même si elle peut paraître rigide, nous semble confirmée par l'étude du contexte d'adoption de la Loi 150.

Pour pouvoir soutenir qu'il suffit que des offres aient été approuvées par le gouvernement d'une province pour lier cette dernière, il faut ajouter à l'article 6 de la Loi 150 les mots «les gouvernements des» autres provinces. Or il est connu qu'on ne peut ajouter au texte d'une loi pour l'interpréter (P.A. Côté, *op. cit.*, p. 257)

Nous voulons insister sur ce que nous ne portons pas ici une appréciation sur l'opportunité de ces dispositions, ce qui relève de la Législature et échappe à l'analyse juridique, pas plus d'ailleurs que sur la qualité de la rédaction de ces dispositions.

Section 2– L'Accord de Charlottetown

L'accord de Charlottetown ne satisfait manifestement pas aux conditions de l'article 6 de la Loi 150 selon l'interprétation que nous avons proposée. Mais même si nous avons tort dans notre interprétation de l'article 6, et même s'il suffisait du simple accord de l'exécutif fédéral et de celui des autres provinces pour lier formellement le Canada et les provinces, nous sommes d'avis que cet accord ne satisferait pas aux conditions de l'article 6 de la Loi 150.

Une vérification préalable s'impose : pour que le texte déposé puisse être considéré comme liant formellement les exécutifs des autres provinces, il faut que ceux-ci en aient reconnu formellement l'authenticité des versions française et anglaise par l'un des moyens de preuve acceptables à l'Assemblée nationale. Cette démarche, qui pourrait apparaître oiseuse, voire irrévérencieuse dans d'autres circonstances, l'est sans doute moins dans un contexte où des informations sérieuses publiées dans la presse font état de divergences entre les versions anglaise et française du document et des modifications apportées aux textes depuis la clôture de la conférence de Charlottetown.

De plus, il faudrait identifier clairement les points sur lesquels il y a dissidence et qui sont les dissidents. Cela est indispensable, d'autant plus que la règle de l'unanimité s'applique pour certaines des modifications proposées.

Au-delà de ces vérifications préalables essentielles, il faut se demander si le document, qui est présenté comme un rapport faisant état d'un consensus, représente des « offres de partenariat constitutionnel qui lient formellement le gouvernement du Canada et les « gouvernements » des provinces.

On signalera en premier lieu, que, sauf de rares exceptions, le document en cause n'est pas rédigé en forme juridique et énonce lui-même que certaines propositions de modifications doivent être préparées et négociées avant le dépôt des résolutions devant les diverses assemblées législatives : voir par exemple l'article 60 prévoyant que des discussions se poursuivront sur les mécanismes d'expression du veto autochtone, et ce d'ici le dépôt des résolutions devant les assemblées.

On peut donc prévoir des discussions très sérieuses, et donc des possibilités d'échec de l'accord, à la fois sur la formulation juridique des principes retenus et sur les principes à retenir. On peut donc à bon droit douter, à notre avis, qu'un tel accord était ce qu'envisageait le législateur québécois lorsqu'il a adopté les articles 5 et 6 de la Loi 150. Nous sommes en présence d'un accord partiel, portant dans la plupart des cas sur certains principes qui devront trouver leur expression juridique dans des termes qui devront être négociés entre les parties, et dans d'autres cas constatant qu'il reste des mécanismes et des modalités à discuter.

Une telle entente peut difficilement être considérée comme liant *formellement* les gouvernements des provinces et le gouvernement fédéral, quoiqu'elle puisse les lier, en honneur, à poursuivre les négociations de bonne foi et à donner suite à leurs engagements.

Nous rappelons à nouveau que nous nous plaçons ici sur le terrain strictement juridique et qu'il ne nous appartient pas de porter un jugement sur l'opportunité des dispostions en cause de la Loi 150.

Veuillez agréer, cher Monsieur Thibault, l'expression de mes sentiments les plus distingués.

Le 3 septembre 1992

Table des matières

Introduction 7

**LES DEMANDES
TRADITIONNELLES DU QUÉBEC**

Les revendications traditionnelles
du Québec
André Bernard 11

À cent lieues et à l'encontre du rapport Gérin-Lajoie
Gérard Boismenu 19

Du «beau risque» de René Lévesque à la capitulation
tranquille de Robert Bourassa
Alain-G. Gagnon et Daniel Turp 29

Le *Rapport du consensus de 1992 sur la Constitution* ou
l'extinction de l'Entente du lac Meech
Daniel Turp et Alain-G. Gagnon 35

**LES POINTS SAILLANTS DU PROJET
D'ENTENTE DU 28 AOÛT 1992**

La société distincte : un cheval de Troie devenu une épée de
Damoclès
Claude Bariteau 45

La clause relative à la société distincte du Rapport
du consensus sur la Constitution : un recul pour le Québec
*Henri Brun, Ghislain Otis, Jacques-Yvan Morin, Daniel Turp,
José Woehrling, Daniel Proulx, William Schabas, Pierre
Patenaude* 53

La société distincte et l'interprétation de la *Charte canadienne
des droits et libertés*
William A. Schabas 57

Le partage des pouvoirs : ceux des Autochtones,
ceux du Québec et ceux qu'on a peut-être oubliés
Daniel Latouche.. 63

Le partage constitutionnel des pouvoirs, selon l'entente de
Charlottetown
Benoît Pelletier 77

La consécration du fédéralisme centralisateur
François Rocher.. 87

Du Sénat à la Chambre des communes :
le Québec y gagne-t-il ?
Réjean Pelletier.. 99

Les dispositions de l'Accord de Charlottetown sur les
institutions : des garanties insuffisantes pour le Québec
José Woehrling.. 105

Le projet d'entente constitutionnelle du 28 août 1992
et la question linguistique : jouer à qui perd gagne
Josée Legault 113

La Cour suprême et le nouvel ordre juridique canadien
Daniel Latouche.. 121

Sans un non, c'est le déclin du Québec
Pierre-Paul Proulx 129

L'Accord d'Ottawa-Charlottetown et la réconciliation des
aspirations nationales au Canada
Guy Laforest... 135

Des offres constitutionnelles inacceptables
Rodrigue Tremblay.. 141

Conclusion 151

LES PLAIDOYERS
DES LIBÉRAUX DISSIDENTS

Le droit de savoir
Jean Allaire... 155

L'entente du 28 août : des libéraux disent non
*par des membres de la Commission Jeunesse et des
membres dissidents du Parti libéral du Québec* 163

ANNEXES

Annexe 1 : Rapport du consensus sur la Constitution,
Charlottetown, le 28 août 1992 181

Annexe 2 : Avis juridique sur le sens des mots «lier
formellement» employés à l'article 6 de la *Loi sur le
processus de détermination de l'avenir constitutionnel
du Québec* (Loi 150), L.Q. 1991, c. 34
     Henri Brun 209

Annexe 3 : Avis juridique sur le sens des mots «lier
formellement» employés à l'article 6 de la *Loi sur le
processus de détermination de l'avenir constitutionnel
du Québec* (Loi 150), L.Q. 1991, c. 34
     Réal A. Forest 213

Achevé d'imprimer
en septembre 1992 sur les presses
des Ateliers Graphiques Marc Veilleux Inc.
Cap-Saint-Ignace, Qué.